# 언론법학자의 생애와 사상

사단법인 한국언론법학회

정독
DEEP READING

# 머리말

한국언론법학회는 몇 해 전 〈미디어와 법〉이라는 책을 펴냈다. 그 책의 서문은 비로소 한국에 미디어법 교과서가 탄생했음을 밝혔다. 언론법학자로서 저자들의 오랜 숙원이, 언론학계와 언론계의 오랜 바람이 그 책으로 결실을 맺게 되었다고 적었다. 해당 서문은 단언컨대 언론과 미디어에 관련한 법적인 문제를 체계적으로, 이론과 실무를 총괄해서, 가치중립적으로 기술한 책은 지금까지 없었다고 썼다. 한국언론법학회는 2021년 세모에 〈언론법학자의 생애와 사상〉을 세상에 내놓는다. 스승들에게 나누어 받은 지식이 학문의 거의 전부인 후속 세대 언론법학 연구자로서 오랜 숙원이, 언론법학계의 오랜 바람이 결실을 맺게 되었다. 한 해를 마무리하는 날이면서 새해를 예비하는 날 한국의 언론법학자의 사상과 삶의 자취를 한 권의 책으로 묶어낸다. 〈언론법학자의 생애와 사상〉은 언론과 법에 관심이 있거나, 언론법학을 공부하는 사람들에게 한국 언론법학의 어제와 오늘, 동시에 내일과 미래를 이어주는 징검다리가 될 것이다. 언론법을 공부한 학자의 고뇌와 삶의 자취를 드러내 주고 있기 때문이다.

한국의 언론법학을 세우는 데 여러 선각이 생애를 바쳤다. 언론법학은 물론 언론학마저 불모의 땅이던 한국의 학문적 토양에 시민의 표현의 자유, 언론의 취재보도의 자유, 언론체계와 언론정책, 시민의 프라이버시와 명예를 연구하는 씨앗을 뿌린 선각들이다. 언론의 자유를 두텁게 보장하는 것이 한국의 민주주의를 견고하게 구축하는 바탕이라는 점을 주창해 온 분들이시다. 선각들이 야산을 개간하듯 언론법학의 밭을 일구고 학문체계의 씨앗을 뿌리던 당시는 표현의 자유와 언론의 자유를 옥죄던 권위주의 정권의 융성기였으니, 한국 언론법학자들의 고뇌가 얼마나 깊고 두려웠을지 상상하기 어렵지 않다. 한편, 민주주의의 새벽과 장차 장대한 언론법학의 여명이 기필코 도래하리라는 크고 강한 신념을 내심에 간직했으리라는 것도 능히 짐작할 수 있다. 〈언론법학자의 생애와 사상〉에는 가슴 떨리는 그 흔적들이 고스란히 새겨져 있다.

지난 반세기에 걸쳐 한국의 언론법학자들은 표현의 자유와 언론자유의 사상적 토대를 형성하고 표현의 자유에 관한 이론을 정교화 했다. 언론과 관련한 사건들의 조정이나 재판에, 미디어 시스템을 구축하고 미디어 정책을 전개하는데, 한국 언론법학의 성과를 세계적으로 공유하는데 언론법학자들은 기여해 왔다. 현장의 언론인으로, 분쟁 현장의 법조인으로, 강단의 법학자와 언론학자로, 국가와 공공기관의 연구자로서 언론법학자들은 장강의 물이 흐르듯 제 소임을 다해 왔다. 〈언론법학자의 생애와 사상〉은 우선 그중 몇 분을 선정해 생애와 사상의 자취를 듣는 자리다. 앞으로도 이 작업은 계속될 것이라고 믿는다.

연초 한국언론법학회는 '한국 언론법학자 선정위원회'를 구성했다. 이 책에서 서술할 선생님들을 선정하기 위한 기구였다. 회원들의 추천과 학회 집행부의 자료조사, 선정위원들의 노력과 토론 절차를 거쳐 열한 분의 한국언론법학자가 우선 집필 대상으로 선정되었다. 선정된 한국언론법학자에게 직접 배웠거나 그에 관한 연구를 오랫동안 지속해 온 2세대 학자들이 생애와 사상의 집필을 맡기로 원칙을 정했다. 집필자들은 선정된 한국언론법학자를 여러 차례 개별적으로 취재하고, 대담하면서 원고를 작성했다. 집필자들에게는 거의 아무런 보상도 주어지지 않았다. 학회 회원으로서, 오로지 한국언론법학자의 생애와 사상의 자취를 더듬어 서술하고 학술적 성과로 남겨야겠다는 열정과 희생이 이 작업을 가능하게 만들었다. 최종적으로 일곱 분의 생애와 사상을 담았다. 김동철, 팽원순, 한병구, 원우현, 성낙인, 박용상, 염규호 선생님이시다. 이번에 선정된 언론법학자 중에는 이미 작고한 분도 계시고, 연로하셔서 거동이 불편한 분도 계셨다. 이 책에 새겨진 말씀 한마디 한마디는 한국언론법학자와 집필자들이 힘을 다하여 후속 세대에게 남겨주고자 하는 성찰과 소망의 언어일 것이다. 언론법학자 집필자로 문재완 교수님, 이재진 교수님, 조연하 교수님, 배진아 교수님, 이만제 교수님, 양재규 변호사님, 박아란 박사님, 허진성 교수님께서 참여했다. 집필자 선생님들께 특별한 감사를 드린다.

이 책을 출판하게 된 과정을 간략하게 소개한다. 오래전부터 한국의 언론법학을 일구어 온 선각들을 직접 모시고 학문과 삶에 대해 생생한 육성 대담을 나눌 기회를 모색했다. 이를 영상물로 기록해 상당한 세월이 흘러도 학문의 후속 세대가 직접 영상을 통해 이야기를 공유할 수 있기를 바랬다. 궁극적으로는 단행본으로 출판하되 서술의 객관성을 높이기 위해 학회의 학술지에 논문으로 투고하고 심사를 거쳐 게재하는 과정을 거치는 것이 바람직하다고 생각했다. ① 한국언론법학자 선정, ② 집필자 선정, ③ 취재와 집필, ④ 언론법학자와 집필자 초청 대담토론, ⑤ 학술지 투고 심사, ⑥ 단행본 출판의 과정을 기획했다. 2021년 7월 성낙인 전 서울대 총장님, 9월 박용상 전 언론중재위원회 위원장님, 11월 염규호 미국 오리건대학 수정헌법 제1조 석좌교수님을 초빙해 직접 대담토론회를 열었다.

연초 한국언론진흥재단의 2021년 단체지원사업에 사업기획서를 제출해 선정되었다. 출판과 행사 등을 위해 필요한 최소한의 재원을 확보하였다. 그 직후 앞서 말한 선정위원회가 한국언론법학자와 집필자를 선정했다. 그리고 후속 작업을 '출판위원회'가 맡아서 처리해 왔다. 출판위원회는 대담토론의 구성, 집필방식과 과정관리, 출판을 담당했다. 집필자들에게 제대로 보상하지 못한 것처럼 출판위원회 위원님들에게도 아무런 대가를 제공해 드리지 못했다.

이 사업은 학회의 이사회에 보고되고, 학회 편집위원회와 협의를 거쳤다. 한국언론법학자의 생애와 사상에 관련한 학술지 기획을 진행하되, 투고논문의 심사와 게재는 기존의 학술지 발행원칙에 따라 엄격하게 진행하기로 협의했다. 집필과 대담토론회를 거쳐 학술지에 기획논문으로 투고하되, 학술지 게재 후에 단행본으로 출판하는 일련의 과정을 밟아나가는 데 학회 집행부와 학회 학술지 편집위원회는 협의하였다. 이 책에 실린 글 중에서 일부는 사업계획서에 따라 2021년 12월 30일 학회 학술지 〈언론과 법〉에 게재되고 그 다음 날인 12월 31일 단행본으로 출판된다. 원래 사업계획의 출판 일정이 한 달 정도 미루어진 이유다. 연구지원기관에도 이 사실을 공문으로 알리고 양해를 구했다. 이러한 일정과 절차는 사전에 학회 이사회, 집행부, 편집위원회, 집필자들에게 사전에 알리고 동의를 거쳤음을 이 책의 서문에 밝혀둔다. 한국언론진흥재단에 제출한 사업계획서 그대로 이행하였다.

이 책의 출판은 여러 사람의 희생과 헌신이 없었더라면 불가능했다. 이 사업의 구상부터 기획, 진행에 이르기까지 적극적으로 도움을 주신 원우현, 권영설, 박용상, 한위수, 김재협, 정재황, 이인호, 문재완, 이재진, 김종철 고문님께 감사드린다. 직접 대담토론회에 참석해 장시간 말씀을 직접 들려주신 성낙인, 박용상, 염규호 선생님께 감사드린다. 함석천, 윤성옥, 심석태, 황성기, 조소영, 지성우 부회장님께서도 언론법학자와 집필진 선정 등 일련의 과정에서 물심양면 지원해 주셨다. 권형둔 부회장 겸 편집위원장님은 학술지 기획으로 이 사업을 이끌었고, 조연하 부회장 겸 출판위원장님은 실질적으로 이 사업의 진행을 도맡아 오셨다. 출판위원회는 이화여대 조연하 교수님이 위원장을 맡았고, 공주대 배진아 교수님, 헌법재판연구원 김현귀 박사님, MBC 김유정 박사님, 학회 집행부의 박종현 교수님, 김정호 박사님, 표시영 박사님, 권은정 박사님, 김가희 선생님이 헌신적으로 일했다.

사업 진행과정에서 언론진흥재단 미디어본부의 큰 도움을 받았다. 김성재 본부장님, 오수정 실장님, 양승혜 팀장님 그리고 사업 마무리 즈음에 난제를 슬기롭게 해결해 주신 강혜주 선생님께 감사드린다. 쾌적한 대담토론회의 장을 제공해 주신 미디어교육팀과 언론인연수팀 그리고 오충환 과장님께 감사드린다. 무엇보다 이 사업을 기획하고 진행할 힘이 되어주신 한국언론법학회 회원님들께 머리 숙여 감사드린다.

2021년 12월 31일

한국언론법학회 출판위원회 위원장 조연하

한국언론법학회 제11대 회장 이승선

# 차 례

## 제 1 장 한국 언론법학의 개척자들, 그 생애와 사상



## 제 2 장 언론법학자로서 백암(白巖) 김동철 교수의 삶과 학문



## 제 3 장 한국 언론법의 설계자, 박용상 변호사의 생애와 사상

## 제 4 장 東堂 成樂寅 敎授의 言論法 思想



## 제 5 장 미디어법의 세계화에 기여한 염규호 수정헌법 제1조 석좌교수



## 제 6 장 우현(愚賢) 원우현의 생애와 철우사상: 사랑이 지배하는 언론법

## 제 7 장 故 平人 팽원순 교수의 언론법제 연구와 교육 재조명



## 제 8 장 일촌(逸村) 韓炳九 교수의 생애와 언론 법제도 사상

# 제 1 장

# 한국 언론법학의 개척자들, 그 생애와 사상

## 1. 한국 언론법학의 부상과 언론법학자들

강물은 혼자 흐르지 못한다. 앞에 가는 물이 길을 열어야 한다. 앞서는 물도 뒷배가 있어야 썩지 않는다. 뒤따라오는 강물이 밀어주어야 비로소 바다에 이를 수 있다. 앞에 서고 뒤를 따르는 것만으로 충분하지 않다. 끊임없이 강의 옆구리에서 작고 새로운 물줄기들이 흘러들어 섞여야 한다. 혈혈단신 한 줄기 물의 힘으로 강을 이룰 수 없다. 신구, 좌우, 강약, 대소, 고저를 아우르고 흘러야 온전히 바다에 닿는 강물이 된다. '하늘 아래 새로운 것은 없다'고도 말한다. 현재 우리가 배우고 이룬 것들은 선대의 삶과 지혜, 학문에서 비롯되었다. 한국의 언론법학도 그러한 이치에서 벗어나지 않을 것이다.

언론법의 알갱이는 표현의 자유다. 민주주의를 표방하는 나라들의 헌법은 천부적인 인권으로서 표현의 자유를 핵심적인 기본권으로 보장하고 있다. 표현의 자유를 어떻게 실현할 것인지, 어떤 이유로 어느 정도 제한을 가할 것인지를 입법자들은 여러 법률에 명문으로 규정해 놓고 있다. 헌법이 보장하고 법률에서 규정한 표현자유의 범위, 혹은 그 제한의 정도와 방법을 구체적으로 시행하는 규정들도 촘촘하게 정비돼 있다. 언론법은 이러한 법제에 보장된 표현의 자유와 법제 안에서 작동하는 다른 법익과 갈등을 그 범주로 한다. 자연스럽게 언론법학은 표현의 자유를 다루는 언론법제의 내외부 작용을 탐구한다. 표현의 자유를 강조하는 관점에 서느냐, 아니면

표현의 자유와 충돌하는 다른 법익의 관점을 취하느냐 등에 따라 언론법 현상을 설명하는 방식이 달라질 수 있다. 또 표현의 자유를 제한하려는 힘이 국가나 정치권력·자본 등 사회구조적인 요인인가, 개별 시민의 명예나 프라이버시 등 인격권인가, 혹은 저작권 등 재산적 이익인가에 따라 언론법학 연구의 쟁점이 변화할 수 있다.

언론법학의 연구 영역은 넓다. 다양한 기준을 세워 언론법학의 영역을 분류해 볼 수 있을 것이다. 표현의 내용과 관련된 법제를 연구하는 것과 내용중립적인 법제를 연구하는 영역, 표현의 자유를 규제하려는 목적을 가진 법제연구와 표현의 자유 보장을 목적으로 한 법제연구로 갈라보는 것도 한 방법이다. 연구자들의 학문적 토양을 기준으로 법학 기반의 언론법 연구와 언론학에 근거를 둔 언론법 연구 전통으로 분류해 볼 수도 있을 것이다. 한 국가 내의 언론법 연구와 비교법적으로 세계 여러 나라의 언론법제를 탐구하는 방법, 언론법의 역사와 언론법 연구자들을 중심으로 접근 등으로 구분할 수도 있다. 방법론을 기준으로 전통적인 규범연구방법과 실증적·경험적·양적인 연구방법을 활용한 접근으로 대별할 수도 있다.

언론법제 분야는 법률자체의 규정이나 성격에 대한 논의보다 법이 적용되는 상황에서 문제점과 해결책을 다루는 분야라고 할 수 있다. 언론법제 연구는 학제 간 연구역량을 활용해 연구영역과 대상 등 언론과 법과의 다양한 관계를 조명하고 체계적으로 설명함으로써 언론의 자유와 법적 규제 간의 갈등을 조화롭게 해결하는 방안을 제시하는 것을 추구한다. 언론의 자유와 책임을 구현하는 데 필요한 논리와 대안을 제시하는 것을 목표로 한다(이재진, 2007, 2021; 조연하, 2019).

언론법 연구의 영역을 크게 세 가지 차원으로 구분해 본 적이 있다. 기본권으로서 표현의 자유나 알권리, 언론법의 체계를 다루는 기본법 영역, 표현의 자유와 다른 법익의 갈등과 균형을 다루는 응용영역 그리고 언론관련 정책과 저널리즘의 문제까지 확장하는 영역이 그러하다. 응용영역의 언론법 연구는 취재·보도의 자유와 책임, 재판과 선거에 관한 언론보도의 한계, 명예훼손이나 프라이버시 등 인격권과 표현의 자유 간의 균형, 정정보도와 반론보도청구권, 저작권, 성표현물의 한계, 개인정보보호, 상업적 표현 등과 같은 쟁점을 다룬다. 응용영역이 흔히 말하는 언론법제의 주요 대상이 된 것은 물론이다. 나아가 그 기저를 이루는 기본권과 기본법 체계, 확장지대인 언론관련 정책이나 저널리즘 분야 역시 언론법 연구의 주요 관심 영역이라고 할 것이다.

하나의 학문이 일가를 이루기 위해서는 고유한 연구의 대상과 연구방법, 연구자와 연구자들의 학술적 공론장이 필요하고 또 충족되어야 한다. 언론법 연구의 영역을 위와 같이 설정해 본다면, 법학·언론학·사회학·정치학·행정학·경제학 등 다양한 학문 분야의 연구자들이 언론법 연구에 참여할 수 있다. 뿐만 아니라 판사와 변호사 등 법조인, 기자와 피디 등 언론인들도 언론법학 연구를 수행하는 중요한 인적 자원이 될 수 있다. 한국의 언론법학을 일군 분들도 대부분 법학이나 사회과학, 인문학을 전공하고 언론인으로 언론 현장에 종사하였거나 법조인으로 활동한 이력을 가지고 있다. 대학에 언론학이 정식 학과로 개설되기 전이었다.

여러 연구자들의 문헌에 따르면 한국 언론법학의 틀이 형성된 것은 1960년대부터다. 이 무렵 미국에서는 1964년 연방대법원이 뉴욕타임즈와 셜리번 재판에서 '현실적 악의' 원칙을 천명했다. 수정헌법 제1조가 천명한 표현자유의 중요성을 고려하여 공직자가 언론을 상대로 한 명예훼손 소송에서 쉽게 이기지 못하도록 원칙을 정했다. 공직자뿐만 아니라 공적인 인물로 현실적 악의 원칙을 확대 적용했다. 1970년대 초반에는 베트남 전쟁과 관련한 미 국방성 문서 보도 사건, 닉슨 대통령을 사임하게 만든 워터게이트 사건 보도 등 정치권력을 감시하고 견제하는 언론의 역할이 크게 주목받았다. 일본의 최고재판소는 1966년 민사재판에서 진실한 보도를 했을 때는 물론 진실입증을 못하더라도 행위자가 진실하다고 믿은 상당한 이유가 인정될 때 명예훼손의 책임을 면책해 주었다. 1969년에는 형사재판에도 '진실오신의 상당성' 법리를 적용했다. 명예훼손 소송에서 발원한 원칙들이긴 했으나 표현의 자유, 언론의 자유와 역할의 중요성을 부각한 언론법상의 흐름이었다.

1957년 1월 언론 연구와 언론인들의 친목을 도모하려는 목적의 관훈클럽이 탄생했다. 스무 명이 안 된 적은 인원으로 출발했으나 언론자유 정신의 세례를 받은 언론인들이 주축이 되었다. 신문의 날이 제정되고 저널리즘 학술지 '신문연구'도 발행되었다. 4월 7일 한국신문편집인협회 창립총회에서 '신문윤리강령'이 채택되었다. 한국의 언론학회는 1959년 6월 설립되었다. 4·19혁명을 전후하여 표현 자유의 가치가 한껏 제고되었으나 군사정부의 등장과 언론윤리위원회법 파동 등을 겪으면서 언론활동은 크게 위축되었다. 1970년대 초중반에 전개된 박정희 정부의 언론 통폐합, 동아일보 백지광고사태, 동아일보와 조선일보 등의 언론인 해직, 긴급조치 발동 등의 사회적 요인은 비록 언론과 시민의 입은 침묵시켰으나 시민의 표현의 자유와 언론의 취재보도의 자유의 소중함을 일깨워주었다. 언론학자와 언론인, 법학자와 법조인들이 표현의 자유와 민주주의에 대한 학술적 탐색을 심화시켰다. 바야흐로 언론법학이 뿌리를 내리고 줄기를 세워 나가기 시작했다.

언론보도가 '공공성'을 담고 있다면 언론의 역할에 비춰볼 때 명예훼손죄의 형사 책임을 물을 수 없다는 논문이 1954년 서울신문이 발행하는 '신천지'에 게재되었다. 언론은 공익을 위해 보도의 자유를 누릴 수 있으나 민사상 손해배상을 포함해 자발적으로 피해자의 피해구제를 위해 나서야 한다는 취지의 내용도 담겼다. 법조협회가 발행하는 학술지 '법조'는 1959년 5월부터 8차례에 걸쳐 '저널리즘과 법적 문제'라는 글을 게재했다. 외국학자의 '저널리즘에 있어서 법적인 문제'를 번역한 것이었으나 공공의 이익과 명예훼손의 책임 문제 등이 주요하게 다루어졌다. 그뿐 아니다. 1962년 '법조'에 발표된 '명예훼손'이라는 글에서는 이미 '진실오신의 상당성' 법리가 주창되었다. 피해자의 신분과 사회적 지위, 직업 등을 고려해 명예훼손의 손해배상액을 결정해야 한다는 주장도 펼쳐졌다. 또 1960년대 중후반에 걸쳐 언론인과 법학자들은 공직자와 공적인물에 대한 언론의 명예훼손이 특별하게 취급되어야 한다는 취지의 주장을 학술지 등에 발표하였다. 뉴욕타임즈와 설리번 판결의 의미도 국내 학자들에 의해 학술적으로 규명되었다. 1969년 '신문학보'에 언론과 명예훼손에 관한 한·미 판례연구 논문이 게재되었다. 1971~1972년 '법조'에는 워싱턴포스트와 뉴욕타임즈 사건과 관련된 언론의 자유의 가치를 규명한 논문, 프라이버시의 개념과 특성에 대한 논문이 여덟 차례 실렸다(이승선, 2018). 70여 년이 지난 지금 읽어보아도 그 색조가 조금도 바라지 않은 주장이다. 또 미국과 일본 등에서 1960년대 이후 전개된 명예훼손 피해자의 사회적 지위를 고려한 손해배상, 공직자나 공적인물의 명예훼손과 언론면책, 진실오신의 상당성 법리 등을 자체적으로 탐색한 빛나는 언론법 연구의 성과들이 여러 연구자들에 의해 차근차근 축적되었다.

한국의 언론법학을 구축하고 확장해 온 연구자들을 체계적으로 망라해 소개하기는 어려울 것이다. 다만 다수 연구자들에 의해 제1세대 한국의 언론법학자로 평가받은 분들이 있다. 대표적으로 장용, 팽원순, 한병구, 김동철, 박용상, 원우현, 성낙인, 권영설, 김진홍, 유일상, 김옥조, 김병국, 염규호, 임병국 등을 꼽을 수 있다(유의선, 2009; 이재진, 2007, 2018, 2021; 조연하, 2019 등 참조). 표현의 자유를 확장하거나 표현의 자유와 갈등하는 다른 법익과 표현의 자유가 균형과 조화를 이룰 수 있는 실무적·학술적 방안을 강구하는 데 온전히 삶을 헌신한 분들이라고 할 것이다.

## 2. 언론법학자의 생애와 사상의 집적과 공유 필요성

언론법 연구는 실무적·학술적·사회적으로 중요하다는 평가를 받고 있으나 정작 현실에서 그다지 인기 있는 학문분야로 취급받지 못하고 있다. 학계나 연구기관에 취업하기 수월한 전공으로 대우받는 것도 아니다. 언론법을 전공했다고 주위 사람들에게 소개하면 '먹고 살아갈 일이 걱정'이라는 탄식과 위로가 돌아오는 분야이기도 하다. 그래도 한국의 언론법 연구자들은 척박한 현실에 두 발을 굳게 디디고 꿋꿋하게 학문 활동을 펼쳐 나가고 있다. 언론현상에 대한 체계적 이해와 법학 지식으로 학술적 무장을 해야 한다는 그 어려운 과업을 묵묵히 견뎌 온 연구자들이다.

2002년 제1세대 언론법학자와 그들에게 배운 1.5세대, 제2세대 연구자들이 함께 모여 '한국언론법학회'를 창립했다. 학술지 〈언론과 법〉을 발행하고 '철우언론법상'을 제정해 수여해 오고 있다. 언론법 연구에 탁월한 성과를 낸 연구자를 선발해 수상한다. 또 그 해에 표현의 자유와 관련해 주목할 만한 판결을 '올해의 판결'로 선정해 시상하고 있다. 학회 창립 15주년 즈음인 2016년 〈미디어와 법〉이라는 학술서적을 발행하였다. 법학자와 법조인, 언론학자와 언론인 등이 집필에 참여했다. 한국언론법학회는 시민들의 표현의 자유에 영향을 줄 수 있는 사회적 쟁점, 언론의 취재보도의 자유에 위축을 가져올 수 있는 법제상의 쟁점에 대해 수시로 학술토론회를 열어 표현의 자유와 사회적 법익, 개인법익 간의 조화를 이룰 방안을 모색해 왔다.

표현활동의 수단이 온라인과 SNS 등으로 확대되면서 누구나 명예훼손이나 모욕죄, 프라이버시 침해, 저작권법 위반 등의 행위로 처벌 가능성이 커졌다. 다른 한편 타인의 위법적 표현행위로부터 자신의 인격권을 제대로 보호하기 위해서도 언론과 법에 대한 이해가 요구되고 있다. 이런 환경에서 언론법에 대한 사회적 관심도 증대되고 있다. 언론법 연구의 확장과 심화를 가져올 수 있는 변화다. 또 언론법 연구의 성과가 학술 단체를 넘어 일반 시민들에게도 공유되어야 할 때다. 언론법에 대한 사회적 관심은 한국 저널리즘의 신뢰도 하락의 원인을 규명하고 그 제도적 대응 방안을 모색하는 데도 쓰임새가 요구되고 있다. 이른바 제21대 국회에서 전개된 '언론중재법 개정안' 파동도 그러한 사례에 속한다. 인격권을 침해한 언론의 잘못된 보도를 '징벌적 손해배상'으로 규제할지 여부에 대한 시민들의 인식과 언론계의 대응은 차이가 크다. 표현의 자유를 핵심으로 하는 언론법에 대한 언론계와 일반 시민 간의 인식 차이를 반영한다.

한국언론법학회는 한국 언론법학자의 생애와 사상을 탐구한 연구 결과를 책으로 묶어 내려고 한다. 한국의 대법원이 이른바 '양심적 병역거부' 전원합의체 판결에서 제시한 '양심'의 기준을 차용한다면,[1] 언론법에 대한 연구자로서의 신념이 깊고, 확고하며, 진실한 분들의 생애와 사상을 전해 듣는 자리다. 언론법학자로서 신념이 깊다는 것은 표현의 자유가 소중하다는 인식이 연구자로서의 내면에 깊이 자리를 잡아 그의 생각과 행동에 영향을 미쳤다는 것을 말한다. 연구자로서 삶의 일부가 아닌 전부를 언론법 연구에 헌신해 왔다는 것을 의미한다. 언론법 연구자로서 신념이 확고하다는 것은 표현의 자유에 대한 신념이 유동적이거나 가변적이지 않고 좀처럼 쉽게 바뀌지 않았다는 것을 의미한다. 언론법 학자로서 신념이 진실하다는 것은 표현의 자유에 대한 믿음에 거짓이 없고 상황에 따라 일시적으로 타협하거나 전략적 방편으로 표현의 자유를 남용·왜곡하지 않았다는 것을 의미한다. 어찌 이러한 분들의 생애와 사상을 아무런 기록도 없이, 후대의 연구자나 시민들과 공유되지 못하고 스러져가도록 두고 볼 것인가.

한국언론법학회는 글과 말을 통해 한국 언론법학자의 생애를 기록하고 공유하는 작업이 시급하고 중대하다는 점을 주목했다. 학문의 역사가 결코 짧지 않다는 것을 의미하기도 할 터이지만, 제1세대 언론법학자들 중 이미 작고하신 분들도 계시다. 신진 언론법 연구자들을 위해서, 한국의 표현의 자유와 관련한 법제도의 발전을 위해, 무엇보다 일반 시민들의 표현의 자유를 신장하고 한국 저널리즘의 신뢰를 회복하는 데, 그리하여 국민들의 알권리의 폭을 넓히고 수준을 증진해 궁극적으로 한국의 민주주의가 성대하게 꽃필 수 있게 하는 데 '한국 언론법학자의 생애와 사상'의 편찬이 긴요하다고 보았다. 다행히 '언론법학자의 생애와 사상'을 탐구하려는 학회의 기획서가 2021년 한국언론진흥재단의 학술단체 출판지원 사업에 선정되는 행운이 뒤따랐다.

올해 출판 사업에서 제1세대 언론법학자를 모두 다루기에는 현실적인 한계가 있다. 집필 대상을 제한하는 것이 불가피했다. 적절한 집필자를 구하는 문제도 간단하지 않았다. 생존해 계신 언론법학자의 경우 직접 대담을 통해 생애사를 듣고 이를 영상기록물로 제작해 후대의 연구자들과 공유하는 것이 좋겠다는 의견이 제시되었는데, 학회는 그 제안에 공감했다. 생애사 출판 사업은 몇 가지 원칙과 절차를 따랐다.

한국의 언론법학자 선정과 생애사 집필을 선정위원회, 출판위원회, 편집위원회가 유기적으로 연대해 작업을 수행했다. 일곱 명의 중견 학자들로 '한국언론법학자 선정위원회'를 구성했다. 학회원들로부터 한국의 언론법학자를 추천을 받는 한편, 선정위원회 역시 관련 자료를 발굴해 이 책의 집필 대상인 '한국의 언론법학자'를 선정하였다. 또 집필자도 선정했다. 집필자는 가능한 제1세대 언론법학자에게 직접 배운 연구자, 해당 언론법학자에 대한 연구를 수행해 본 경험이 있는 연구자, 또는 해당 언론법학자와 학술적 교류의 정도가 깊은 연구자 중에서 선정하였다. 9명으로 구성된 출판위원회는 집필자들의 집필 방법과 기준을 지원하고 언론법학자를 초대해 대담과 토론회를 진행하였다. 언론법학자와 집필자를 현장에 초청해 대담과 토론회를 진행하면서 필요할 경우 제3의 질문자를 활용하기도 하였다. 출판위원회 위원장 조연하 교수가 전체 사회를 맡아 대담·토론회를 진행했다.

편집위원회는 생애사 연구의 집필본 중 학술지 투고를 목표로 전개된 글을 '한국 언론법학자 생애와 사상' 기획물로 게재하는 작업을 담당했다. 학회 학술지 '언론과 법'의 논문투고 및 심사절차에 따라 엄정하게 관리하는 소임을 수행해 주었다. 깊은 존경의 마음으로 언론법학자의 생애와 사상을 기록하되 철저하게 자료에 기반한 객관적 서술과 최소한의 체계성을 갖추는 것이 적절하다고 판단했다. 투고한 논문은 익명의 심사위원들의 심사를 거쳤다. 권형둔 편집위원장과 김유정 편집이사가 그 절차를 엄정하게 관리해 주었다. 한국의 언론법학자의 생애와 사상을 조명한 글들을 모아 최종적으로는 대중적 학술서적으로 편찬하되 그 전단계로 학술지의 '기획논문'으로 구성으로써 집필한 내용의 객관성을 확보하겠다는 취지를 실현하기 위한 과정이었다.

우선 한국의 언론법학자 일곱 분의 생애와 사상을 한 권의 책으로 묶을 수 있게 되었다. 김동철, 팽원순, 한병구, 원우현, 박용상, 성낙인, 염규호 선생님이시다. 집필에 참여한 분들이 오랫동안 공을 들여 조사한 자료를 정성껏 다듬어 원고를 정리했다. 조연하, 배진아, 이재진, 이만제, 양재규, 문재완, 허진성, 박아란 박사님이 집필자로 참여했다. 언론법학자와 집필자들이 원고 작성과정에서 혹은 대담·토론회에서 나눈 대화를 좀 더 많은 연구자와 독자들과 공유하려는 뜻에서 부록으로 살려냈다. 사제 간의 정겨운 대화, 세대 차이를 초월한 연구자들의 진솔한 대담을 생생하게 접할 수 있을 것이다. 표현의 자유를 다루는 언론법 연구가 우리 삶의 터전을 떠날 수 없는 것처럼, 다른 언론법학자들의 삶과 학문을 탐구하고 글로 정리하는 작업도 여기서 멈추지 않고 계속돼 나갈 것이다.

| **미주** |

1) 대법원 2018.11.1.선고 2016도10912 전원합의체판결.

| 제1장 _ **참고문헌** |

유의선(2009), 미디어 법제연구 50년, 한국언론학회 50년사 편찬위원회 편, 「한국언론학회 50년사: 1959-2009」, 791-824.

이승선(2004), 언론법제 연구의 현황과 특성, 한국언론학회, 「커뮤니케이션 이론」, 제1권 1호, 227-262.

_____(2010), 언론법제의 이해, 김춘식 외 「저널리즘의 이해」, 한울.

_____(2018), 한국 공인 연구 30년: 누가, 언제 '공인'에 대해 무엇을 연구했는가?, 한국언론법학회, 「언론과 법」, 제16권 1호, 1-51.

이재진(2007), 한국언론법제 교육의 현실과 쟁점, 「언론중재」, 제27권 4호, 4-20.

_____(2018), 초창기 언론법제 연구와 장용 교수의 기여에 관한 고찰, 「언론정보연구」, 제55권 1호. 195-229.

이재진·이승선(2008), 언론법 연구의 최근 동향 분석, 한국언론법학회,「언론과 법」, 제7권 1호, 105-133.

이재진·박성복(2021), 언론법제 연구와 교육의 교량(橋梁)이 되다: 故 平人 팽원순 교수 재조명. 한국언론법학회, 「언론과 법」, 제20권 2호, 1-38.

조연하(2019), 언론법제 연구의 동향과 과제, 한국언론학회, 「한국 언론학 연구 60년: 성과와 전망」, 나남.

## 제 2 장

# 언론법학자로서 백암(白巖) 김동철 교수의 삶과 학문

자유언론의 요체는 허가나 검열을 배제하고 보도나 평론의 완전한 자유를 보장하는 일이다. 다만, 공공의 이익을 침해하는 경우에는 일반법의 제약을 받게 되는 것이지만 언론의 자유를 제한 또는 간섭하는 특별한 법률은 있을 수 없다는 데에 바로 자유언론의 실질적 의미가 부여된다.

－김동철 교수의 저서「自由言論法制硏究」중에서－

### 1. 들어가며

언론법제는 언론과 관련한 법 현상을 연구하는 분야이다. 그리고 언론법제 연구는 언론과 법의 접점에 위치하여 언론에 대한 이해와 법에 대한 기본적 이해가 요구되는 교차로의 성격을 띤다. 따라서 법학과 언론학이라는 두 학문 분야를 동시에 이해하고 있어야 언론법제를 교육하고 연구할 수 있다(이재진, 2002; Zuckman & Gaynes, 1993). 기본적으로 언론과 법에 대한 이해가 필수적인 연구 분야라는 점에서 언론법제 연구는 단일 학문에 비해 쉽지 않은 영역이다.

언론법제 연구의 핵심 주체는 법학자와 언론학자이다. 하지만 법학자는 변화하는 미디어 환경을 종합적으로 이해하기 쉽지 않고, 언론학사는 법학을 체계적으로 공부한 경우가 드물다는 점이 언론법제 연구의 딜레마이다. 언론학 연구에서 언론법제가 당당히 독립된 연구 분야로 인정받고 있지만, 연구가 양적으로 많지 않고 연구자 수도 절대적으로 적은 실정이다. 그럼에도 불구하고 언론법은 현대사회에 침투해서 끊임없이 발전하는 주제이자 우리 시대 가장 흥미로운 논란의 중심이 되고 있다. 이에 따라 언론법을 알고자 하는 수요는 늘어나는 추세를 보인다(문재완 외, 2017;

Gillmor & Dennis, 1981; Zelezny, 1997). 언론법 수요의 증가 요인은 첫째, 미디어가 정치, 경제활동, 공적 소통, 문화예술, 대인관계 등 모든 영역에서 중요해지고 일상생활의 중심을 차지하고 있기 때문이다. 둘째, 디지털 기술 등의 새로운 기술 도입으로 미디어 콘텐츠 생산자와 이용자의 경계가 허물어지고 누구나 콘텐츠를 생산, 공유하는 환경이 되면서, 명예훼손, 사생활 침해, 저작권과 같은 법적 쟁점을 누구나 경험하고 해결해야 하는 상황이 되었기 때문이다(조연하, 2019). 즉 학문적인 영역은 물론이고 이제는 일상생활에서도 기본적으로 언론법이 중요하다는 인식으로 전환된 것이다.

모든 학문적 연구는 공동작업의 성격을 지니며, 오랜 기간 학문적인 노력의 결과들이 집적되어 이론적 발판이 마련된다. 언론법제 연구도 제1세대부터 현재 세대에 걸쳐 집적된 연구의 총합이다. 따라서 언론법제 연구가 어떻게 발전되어 왔고, 향후 어떤 발전 모습을 보일 것인가를 예측하기 위해 가장 먼저 논의되어야 할 것이 바로 학문 1세대를 이해하는 것이다(이재진, 2018). 초창기 언론법제 연구자들을 다룬 연구는 그리 많지 않은데, 1960년대부터 50년간 미디어 법제사 고찰에서 언론법 연구자의 세대 구분을 시도한 유의선의 연구(2009)와 초기 언론법제 연구자인 장용 교수의 연구를 재평가한 이재진의 연구(2018)에 그치고 있다. 유의선(2009)은 언론학 분야의 초창기 언론법제 연구자들로 장용, 팽원순, 한병구, 김동철, 김병국, 원우현, 유일상, 김옥조 등을 손꼽으면서 언론법제 연구자 제1세대로 불렀다. 그리고 이들의 업적을 구한말 이후 에세이나 신문기사 형식으로 제기된 언론법 관련 이슈 제기 차원에서 탈피하여 외국의 판례를 소개하고, 한국의 법 현실과 비교하는 전문 서적을 출간하는 등 언론법 연구의 기초를 다졌다고 평가하였다. 또 이재진과 박성순의 연구(2015)에서는 민주화 운동과 함께 언론환경이 급변하는 분기점이었던 1987년 이전에도 제1세대 언론학자들을 중심으로 언론법제 연구가 이루어졌다고 보았는데, 제1세대 언론법학자들로 팽원순, 한병구, 김동철 교수를 지적하였다(220쪽).

기존 연구를 토대로 할 때 장용, 팽원순, 한병구, 김동철, 김병국, 원우현, 유일상, 김옥조를 언론법제 연구 1세대로 볼 수 있으며, 김진홍, 박용상, 염규호, 성낙인도 초창기 언론법학자에 포함할 수 있다. 언론법제 연구의 발전사를 이해하고 미래를 전망하기 위해서는 초창기 언론법 연구자에 관한 연구가 우선되어야 한다. 이 글에서는 초창기 언론법제 학자 중에서도 특별히 김동철 교수의 교육적 업적과 학문적 성과에 초점을 맞추고자 한다. 김동철 교수는 언론학 분야에서 언론법과 윤리 연구의 확장에 선도적 역할을 하고 대학 내 언론법제 교육에 대한 입지를 강화하였을 뿐 아니라 학회 발전을 견인하는데도 크게 기여한 학자로 손꼽히고 있다. 그런 점에서, 언론법제 교육자와 연구자로서의 그의 생애와 학문적 사상을 연구하는 것은 매우 뜻깊은 작업이 될 것이다.

김동철 교수

## 2. 언론법제 교육과 연구

### 1) 한국의 언론법제 교육 동향

1970년대에 처음으로 미디어 전공 교육의 정체성 문제가 제기된 이후(김동철, 1973; 이강수, 2001), 많은 학자가 문제점을 지적해왔다. 윤석민과 배진아(2018)는 미디어 전공 교육의 정체성 위기에 대한 문제 제기를 세 가지로 요약한다(92~93쪽). 첫째, 실무 교육과 이론 교육 사이에서 교육의 목적을 뚜렷하게 정립하지 못한 결과 교육의 방향 설정이 제대로 이루어지지 못했다. 둘째, 언론학 분야의 학문적 독자성과 고유성에 대한 문제 제기로 인해 학문적 정체성 문제가 제기되었고, 이는 자연스럽게 미디어 전공 교육의 정체성 혼란으로 연결되었다. 셋째, 학생들의 졸업 후 진출 분야와 교육 분야의 불일치로 인해 교육의 목표를 제대로 설정하기 힘들다. 이러한 미디어 전공 교육의 위기를 극복하기 위한 대안으로 연구자들은 교육의 목표를 "사회적 소통 전문가의 양성"에 둘 것, 교육 내용에서 이론/실무/주제영역 지식/소통 프로젝트 수행 능력 관련 내용을 고루 다룰 것, 교육 방법에서 사례 및 프로젝트 중심 교육과 현장 몰입형 교육을 실천할 것을 제안했다. 이것은 언론법제 교육에도 그대로 적용될 수 있다.

1990년대 중반 이후 언론소송의 급증으로 인해 언론사의 물적, 경제적 피해가 늘어나면서 실효성 있는 언론법제 교육의 필요성이 제기되었다(이재진·이승선, 2008, 107쪽). 융합 학문이라는 특성상 언론법제 교육은 법학과에서도 언론학과에서도 비주류과목이다(문재완 외, 2017). 이렇게 비록 언론법제 교육이 미디어 전공 교육에서 중심적인 위치에 있지는 않지만, 매우 중요한 부분을 차지하고 있다. 국내 대부분 대학의 미디어 전공 교육과정에 '미디어 법제와 윤리', '언론법제' 등의 과목이 필수 이론 과목으로 설정되어 있다는 점이 이를 뒷받침한다. 국내의 언론법제 교육은 미국의 영향을 받았는데,[1] 미국 언론학 교육에서도 언론법제 교육은 선택이 아니라 필수이다. 미국의 언론학과 인가 심의위원회(ACEJMC: The Accrediting Council on Education in Journalism and Mass Communication)의 인가 기준 두 번째 항목인 교과과정 및 교수법(Curriculum and Institution)은 언론학과 졸업생들이 갖추어야 할 능력들을 명시하고 있는데, 표현의 자유(freedom of speech and press)에 관련된 원칙(principles)과 법(laws)을 이해하고 적용하는 능력이 그중 하나이다(ACEJMC, 2005; 김민정, 2007, 21쪽에서 재인용). 미국 대학에서 언론법제 교육의 목표는 크게 두 가지로 나눌 수 있다. 언론학과 졸업생들이 전문 언론인으로서 현장에서 일할 때 실질적으로 도움이 될 지식(working knowledge)을 습득하도록 하는 것과 표현 및 언론의 자유에 대한 심도 있는 이해를 통해 참여하는 시민(engaged citizen)으로 성장할 수 있도록 돕는 것이다(김민정, 2007, 22쪽). 이러한 목표를 달성하기 위한 교육 내용은 수정헌법 1조의 역사/관련 이론/주요 개념을 비롯하여, 학생 언론, 명예훼손법, 프라이버시 관련 법, 뉴스 취재 시 장소에 대한 접근권, 정부 문서 및 정부 회의에 대한 접근권, 저작권법, 방송 및 통신에 관한 규제, 광고에 관한 규제, 선거 관련 규제, 음란물 규제 등 매우 다양하고 광범위하다. 그러다 보니 실제로 언론법제 수업 시간에 어떤 내용이 다루어지는가는 담당 교수의 경력과 재량에 따라 크게 달라진다(김민정, 2007, 23쪽). 교육 방법으로는 소크라테스식 교수법(질문을 통해 학생들 스스로 답을 찾아가도록 하는 방식)이 적용되는 경우가 많으며 모의재판, 사례 발표, 연구조사 등 다양한 방법을 활용한다(김민정, 2007, 25~26쪽).

한국의 언론법제 교육에 관한 이재진의 연구(2007)에 따르면, 대학에서의 언론법제 교육은 법학보다는 언론학 분야에서 먼저 시작되고 많이 이루어져 왔다. 언론법제 교육의 시작은 1953년 가장 먼저 신문학과를 개설한 홍익대학교가 1955년 커리큘럼에 '신문윤리법제'라는 과목을 개설하면서부터이다. 이재진 교수가 2005년에 실시한 조사연구에 따르면, 언론 관련 학과가 있는 국내 83개 대학 중 70개 대학에서 언론법제 강의를 커리큘럼에 포함하고 있으며, 몇 개 대학을 제외하고는 대부분 1개 교과목만을 언론법제 분야로 편성하고 있었다. 언론법제 과목에서 공통으로 교육되는 10개 주제는 ① 명예훼손, ② 사생활 침해, ③ 표현의 자유와 언론 이론, ④ 정보공개법과 알권리, ⑤ 광고관련법, ⑥ 음란, ⑦ 방송관련법, ⑧ 저작권법, ⑨ 뉴미디어 및 사이버 언론법, ⑩ 언론중재제도 및 반론권 제도로, 언론법제 교육이 체계화되어 있는 미국의 경우와 크게 다르지 않다. 한국과 미국의 언론법제 교육의 가장 핵심적인 주제는 '언론에 의한 인격권 침해'(명예훼손과 사생활침해)인데, 이에 대해 이재진 교수는 언론 현업에서 가장 핵심적인 현안이 불필요한 언론관계 소송이라는 점을 고려할 때 이는 자연스러운 현상이라고 진단한다. 또한 주목할 만한 것은 미국의 경우와 달리 국민의 알권리와 반론권 제도(언론중재제도)가 한국에서 중요하게 다루어지고 있다는 것인데, 알권리를 헌법적 권리로 인정하는 한국 헌법재판소의 판례가 이에 영향을 미친 것으로 볼 수 있다. 연구에서는 언론법제 교육의 내실화를 위한 개선방안으로 ① 언론법제 교육에서 구체적으로 무엇을 가르쳐야 할 것인지의 지침을 마련할 것과 ② 교육 담당자들이 자기 노력을 통해 교육을 내실화할 것, ③ 언론윤리 교육을 더욱 강화할 것, ④ 언론법제를 하나의 독립된 전공 분야로 인정하고 자격을 갖춘 교원을 대학에서 더 많이 수용할 것 등을 제안한다.

이처럼 언론법제 교육은 커뮤니케이션 과정에서 타인의 권리를 존중하고 더불어 자신의 권리를 보호할 수 있는 민주사회의 참된 구성원이 되는 것을 목표로 한다는 점에서 언론 전공생과 언론인 모두에게 요구된다. 관련 연구서나 교재들이 2000년 이후 급증하면서 양적, 질적 측면에서 범위가 확장되어왔지만, 한국 대학의 언론법제 교육은 다른 언론학 관련 교육에 비해 부족한 편이고, 언론법제 교육의 필요성이 가장 많이 요구되는 언론 현업에서조차도 별도의 교육 시스템이 마련되지 않고 있다(이재진, 2007)는 한계를 가진다. 체계적인 언론법제 교육을 통해 예비 언론인이기도 한 언론 전공자와 언론인에게 언론법 지식을 제공하고 민주시민을 양성할 수 있도록, 향후 충분한 검토와 논의의 필요성이 제기된다.

### 2) 언론법제 연구의 특성

언론법제 연구란 무엇인지, 학문적 성격을 규정하기 위해서는 먼저 연구대상에 대한 명확한 용어정리가 필요하다(유의선, 2009). 언론과 관련된 법현상을 연구하는 분야를 지칭하는 용어로 언론법과 언론법제라는 명칭이 혼용되는 경향을 보이는데,

그런 점에서 이에 대한 기존의 개념 정의를 살펴본다. 언론법은 한 마디로 언론과 관련한 법적인 현상을 규율하는 법으로 정의된다. 언론법 개념 정의의 특징을 좀 더 구체적으로 보면, 임병국(2002)은 언론 관련 현상 중에서도 법현상을 규율하는 법으로 기능적인 차원에서 정의했고, 성낙인(1994)과 염규호(1998)는 언론의 자유와 법적 규제를 언론법의 핵심 요소로 봄으로써 언론의 자유와 언론의 책임 간의 기본 관계의 관점에서 접근하였다. 또 유의선(2009)은 미디어법을 미디어 관련 가치관을 세우는 기본 골격으로 보면서 산업, 사회문화적 차원에서 개념 정의를 시도하였다. 반면 언론법제에 대해 임병국(2002)은 언론 관련 현상을 규율하는 법과 제도로 간단명료하게 정의했으며, 권영성(1999)은 역시 언론 관련 사항을 규율하는 언론법규의 형태, 구조, 체계로 조금 더 구체적으로 설명했다. 이에 비해 유일상(1994, 2000)은 법률제도뿐 아니라 관습으로 존재하는 윤리를 포함하는 개념으로 폭넓게 정의하는 차이를 보였다. 이들 정의에 기초하면, 언론법제는 언론과 관련된 현상을 규율하는 법률과 제도, 체계(조연하, 2019)로 정리된다. 그런데 성낙인(1994)은 언론법을 법제를 포섭하는 개념으로 정의하는가 하면, 임병국(2002)은 언론법제를 언론 법규 현상을 규율하는 법과 제도로 정의하고 있어, 개념 정의에서 범위가 서로 중첩되는 현상을 보인다. 그런 점에서 언론자유가 보장되는 사회에서는 법의 한 형식에 불과한 법제, 법규, 법체계가 그 내용을 대표하는 용어로 사용되는 것은 불합리하다는 유일상(1994)의 주장에 주목할 필요가 있는데, 그는 언론과 법의 다양하고 광범위한 관계를 연구하기 위해 규제 지향적 의미가 강한 법제와 법을 구별하여 사용할 것을 강조하였다. 하지만 언론법, 언론법제, 미디어 법제, 커뮤니케이션 법제 등이 언론학 연구의 한 분야를 지칭하는 용어로 혼용되고 있어, 학문적인 명칭이 통일되지 않은 현상을 엿볼 수 있다. 이것은 이들 용어를 명확하게 구별해서 사용하는 것 자체가 쉽지 않다는 점과 동시에 언론법제의 개념에 대한 학문적 논의가 충분하지 않다는 점을 보여주는 것이기도 하다. 그동안 발간된 저서와 논문의 제목이나 대학에 개설된 교과목명에서 언론법보다는 언론법제가 더 많이 사용되고 있는 경향을 고려하여 이 글에서는 언론법제라는 용어를 주로 사용하기로 하고, 앞으로 용어에 대한 충분한 논의를 통해 체계적인 개념 정의를 시도할 필요성을 제기해 본다.

언론법제 연구는 언론의 자유 확장과 다른 기본권과의 이익충돌을 방지·조정하는 방법들을 탐구하는 작업으로(유일상, 2009), 한 사회의 주어진 정치적·사회적 환경에서 언론법이 어떻게 적용되고 있는지를 고찰하는 것이다(이재진, 2007). 즉 표현의 자유와 책임을 실천하기 위해 언론과 관련된 현상을 어떻게 규율할 것인지를 논하는 작업이 바로 언론법제 연구이다. 따라서 언론법의 진리를 탐구하고 언론과 법 관계를 통일적, 체계적으로 파악하고 설명하는 것은 물론이고, 언론의 자유와 법적 규제 간의 마찰 또는 개인 기본권 간의 갈등에 대한 규범적이고도 조화로운 해소와 같이 현실적이고 구체적인 목표를 추구(이승선, 2005; 이재진, 2002; 이재진·박성순, 2015; 차용범, 2000; 팽원순, 1984)하는 것을 목적으로 한다.[2] 이런 목적에 기반하여 언론법제 연구는 언론법의 절차, 판례, 원칙에 대한 분석을 통한 법 의미의 명료화, 기존 언론법의 문제점 개선 및 개정안 제안, 언론법의 작동과 영향에 대한 이해 제공, 언론법 제정에 영향을 미치는 정치적, 사회적 맥락 분석, 그리고 언론학 분야에서 법과 저널리즘 교육에 필요한 자료 제공(Gillmor & Dennis; 1981)이란 기능을 수행한다. 이상의 기존 논의를 토대로 하면, 언론법제 연구는 학제 간 연구역량을 활용(연구자)하여 언론과 법과의 다양한 관계(연구영역, 대상)를 새롭게 조명하고 체계적으로 설명(연구방법)함으로써, 언론의 자유와 법적 규제 간의 갈등을 조화롭게 해결하는 방안을 제시하고, 더 나아가 언론의 자유와 책임을 구현할 수 있는 논리와 대안을 제시(연구목표)하는 것이다(조연하, 2019).

언론법제의 주된 연구자 집단은 언론학자와 법학자이다. 성낙인(1998)은 언론학 분야에서 이와 관련한 법적인 연구가 이뤄지지 않는다면 언론의 실제에 관한 연구가 현실적인 사회규범과 괴리를 보일 위험이 따른다면서, 언론학 영역에서 언론법제 연구의 당위성을 강조한 바 있다. 사회 문제와 법 현실을 연구하는 법학 분야에서도 언론법제 연구의 당위성은 그대로 적용된다. 언론의 본질과 현상에 대한 논의와 이를 위한 법리적 해석의 틀의 제공이 언론법제 연구의 깊이와 의미를 더할 수 있다는 점에서, 언론법제 연구에서 언론학자와 법학자의 역할은 매우 중요하다. 이와 같은 융합 학문의 성격은 연구방법론에도 학제적인 접근의 필요성을 제기한다. 길모어와 데니스(Gillmor & Dennis, 1981)는 언론법제 연구방법을 법해석학적인 전통적인 법학 연구방법과 사회과학의 방법을 사용한 경험 실증적이고 행동학적인 연구방법으로 분류하였다. 언론법제 연구의 핵심적이고도 전통적인 연구방법은 판례 및 입법 분석 등을 중심으로 한 법해석학이다. 하지만 일부 언론학자들(유의선, 2009; 유일상, 1994; 이승선, 2005; 차용범, 2000)은 사회현상의 변화와 법의 조화라는 당면 과제와 함께 전통적인 언론자유의 제 문제들을 계속 탐구하기 위해, 언론법제 연구에서 법해석학에 국한될 필요 없이 과학적이고 타당도 높은 사회과학적인 연구방법론 도입의 필요성을 주장해왔다. 그렇게 함으로써 언론법제 연구에서 방법론의 다양화를 도모할 수 있을 뿐 아니라 판례분석이나 법규범 해석이 가지고 있는 한계를 극복하고, 법 현상에 관한 법학과 언론학의 학제 간 연구를 통해 언론법제 연구가 균형성과 다양성을 확보할 수 있다는 것이다.

한편 언론법 연구는 언론학 입장에서 연구가 불가피한데, 언론학자들은 대부분 언론학과에서 연구해왔기 때문에 법적인 소양이 부족하고, 법학자들은 언론법을 부수적인 연구대상으로 하는 환경적인 요인과 함께 언론학적인 인식과 이해가 부족하다(성낙인, 1998). 즉 학문적 기반에 따라 연구의 관심과 내용이 달라진다는 것이다(이승선, 2005). 따라서 언론법제 연구에서는 언론학자와 법학자 간의 긴밀한 학문적 교류와 연계를 통한 학제적인 접근이 불가피하다. 그리고 각각의 학문적 전통과 관습에 따라 언론법제에 대한 접근방식이 다를 수 있다(Pasadeos, Bunker & Kim, 2006)는 점을 최대한 이해하고 수용한다면 학문적 협업이 성공할 수 있을 것이다.

이 글은 언론법제 연구에서 김동철 교수의 학술업적과 생애를 조명하는 목적을 가진다. 이와 같은 생애사 연구는 초창기 언론법학자 개인을 주제화해서 그의 삶의 자취와 학문적 사상을 조명함으로써 개인의 삶의 이야기를 통해 국내 언론법제 연구의 사회적, 역사적 맥락을 이해할 수 있을 뿐 아니라 언론법제 연구의 발전과정과 특성을 고찰할 수 있다는 점에서 의미가 크다. 김동철 교수의 생애와 교육자로서 삶을 이해하기 위해 관련 저서와 기록을 살펴보았고, 학문적 업적과 사상을 고찰하기 위해 그의 저서와 연구논문을 분석하였다. 문헌을 통해 발견할 수 없는 자료를 추가로 수집할 목적에서 김동철 교수와 대면 인터뷰를 했다.

2021년 8월 5일 김동철 교수와 인터뷰를 마치고

## 3. 김동철 교수의 삶의 여정

### 1) 학문적 성장과 주요 경력

김동철 교수는 1927년생으로 일제강점기에 어린 시절을 보내고 성장했다. 대학에 진학하자마자 광복을 맞이한 그는 고려대학교 경제학과에서 법학, 정치학, 철학, 경제학 등을 두루 접하면서 본격적으로 학문에 관심을 가지기 시작한다. 대학 시절 그가 가장 크게 영향을 받은 강의는 유진오 교수의 '헌법'이었다. 당시에는 헌법을 가르치는 교수가 거의 없었기 때문에, 고려대 학생들뿐 아니라 서울대학교와 연희대학교 학생들까지 유진오 교수의 강의를 듣기 위해 모여 강의실이 빼곡하게 들어차곤 했다. 그는 유진오 교수를 도와 헌법을 정서(正書)하는 일에 참여하기도 했는데, "인간의 기본적인 권리는 법률이나 헌법에 정하지 아니하였다는 이유로 경시되지 아니한다"라는 헌법의 한 대목을 옮겨 적었던 것을 아직도 뚜렷이 기억하고 있다고 회상한다. 유진오 교수의 '헌법'과 함께 김동철 교수가 영향을 받은 또 다른 강의는 김상협 교수의 '정치학'이었다. 민주주의라는 단어가 금기시되던 일제강점기를 지나온 직후 김상협 교수의 강의에서 접하던 민주주의 강론은 그의 가슴을 뛰게 했다. 안호상 교수의 독일어 강의 역시 철학과 윤리학에 대한 학문적 기초 형성에 영향을 미쳤다.

그가 신문학과 인연을 맺은 것은 대학 재학 시절 조선신문학원의 3기 본과생으로 수학하게 되면서부터이다. 조선신문학원은 곽복산 선생이 1947년 언론인 양성을 위해 설립한 사설 학원으로, 김동철 교수는 대학 졸업을 앞두고 이 학원에서 신문학을 공부한다. 1년간의 수련 기간을 마칠 무렵 그는 연합신문에 실습을 나가 언론인으로서의 경험을 쌓는다. 경제학과 학생 신분으로 연합신문 경제면에 자신의 기사를 게재했던 경험은 그가 언론학자의 길을 가는데 중요한 출발점이 된다.

조선신문학원을 수료하고 다시 대학으로 돌아와 고려대학교를 졸업한 후 1950년 6.25 전쟁이 발발한다. 전주로 피난을 간 그는 국제 연합군 사령부의 민사원조처 전주사무소에서 군 복무를 한다. 그곳에서 쌓은 영어 실력을 바탕으로 전쟁 이후에는 공보처 공보실에서 국제관계 업무를 담당하게 된다. 1958년에는 방콕에서 개최된 아시아 민족 반공연맹 연례대회에 실무 담당 수행원으로 참석하게 되는데, 당시

백낙천 박사와 김활란 박사가 각각 대한민국 대표단의 단장과 부단장이었다. 아시아 민족 반공연맹 연례대회 행사를 무사히 마친 후 같은 해 김동철 박사는 당시 미 국무부 초청으로 미국으로 건너가 인디애나 대학의 석사과정에 입학했다. 국무부 장학금이 지원되는 1년이라는 짧은 기간 동안 석사학위를 마친 그는 한국으로 돌아와 다시 공보실로 복귀하지만, 1959년 경향신문 폐간 사태로 인해 그의 사수였던 오재경 공보실장이 그만두면서 그도 함께 공보실을 떠나게 되었다.

이후 1961년 이화여대에서 시간강사를 하던 중 오재경 공보부 장관이 김동철 교수를 발탁하여 공보부 비서실에서 일했으며, 이후 고등전형시험을 거쳐 3급 공무원의 행정관으로 발령을 받아 조사국 국내과와 공보부 보도과에서 과장으로 복무했다. 조사국 국내과에서는 국내 최초의 대규모 과학적 방법의 여론조사를 기획하여 매체 접촉 행태 및 정부 정책에 대한 의견조사를 주도하기도 했다. 이후 1962년 정부의 화폐개혁 실패로 인해 내각이 총사퇴하는데, 김동철 교수도 이때 사표를 내고 이화여대에 전임으로 정식 부임한다.

살펴본 것처럼 김동철 교수는 대학에서 법학, 경제학, 신문학, 철학 등 다양한 학문 분야에 관심을 두고 공부했으며, 이후 언론인으로서 그리고 공무원으로서 경력을 쌓았다. 특히 공무원으로서 그의 활동은 대외관계, 여론조사, 정부 홍보 등 폭넓게 이루어졌고, 공무원 자격으로 미국 정부의 초청을 받아 언론학 석사학위를 취득하기도 한다. 하지만 정치적으로 격동의 시기였던 탓에 그의 공무원으로서의 경력은 그리 오래 가지 못했으며, 학문적 성찰과 풍부한 현장 경험을 바탕으로 이화여대에서 교육자로서 삶을 시작한다.

### 2) 교육자로서 삶과 주요 활동

김동철 교수는 1962년 이화여대 신문학과에 정식으로 부임했을 때 '기사 보도', '문장론'과 '시사영어'를 강의했다. 언론사 기자로 활동했던 경험을 살려 '기사 보도'와 '문장론'을, 미국에서의 유학 경험을 토대로 '시사영어' 강의를 담당했다. 이 밖에 '언론사', '보도사진론', '조사방법론', '매스컴 이론' 등의 과목 등을 개설하면서 초창기 이화여대 신문학과의 교육 체계를 만들었다. 당시 제자였던 故 목진자 교수는 김동철 교수의 강의에 대해 다음과 같이 회상한다.

2012년 9월 20일 이화여대 캠퍼스에서 제자들과 함께

> "문장론 과목을 비롯하여 언론사, 보도사진론, 언론윤리 및 법제, 조사방법론, 매스컴 이론 등 선생님의 강의는 熱과 識의 덩어리였으며, 특히 사진 제작 실습 시간의 추억은 지금도 졸업생들에게 웃음꽃을 선사해 주고 있습니다(김동철 교수 정년퇴임기념논문집 간행위원회 편, 1993, 7쪽)."

이화여대 부임 2년 후부터 '윤리법제' 과목을 담당했는데, 당시 신문학과에 '언론법' 강의가 따로 개설되어 있었으므로 그는 주로 윤리 및 사회적 책임에 관한 내용으로 강의를 구성했다. 학문적으로 관심이 컸던 분야의 첫 강의이니만큼 그는 정성 들여 강의 노트를 만들고 열정적으로 학생들을 가르쳤다. 2주에 한 번씩 치러야 하는 퀴즈에 지쳐 학생들이 도망가고 이에 실망한 김동철 교수가 학교에 사표를 제출했던 일화가 있을 만큼, 강의에 대한 그의 열정은 매우 컸다. 특히 그의 '기사보도', '보도사진론'과 같은 강의는 졸업생들이 언론계에 진출할 수 있는 학문적이고도 실무적인 발판을 마련해주었는데, 실제로 그가 가르쳤던 제자 중에는 역량 있는 여성 언론인이 적지 않다. 언론사 시험에 응시한 졸업생들을 격려하고자 일일이 시험장소를 방문하면서 힘을 실어주었던 일화는 지금도 졸업생들 사이에서 유명하다. 1978년에는 연구년을 맞아 미국에서 1년 동안 공부하게 되는데, 이 시기에 그는 국가기밀 보도와 관련해서 역사적으로 중요한 의미를 갖는 펜타곤 문서 판례

(Pentagon Papers Case, 1971)를 연구한다. 1년 동안 관련 자료를 모아 한국으로 돌아온 후 10년 만에 그는 관련 내용을 담은 「自由言論法制硏究」를 발간했다. 연구년에서 돌아온 후 그의 '윤리 법제' 강의는 국가기밀 보도를 비롯한 프라이버시, 명예훼손, 시민의 권익, 악세스권, 정보공개제도 등으로 확장된다. 또한 그는 언론윤리법제 과목이 개설되지 않았던 서울대학교와 연세대학교 등에서도 강의했으며, 정년퇴임 후에는 광주대학교 언론대학원에서 초빙교수 자격으로 현장의 언론인들을 대상으로 언론법을 가르치기도 했다.

김동철 교수는 이화여대 정의숙 총장의 요청으로 평생교육원을 설립하고 1984년부터 1990년까지 2대에 걸쳐 평생교육원장을 역임했다. 그는 백명희 교수 등과 함께 계속 교육 연구팀을 구성하여 평생교육원 운영을 위한 밑그림을 완성했으며, 이후 교수와 학생 등 교내 구성원을 설득하는 과정을 거쳐 평생교육원을 출범시켰다. 평생교육원 출범 이후 6년 동안 평생교육원장으로 일하면서 그는 우리나라 여성의 고등 교육 기회 확대를 위해 노력했다. 이화여대의 평생교육원은 대학에 진학하지 못한 여성과 직업을 가진 여성을 비롯하여 대학을 나온 이후에도 계속 공부하기를 원하는 여성들을 위해 대학의 교양 강의 등을 제공했는데, 대학진학이 드물었던 당시의 여성들에게 큰 호응을 얻었다. 1기 수강생 70명을 선착순으로 모집할 때는 전날 밤부터 523명의 지원자가 모여서 밤을 새우는 등 뜨거운 열기 속에서 시작했고, 이후 수강생 규모를 늘려 많은 졸업생을 배출했다.

2014년 10월 31일 한국언론연구회 월례모임에서

김동철 교수는 학회 활동에도 활발히 참여하면서, 언론학의 토대를 닦고 발전하는데 크게 기여했다. 1981년에는 한국신문학회[3] 9대 회장을 지냈으며, 1999년에는 언론학 퇴임 교수들과 연구와 친목을 위해 '한국언론연구회'를 창립해서 매달 정기적으로 모임을 갖는 등, 퇴임 이후에도 학회 활동을 꾸준히 해왔다. 그의 이러한 활동은 언론학에 대한 끊임없는 관심과 열정을 몸소 보여주면서 후학들에게 큰 본보기가 되고 있다.[4]

## 4. 김동철 교수의 학문적 업적과 사상

### 1) 언론법제 분야에서의 학술 활동

김동철 교수와의 인터뷰에 따르면, 국내 언론학계에서 초기에는 언론법을 본격적으로 연구한 학자가 거의 없었다. 언론학 영역에서 언론법 연구는 언론학자들이 헌법이나 민법에서 나오는 기본권과 매체와의 관계에 주목하면서 자연스럽게 시작되었다고 한다. 장용 교수가 그 선두주자로서 언론법에 관한 최초의 단행본인 「언론과 인권」(1969)을 펴냈는데,[5] 김동철 교수는 이 책의 저술 자체가 당시로서는 획기적이었다고 기억하고 있다. 그리고 한병구, 팽원순 교수와 같은 언론학자들이 대학에서 언론법을 가르치기 위해 언론법을 공부하면서 연구를 하기 시작했고, 자신도 같은 입장이었다고 한다. 유의선(2009)은 언론법제 연구자 제1세대 중에서 팽원순, 한병구, 김동철, 원우현, 정진석 교수 등이 언론법제의 전문분야를 확장하거나 대학 내 언론법제 교육의 입지를 강화한 것으로 평가한 바 있다. 이에 언론학 제1세대이면서 동시에 언론법제 교육과 연구의 개척자 중 한 사람인 김동철 교수가 이루어낸 학문 세계와 그 성과를 조명해 보는 것은 매우 의미가 크다고 본다.

#### (1) 언론법제 연구의 시작

김동철 교수의 연구와 인터뷰에 기반하면, 언론윤리법제에 대한 학문적 관심의 계기는 대학 시절의 경험으로 거슬러 올라가서 찾을 수 있다. 일제강점기에는 대학에서 철학과 윤리학 강의가 금지되었는데, 독일 예나 대학에서 철학 박사학위를 받은 안호상 박사의 독일어 과목에서 철학과 윤리학을 몰래 배울 수 있었다고 한다. 그리고 해방 후 개설된 유진오 교수의 헌법 강의와 김상협 교수의 정치학 강의를 들으면서 국민의 기본권과 민주주의에 눈을 뜨기 시작했고, 그런 것들이 언론윤리법제의 근간이 된다는 점을 알게 되었다고 한다. 결국 그러한 소중한 경험들이 언론윤리법제 연구에 관심을 가지게 된 바탕이 된 것이다. 또한 학문적으로 강한 영향을 받은 책으로 그는 Rivers와 Schramm의 〈Responsibility in mass communication〉과 Siebert, Schramm, Peterson 등의 〈Four Theories of the Press〉를 손꼽고 있다. 이 책에서는 언론의 책임과 더불어 언론의 4이론을 논의하고 있는데, 언론은 정부로부터 자유로워야 하며 동시에 국민에 대한 책임감을 져야 한다는 사회적 책임 이론이 김동철 교수의 언론윤리법제 연구의 이론적 토대가 되었을 거라고 판단된다.

그는 민주주의가 잘 발달하고 문화 수준이 높은 국가일수록 언론에 대한 법률적인 통제나 입법이 존재하지 않는다는 점을 강조한다. 예를 들어 미국은 언론에 관한 법제가 오직 하나로, 바로 수정헌법 제1조에 언론의 자유를 규정한 것이 전부이다. 이처럼 언론을 통제하는 입법에 대한 부정은 그의 저서 「自由言論統制研究」에 잘 반영되고 있다. 그는 언론이 공공의 이익을 침해했다면 일반법의 제약을 받으면 되지만, 언론의 자유를 제한하거나 간섭하는 특별한 법률은 있을 수 없다는 것이 자유언론의 실질적인 의미라고 주장한다. 또 언론이 자율규제를 하면 언론통제 자체가 필요 없는데, 언론이 스스로 사회적 책임을 다하지 못하기 때문에 언론규제 입법이 존재하는 것이라면서 언론의 사회적 책임을 강조하였다. 그리고 그와 같은 언론의 사회적 책임과 언론규제 입법 간의 관련성 때문에 언론학 분야에서 언론법 연구의 필요성이 제기되며, 언론의 윤리와 책임이 중요한 연구대상이 되어야 한다는 것이다. 이러한 생각과 신념이 김동철 교수가 언론의 윤리와 책임에 더 많은 학문적 관심을 가지는 동기가 되었다.

한편 김동철 교수의 이화여대 재직 초기인 1960년대 초 언론법제 과목은 주로 실무를 담당하거나 법학을 전공한 외부 강사가 맡았는데, 중복을 피하고자 김동철 교수가 언론윤리 과목을 가르치게 되면서 자연스럽게 프라이버시와 같은 인격권을 포함한 언론의 사회적 책임과 윤리를 연구하게 되었다고 한다.

### (2) 언론법제 연구업적

한국에서 언론법을 하나의 독립적인 연구 분야로 인식하게 된 것은 1960년대 이후의 일이다(이승선, 2005, 240쪽). 김동철 교수의 언론법제 연구도 바로 1960년대부터 시작되었다. 그의 연구 전체를 개관해보면 연구주제에 있어 시기별로 약간의 변화를 보인다. 1960년대와 1970년에는 신문, 잡지, 방송, 보도사진 등 다양한 매체를 연구대상으로 하여, 언론의 자유와 충돌되는 인격권, 언론의 기능과 책임, 언론교육, 대학방송 등 비교적 폭넓은 주제를 다룬 논문들을 발표했던 경향을 보였다. 언론학 연구영역에 대한 일종의 탐색 기간이었으리라고 본다. 그리고 1980년대와 은퇴 무렵인 1990년대 초반까지 언론법제 논문들을 꾸준히 발표하였고, 이에 기초하여 언론법제 전문학술서를 저술하였다.

우리나라에서 언론법 연구가 본격화된 시점은 1980년 이후로(이승선, 2005), 김동철 교수도 이 시기에 언론법제 논문을 발표하기 시작했다. 그의 연구의 근간이 되었던 매체는 신문이었으나, 1990년대 중반에는 방송에 주목하고 방송법의 변천과정을 다룬 논문을 발표하기도 하였다. 특기할만한 점은 1980년대 중반을 전후로 하여 「언론중재」에 언론법제 논문들을 집중적으로 게재했다는 점이다. 신문보도와 시민의 권익, 언론의 민·형사상의 책임 귀속, 악세스권과 의견광고, 알권리와 프라이버시, 표현의 자유와 음란성, 한국의 언론보도와 국가기밀, 보도사진의 윤리성과 법적 문제 등 언론의 자유와 충돌되는 여러 법익을 다룬 논문들을 발표하였다. 「언론중재」는 1981년 설립된 언론중재위원회가 발행하기 시작한 계간 학술지로, 개간호부터 언론학과 법학 연구자, 전·현직 법조인과 언론인이 필자로 참여하고 있어 언론학과 법학의 가교역할을 했을 뿐 아니라, 언론법이 독립된 학문 분야로 성장할 수 있는 이론적, 학술적 연구의 장이 되어주었다. 칼럼, 해외 동향, 관련 판례와 법률 등의 다양한 정보를 제공하고 전문학술지가 아니라는 한계점을 보완하기 위해 학술적 논문도 꾸준히 게재함으로써(이재진, 2006; 이재진·박성순, 2015), 언론법 전문학술지가 없었던 당시로서는 사실상 유일한 언론법 전문학술지 역할을 했다. 김동철 교수도 인터뷰를 통해 언론법의 진선과성에서 언론법에 관한 성기간행물인 「언론중재」의 역할을 빼놓을 수 없다는 점을 강조하고 있다. 그런 점에서 학술적 논문의 성격을 띠고 있는 김동철 교수의 「언론중재」 게재 논문들은 논문발표가 활발하지 않았던 초창기 언론법제 연구에 기여한 바가 크다고 평가된다.

〈표 2-1〉 김동철 교수의 연구논문

| 제목 | 발행연도 | 저널 | 주제* |
|---|---|---|---|
| 신문과 명예훼손 | 1964 | 신문평론(통권3호) | 명예훼손·모욕·인격권 |
| 한국 언론의 정치사회적 기능 | 1967 | 정경연구<br>(제3권 제6호) | 기타: 언론의 기능 |
| 한국 잡지의 사회적 책임 | 1968 | 세대(통권63호) | 미디어 윤리 |
| 신문사에 있어서 마이크로 사진의 활용 | 1970 | 신문연구(통권16호) | 기타: 신문사진 |
| 이화여대 대학방송의 현황과 실제 | 1971 | 방송(제1권 제1호) | 기타: 대학방송 |
| 대학에 있어서 ITV를 이용한 교수방법의 학습효과와 그 문제점에 관한 연구 | 1972 | 이화여대<br>한국문화연구원<br>논총(제20집) | 기타: IPTV활용<br>교수방법 |
| 한국 매스콤 교육의 현황 | 1973 | 신문평론(통권45호) | 기타: 언론교육 |
| 어린이에게 미치는 텔레비전 광고의 영향분석(공저) | 1981 | 이화여대<br>한국문화연구원<br>논총(제38집) | 기타: TV광고효과 |
| 신문보도와 시민의 권익 | 1982a | 언론중재<br>(제2권 제1호) | 명예훼손·모욕·인격권 |
| 신문보도와 시민의 권익 | 1982b | 신문과 방송<br>(통권136호) | 명예훼손·모욕·인격권 |
| 차츰 건실한 방향으로 전환 | 1982c | 신문과 방송<br>(통권144호) | 미디어규제제도 |
| 언론의 민·형사상의 책임 귀속 | 1983a | 언론중재<br>(제3권 제1호) | 취재·보도의 자유와 책임 |
| 악세스권과 의견광고 | 1983b | 언론중재<br>(제3권 제4호) | 알권리와 정보공개청구 |
| 정확한 보도를 위한 기사심의제도의 방향(공저) | 1983 | 신문과 방송<br>(통권146호) | 미디어규제제도 |
| 알권리와 프라이버시 | 1985a | 언론중재<br>(제5권 제2호) | 알권리와<br>정보공개청구/<br>프라이버시 |
| 표현의 자유와 음란성 | 1985b | 언론중재<br>(제5권 제4호) | 성표현물 |

| | | | |
|---|---|---|---|
| 보도사진의 윤리성과 법적 문제 | 1987a | 언론중재<br>(제7권 제1호,<br>통권22호) | 언론윤리 |
| 한국의 언론보도와 국가기밀 | 1987b | 언론중재<br>(제7권 제4호) | 표현의 자유와 기본권 |
| 대중문화의 건전화를 위한 방안연구: 특히 텔레비전 방송을 중심으로 (공저) | 1988 | 이화여대<br>한국문화연구원<br>논총(제54집) | TV방송효과 |
| 법원의 영장 열람금지 파문과 알권리 | 1992 | 언론중재<br>(제12권 제4호) | 알권리와 정보공개청구 |
| 언론과 프라이버시 | 1993a | 신문연구(통권56호) | 프라이버시 |
| 우리나라 방송법의 변천과정 | 1995 | 방송연구<br>(제14권 제2호) | 법적 체계의 이해 |

* 조연하의 연구(2019)에서 사용한 언론법제 연구동향 분석틀에 기초함.

한편 1960년대 말부터 시작해서 1980년대까지의 초창기에 발간된 언론법제 전문학술서는 주로 언론학 분야에서 언론학자들이 저술했던 점이 특기할만하다. 장용 교수의 「언론과 인권(1969)」,[6] 서정우·차배근·최창섭 교수의 「언론통제이론(1978)」, 팽원순 교수의 「매스코뮤니케이션 法制理論(1984)」, 한병구 교수의 「언론법제이론(1987)」, 그리고 김동철 교수의 「自由言論法制硏究(1987c)」는 모두 언론학 교수들이 펴낸 언론법제 전문학술서이다.[7] 언론법제가 언론학과 법학의 학제 간 연구영역이기는 해도, 한국에서 언론법제 교육이 법학보다는 언론학 분야에서 먼저 시도되었고 초창기 언론법제 연구와 저술도 주로 언론학자들에 의해 이루어졌다는 사실에 기초할 때, 언론법제 교육과 연구의 정착에 조금 더 기여했던 것은 언론학 분야였다. 한편 초창기 언론학자들의 언론법제 전문학술서 저술이 주는 의미는 법학자들이 언론법제에 관한 학문적 관심도가 그만큼 낮았다는 점을 시사하는 것이기도 하다. 이처럼 법학자들의 관심도가 낮은 요인을 성낙인(1998)은 언론법 연구의 딜레마에서 찾고 있다. 즉 언론법 연구는 언론학 입장에서 연구가 불가피한데, 언론학에 조예가 깊은 연구자는 언론 관련 학과에서 줄곧 연구해온 까닭으로 인하여 법적인 소양이 부족할 수밖에 없고, 법학을 전문으로 하는 학자는 언론법을 부수적인 연구대상으로 삼을 수밖에 없는 환경적 요인에다가 자연히 언론학적인 인식과 이해가 매

〈표 2-2〉 초창기 대표적인 언론법제 연구서

| 저자 | 저서명 | 발행연도 | 출판사 | 내용구성 |
|---|---|---|---|---|
| 장용 | 언론과 인권 | 1969 | 선명문화사 | 민주주의의 기조/한미 양국 헌법상의 언론자유/언론출판의 자유에 대한 제한과 보장의 한계/한미 양국 헌법 판례상의 제한과 보장/명예권과 명예훼손의 본질 및 범주/언론과 개인법익 침해/방송과 명예훼손/언론과 사생활의 권리 |
| 서정우·차배근·최창섭 | 언론통제이론 | 1978 | 법문사 | 서론(매스미디어의 생성발전과 현황/매스미디어의 본질과 기능/언론통제이론의 개념과 체계)/정치적 통제(정치적 통제와 언론자유/언론의 4이론/언론자유와 국민의 알권리/법적 통제와 언론자유/개인적 법익과 법적 통제/사회적 법익과 법적 통제/국가질서와 법적 통제)/경제적 통제(경제적 통제의 개념과 제형태/미디어 독점화를 통한 통제/광고주에 의한 통제)/사회적 통제(사회적 통제의 개념/공중에 의한 간접적 통제방안/공중에 의한 직접적 통제방안)/정보원에 의한 통제(정보원통제의 본질/정부 홍보와 정보원통제/국제보도와 정보원통제)/내적 및 자율적 통제(미디어의 내적 통제/윤리성에 준한 미디어의 자율적 통제/전문화를 통한 미디어의 자율적 통제)/결어 |
| 팽원순 | 매스 코뮤니케이션 法制理論 | 1984 | 법문사 | 매스 코뮤니케이션 법제와 그 연구/현대사회와 표현의 자유/헌법과 언론자유조항/미국의 표현의 자유제약이론/매스미디어에 대한 악세스권/매스미디어와 명예훼손/「현대적 악의」론의 형성과 의의/반론권 제도의 역사적 전개/프라이버시권과 매스미디어/정보원에 대한 접근권/알권리와 정보공개제/뉴스원 보호를 위한 기자의 권리/광고의 규제와 자유/방송과 시청자의 권리 |
| 한병구 | 언론법제이론 | 1987 | 나남 | 매스미디어와 인격권/언론자유의 보장과 제법익의 보호/매스미디어와 명예훼손/매스미디어와 프라이버시권/저작권/반론권제도/언론기본법의 특성/외국언론법 |
| 김동철 | 自由言論法制研究 | 1987 | 나남 | 언론의 자유와 그 한계/국가기밀과 보도의 자유/국가기밀 보도사건에 관한 판례/신문보도와 시민의 권익/언론의 민형사상 책임귀속/알권리와 프라이버시/정보공개제도와 프라이버시의 권리/악세스권과 의견광고/표현의 자유와 음란성/보도사진저널리즘의 윤리성과 법적문제/언론출판의 윤리와 책임 |

우 부족할 수밖에 없다는 딜레마를 가진다는 것이다(32-33쪽). 이와 관련하여 김동철 교수는 인터뷰를 통해 언론학 분야에서 언론법을 전공하려면 처음부터 법학 공부를 병행해야 한다고 강력히 주장하였다. 김동철 교수가 지적했듯이, 언론학에 기반한 연구자와 법률적 소양을 갖춘 연구자가 언론법제 연구의 시작부터 서로의 장점과 단점을 보완하면서 출발했더라면 언론법제 학문발전이 좀 더 빠르게 진전될 수 있지 않았을까 생각한다.[8)]

1987년에 발간된 「自由言論法制硏究」는 전문학술지와 비전문 학술지에 게재했던 11편의 논문을 엮어서 저술한 김동철 교수의 대표적인 저서이다. 모두 11장[9)]으로 구성되어 있으며, 언론의 자유와 국가기밀 등의 언론의 자유의 한계를 중심으로 언론의 자유에 관한 법률적 문제를 검토하고, 언론보도와 관련되는 시민의 권익, 언론의 법률상 책임의 귀속 문제, 프라이버시와 악세스권, 음란성, 윤리와 책임 등 언론자유가 당면하고 있는 법제상의 문제를 주로 신문 매체를 중심으로 다루고 있다.

이 책을 통해 김동철 교수가 전달하고자 했던 핵심적인 내용은 머리말에 잘 드러나고 있다. 그는 근대사회의 성립조건으로 관습, 도덕과 더불어 법의 지배와 존중이 필요하다고 서술하면서 법의 가치를 강조하고 있다. 그리고 현대사회에서 언론의 취재와 보도 활동이 법이라는 틀에서 이루어지고 있기에 언론인의 법에 대한 올바른 이해는 필수조건이며, 동시에 법에서도 언론에 대한 충분한 이해가 필요하다고 설명하고 있다. 이것은 곧 언론법제의 기본 속성을 의미하는데, 언론이란 제도에서 법이 중요하게 작용할 뿐 아니라 언론법 제도에도 언론의 특수성이 충분히 반영되어야 함을 말한다. 언론법제 연구자에게 법률에 관한 상당한 전문지식과 언론의 구조와 역할에 관한 정확한 이해가 요구(조연하, 2019)되는 것도 이와 같은 언론법제의 속성에서 비롯되었다고 볼 수 있다.

또 머리말에서 서술하고 있듯이, 이 책의 특징은 자유언론과 국가기밀 보도 문제에 큰 비중을 두고 있다는 점이다. 미국 국방부 기밀문서 보도 사건과 일본의 외교전보 통신내용 누설보도 사건이 책의 발간 이전 20년간 언론과 정부가 언론자유 및 국가기밀 보도에 대한 사전억제 이론을 둘러싸고 대립관계를 가졌던 세계적 중대 사건이었고, 이와 유사한 사건이 앞으로도 발생할 수 있다는 점이 그 이유였다. 그 내용을 보면, 국가의 이익과 자유언론이라는 대립적인 문제를 우리나라와 미국, 일본의 사법부가 어떻게 다루어 왔는가를 살펴보고 있는데, 미국 국방부 기밀문서 보

김동철 교수의 저서
「自由言論法制研究」

도 사건과 일본의 외교전보 통신내용 누설보도 사건에 대해 사건 경위로부터 재판의 경과, 검찰과 변론 측의 주장, 그리고 1심·2심·3심의 각 단계의 재판부 의견과 재판판결의 법률적 의의를 상세히 다루고 있다. 인터뷰를 통해서도 김동철 교수는 국가의 권력을 상대해서 언론의 자유를 쟁취한다는 측면에서 국가기밀 보도에 관한 연구의 중요성을 특별히 강조하였다.

「自由言論法制研究」 외에 김동철 교수는 공저인 「한국의 언론I」에 언론윤리·법제에 관한 글을 게재했고, 그의 정년퇴임 기념 논문집인 「언론과 커뮤니케이션의 제문제」에 법원의 영장 열람금지와 알권리에 관한 글을 게재하였다. 한편 대학에서 ITV를 이용한 교수 방법의 학습효과에 관한 논문을 토대로 저서 「ITV教育의 理論과 실제」를 저술함으로써, 대학교육에 대한 그의 학문적 관심을 보여주기도 하였다.

〈표 2-3〉 김동철 교수의 저서

| 제목 | 발행연도 | 출판사/발행기관 | 비고 |
|---|---|---|---|
| ITV教育의 理論과 실제 | 1973 | 한국교육개발원 | |
| 自由言論法制研究 | 1987 | 나남 | |
| 한국의 언론I (공저) | 1991 | 한국언론연구원 | 한국의 언론윤리·법제 |
| 언론과 커뮤니케이션의 제문제(공저) | 1993b | 나남 | 법원의 영장 열람금지조치와 알권리/정년퇴임기념 논문집 |

### 2) 언론법제 연구에 나타난 학문적 사상

김동철 교수의 저서 「自由言論法制研究」는 「언론중재」 등에 게재한 연구논문들에 기반하고 있다. 유의선(2009)은 이 책에 대해 언론의 자유와 관련된 제반 이슈를 다루면서 시민권익, 법률상 책임귀속 문제 등을 법제연구에 도입하여 연구의 지평을 확장하였고(795쪽), 법원의 영장 열람금지 파문과 알권리 연구를 통해 우리 사회에서 발생한 언론법 사례에 대해 가치판단적 해석을 시도함으로써(805쪽) 언론법제 연구방법론의 변화에 기여한 것으로 평가했다. 이에 다음에서는 저서와 별도의 논문에서 다룬 주요 연구주제를 중심으로 김동철 교수가 특별히 강조하고 있는 내용과 그의 학문적 사상을 검토한다.

(1) 언론의 자유와 국가안보

▮ 국내 언론의 국가기밀 보도 사건

언론보도와 국가기밀은 국가이익이라는 시각과 언론의 자유라는 시각의 날카로운 대립을 가져올 가능성을 내포하고 있는 이슈이다. 김동철 교수가 1987년에 발표한 한국의 언론보도와 국가기밀에 관한 연구(1987b)에서는 국가기밀과 관련한 정부와 언론의 입장을 이념적 차원 문제, 국민의 알권리와 알 필요의 문제, 언론의 기능에 대한 견해 차이 문제 등 몇 가지 차원에서 설명하고 있다. 그중에서 국민의 알권리와 '알 필요' 논리에 주목하면, 전자의 경우 언론은 민주국가의 주인인 국민이 공복인 정부가 하는 일에 대해 최대한으로 알권리가 있다고 주장하는 반면, 후자에서 정부는 국민이 꼭 알아야 할 것만 알 필요가 있다면서 국가 기밀보호가 정부가 국민의 알권리 범위를 제한하는 타당한 근거가 될 수 있다는 주장을 고수한다. 그러므로 언론과 정부는 숙명적으로 갈등을 빚기 마련이고, 언론과 정부 간의 조정과 책임의 조화작용이 중요하다는 것이다. 또 연구에서는 국가기밀 관련 현행법으로 형법, 국가보안법, 반공법, 군형법, 군사기밀보호법, 군사시설보호법, 국가안전기획부법 등을 제시하고 있는데, 국가안보와 군사기밀 보호 등을 이유로 언론자유의 기본권을 제한하는 입법들이 존재했음을 확인할 수 있다.

연구에서는 1950년대와 1960년대 재판에 회부되거나 신문윤리위원회 심의를 받은 국가기밀 보도와 관련된 4건의 사례를 중심으로 사건의 경위, 정부와 언론의 주장, 법원의 판단, 법률적 의의 등을 검토하였다. 군사기밀사항을 공개 보도함으로써 언론이 공공성을 보전하지 못하고 사회 공기로서 책임을 다하지 못했다는 이유로 신문윤리위원회의 권고를 받았던 서울 북방 이동 보도 사건을 제외하고, 나머지 사건에서는 모두 언론의 무죄를 확정하였다. 무죄 확정된 대표적인 사건으로 1968년 국회 공개 회의에서 국방부 장관과 국방위원장 발언을 보도했던 동양통신의 군사기밀 누설사건에서, 대법원은 언론의 무죄를 선고한 원심판결이 타당하다면서 상고를 기각했다. 국가기밀이라도 공개석상에서 토론된 때부터 기밀성이 상실되며, 정부의 언론에 대한 보도관제 요청은 상호 협조를 의미하는 것일 뿐 협조하지 않았다고 해서 법적인 제재를 받을 이유가 없다는 점이 판결 근거였다. 김동철 교수는 이 판결을 놓고 국회와 언론계 및 학계에서 오랫동안 논란이 되었던 국가안전보장과 언론자유의 한계, 군사기밀의 한계에 대한 우리나라 최초의 법원 판례라는 점에서 획기적이라고 평가하고 있다. 동양통신 사건은 법원이 불특정 다수에게 공개된 사실은 더는 기밀이라고 볼 수 없으며 보도관제 요청은 법률적 구속이 없음을 명확히 해주었다는 점에서 의미가 큰데, 법원이 보도관제 요건을 엄격히 해석함으로써 언론의 자유를 보장했다는 점에서 그 함의를 찾을 수 있다고 보았다. 하지만 이 사건은 이후 정부가 군사기밀을 유지, 보호하기 위한 독립된 법률을 제정하려는 움직임을 보이면서 결국 1972년 군사기밀보호법을 제정하는 계기가 되었다는 점에서 주목된다. 이 연구를 통해 김동철 교수가 주장하고자 하는 점은 언론의 공표주의와 정부의 기밀주의는 국가이익이란 동일 목적을 수행하기 위한 수단에 해당하므로 언론과 정부 간의 조정과 책임의 조화가 요구되며, 결국 민주주의 국가에서 국가이익에 대한 최종 결정은 사법부가 관장해야 한다는 것이다. 그런 의미에서 동양통신 사건은 우리 대법원이 국가안보와 언론의 자유와의 이익형량에서 중요하게 고려해야 하는 판단기준을 제시했다는 점에서 중요한 함의를 가지며, 비록 사전억제가 쟁점이 되었던 사건은 아니더라도 마찬가지로 국가기밀 보도사건을 다룬 미국의 펜타곤 판결보다도 몇 년 앞섰다는 점에서도 특기할만하다.

**미국의 펜타곤 비밀문서 보도 사건과 언론의 자유**

국가안보와 언론의 자유의 충돌 이슈는 언론법제 연구주제 중에서도 김동철 교수의 주요 연구관심사였다. 인터뷰에서 그는 미국의 펜타곤 사건(1971)[10]이 국가기밀 보도와 언론의 자유에 주목하게 된 계기가 되었을 뿐 아니라 민법과 행정법을 스스로 공부하면서 「自由言論法制硏究」를 저술하게 된 동기가 되었다고 설명하였다. 1978년 그가 안식년으로 미국에 가 있던 시기부터 이후 거의 10년 동안 모든 관련 자료를 탐색하고 꾸준히 수집한 결과, 연구를 완성할 수 있었다고 한다. 그야말로 방대한 분량의 자료수집과 학구적인 노력의 결과로 얻어낸 성과로, 이 연구주제에 대한 김동철 교수의 집념을 엿볼 수 있다.

펜타곤 사건은 국방부에서 월남전 역사기록을 담당했던 공무원이 누설한 월남전 비밀문서 복사본을 뉴욕타임즈가 특집기사로 연재한 것에서 비롯되었다. 뉴욕타임즈가 문서에서 발췌한 내용을 먼저 연속 게재하기 시작했고 이어 워싱턴포스트도 연재를 시작했는데, 법무부는 국가안보가 위태롭다고 주장하면서 추가 보도금지 명령을 내렸다. 그러나 이를 거부하고 연재를 계속하자 법무부가 민사소송을 제기하게 되고, 뉴욕타임즈와 워싱턴포스트에 제기된 소송은 나중에 한 개의 사건으로 병합되어 법원 심리를 받게 된다. 최종심에서 연방대법원은 "정부가 사전억제를 정당화할 수 있는 증거를 제시할 의무가 있는데, 정부는 그 의무를 다하지 못했다. 따라서 언론은 자유롭게 보도해도 된다"고 설명하였다(Zelezny, 2011, pp.78-79). 즉 연방대법원 판결의 핵심은 보도에 관한 어떤 형태의 사전억제도 헌법상의 합법성에 반하며, 정부는 이런 사전억제 조치를 취할 때 그것을 정당화할 만한 충분한 증거를 제시할 중대한 책임을 완수하지 못했다면서 사전억제를 인정하지 않았다. 이와 같은 사법부의 해석은 정부가 반대로 충분한 증거를 제시했다면 국가안보를 이유로 보도에 대한 사전억제가 가능함을 시사하는 것으로, 사전억제 금지 원칙에 대한 일종의 조건부 승인으로 볼 수 있다.

김동철 교수(1987b)는 결국 수정헌법 제1조에서 구가된 국민의 알권리 보장이 강력하게 재확인되었다는 점에서 판결의 함의를 찾을 수 있으나, 핵심은 수정헌법 제1조의 언론의 자유 보장과 국방의 이름으로 그 자유를 규제하는 정부 권력을 법정에서 비교형량을 하였다는 점에 있다고 보았다.[11] 즉 연방대법원은 수정헌법 제1조가 보장하는 언론의 자유가 어떤 상황에서든 무엇이든 발표할 수 있는 절대적 권리가 아니라고 판단했으며, 뉴욕타임즈가 요구하고 연방대법원이 지지했던 것은 문제의 문서를 당시의 시점에서 정부의 사전규제 없이 공표하는 데 있었다는 것이다. 그는 또 정부와 언론이 공동운명체로 국가이익을 위해서 동반자 관계를 유지할 수 있고, 언론이 정부에 대해 견제적 기능을 수행함으로써 장기적으로 국가이익을 신장시킨 사례도 있는데, 펜타곤 비밀문서 보도 사건이 후자의 대표적인 예라고 보았다. 법원이 비교형량 과정에서 이미 월남전이 끝난 당시 시점에서 해당 정보를 공표하는 것이 국가에 해롭기보다는 이익이 되었다고 판단했다는 것이다. 즉 국가이익은 다양한 민의를 수렴하여 국가의사로 형성시키고 이를 법적 절차나 행정 집행으로 표출시켜야 하며, 국가이익에 배치되는 언론이 존재해서도 안 되고 국가이익을 내세워 어느 정권의 이익만을 고수하는 것도 배척되어야 한다(김동철, 1987c)는 것이 그의 주장이다.[12]

한편 저서에서는 펜타곤 사건과 대조를 이루는 프로그레시브(Progressive) 잡지 사건(1979)[13]도 함께 다루고 있는데, 이 사건에서는 수소폭탄에 관한 논문 게재가 문제가 되었다. 이에 대해 법원은 기사 출판을 금지하려는 정부 측의 주장을 받아들였는데, 국민이 수소폭탄 제조에 관한 기술적인 세부 사항을 알 필요가 있다는 그럴듯한 이유를 발견할 수 없다는 것이 판결의 근거였다. 판결에서는 이 사건과 펜타곤 판결과의 차이점을 설명하였는데, 펜타곤 사건이 과거의 행적과 기록을 추적했던 역사적 기록이었고 정부가 기밀문서 공표금지에 관한 설득력이 있는 국가 안보적 이유를 제시하지 못한 반면, 프로그레시브 사건에서는 즉각적인 현실적 관심사를 다루었고 정부가 국가안보 이익에 관한 상당한 이유를 제시했다고 보았다는 점에서 뚜렷한 차이를 보였다. 김동철 교수는 언론에 대한 사전억제를 인정한 프로그레시브 판결이 펜타곤 사건에서 얻은 언론의 자유의 승리로서의 사전억제 금지이론을 후퇴시키는 결과를 초래했다고 보면서, 펜타곤 판결 이후 수정헌법 제1조에 대한 연방대법원 해석이 보도기관에 유리하지 못한 경향을 띠고 있는 것으로 풀이하였다. 두 사건의 판결을 놓고 볼 때, 언론에 대한 사전억제를 하기 위해서는 국가의 중대한 이익인 경우로만 국한되어야 하며, 정부는 그것이 국가의 중대 이익이라는 점을 모두가 인정할 수 있도록 충분한 증거를 제시해야 한다. 결국 국가안보라는 이익과 언론자유라는 이익 간 형량의 문제로 귀결된다.

펜타곤 사건의 함의는 「自由言論法制硏究」의 머리말에서 잘 설명되고 있다. 언론이 제4부로서 정치에 대한 감시역할을 수행하기 위해서는 정부와 언론은 숙명적으로 갈등과 투쟁의 관계에 있어야 한다는 것이다. 이것은 정부에 대한 비판과 견제가 신문의 핵심 기능이며, 신문이 누리는 언론의 자유는 국민의 알권리를 위해 존재해야 함을 의미한다. 바로 이 점이 김동철 교수가 펜타곤 사건과 언론의 자유에 관한 연구를 통해 전달하려고 했던 언론법 사상이라고 본다.

> “신문에 요구되는 기능을 발휘하기 위해서는 신문이 정치의 제4부로서 기대되는 감시역으로서의 기능을 유감없이 수행함을 요한다. 신문은 본질적으로 정부와 조화를 이루어야 하면서도, 오히려 그보다 더 대립하는 것임을 자각하고 눈을 항상 크게 뜨고 있어야 한다. 그것은 필연적으로 정부 대 신문의 대결에 이어진다. 신문이 민주주의와 자유주의를 목표로 삼는다면 정부와 신문의 관계는 어쩌면 영구적으로 긴장 관계에 있는 투쟁의 과정이라 생각된다. 민주주의가 존속하는 한에 있어서 국방성 기밀문서 보도사건이나 이와 유사한 사건은 앞으로도 또 발생할 수 있을 것이다. 미국에서도 일본에서도 또 우리나라에서도 이러한 긴장이 민주주의 존속의 증좌이기 때문이다(김동철, 1987c, 11쪽)”

### (2) 언론보도와 인격권 침해

전통적인 언론법은 매스미디어 보도에서 발생하는 법적 분쟁에 주로 관심을 기울였다. 특히 일방적으로 보도하는 매스미디어와 그로 인하여 명예를 훼손당한 피해자 사이에서 발생하는 분쟁이 주된 관심사였다(문재완, 2008, 21쪽). 김동철 교수는 언론보도로 인해 법률적 책임을 묻는 경우는 국가기관보다는 개인의 인격권 침해와 관련된 사건이 훨씬 더 많다고 보면서, 언론보도에서 발생하는 명예훼손, 프라이버시 침해와 같은 시민의 인격권 침해와 국민의 알권리 간의 충돌 문제에 대해 언론보도와 시민의 권익의 관점에서 접근하였다. 이와 관련하여 "신문과 명예훼손(1964)", "신문보도와 시민의 권익(1982a,b)", "알권리와 프라이버시(1985a, 1993a)" 등의 논문을 발표하였는데, 그 내용을 저서에서는 신문보도와 시민의 권익과 알권리와 프라이버시에 관한 장에서 다루고 있다.

#### ▌신문보도와 시민의 권익

신문보도와 시민의 권익에 관한 연구(1982a,b)에서는 먼저 서두에서 사상표현의 자유나 언론의 자유가 본질적이고 중요하다 해도, 그것이 타인의 자유를 무제한 침해할 수 없고 공공의 이익을 저해해서는 안 된다는 점에서 언론의 자유의 한계를 설명하고 있다. 그리고 언론의 타인의 자유 침해로 명예훼손, 사생활의 자유 침해의 개념과 관련 입법을 다루었는데, 형법 제310조에서 명예훼손의 위법성 조각사유를 규정함으로써 명예훼손 규정 남용으로 인한 언론통제를 막기 위해 알권리를 포함한 언론의 자유와 제한의 한계선을 밝히는 입법의 존재를 강조하고 있다. 특기할만한 점은 허보(虛報), 과장·왜곡보도, 미확인 오보 등 인권침해 보도의 원인을 밝힘으로써 신문보도의 문제점을 지적하고, 침해된 권리를 명예훼손, 프라이버시 침해, 공정재판 권리, 저작권 등으로 유형분류를 시도했다는 점이다.

#### ▌알권리와 프라이버시

새로운 미디어와 쌍방향 네트워크의 등장으로 매체 간 경쟁이 치열해지고 누구라도 정보를 전달하고 수용하게 되면서 정보를 어떻게 취득하였는지도 중요해졌고, 그 결과 언론법의 관심이 사생활의 비밀과 자유의 침해 등으로 확대되었다(문재완, 2008). 김동철 교수의 프라이버시에 관한 연구(1985a)에서는 알권리의 등장 배경부터 시작하여 정보공개요구권으로의 알권리 개념의 확대, 그리고 정보수집을 필요로 하는 알권리의 행사 과정에서 발생 가능한 개인의 권리인 프라이버시 침해에 주목하였다. 김동철 교수는 프라이버시권을 법적으로 보호할 필요성을 제기했던 요인을 현대사회에서 사생활에 대한 대중의 욕구와 이를 충족하려는 개인의 사적 정보의 상품화, 매스커뮤니케이션 매체들이 취재 욕구와 취재 방법의 고도의 기술화 등에서 찾고 있다. 또 프라이버시에 관한 논의는 국민의 알권리나 표현의 자유와 프라이버시권이 상충했을 때 양자를 어떻게 조화시키는가에 초점이 맞추어져 왔는데, 논의의 핵심 사항으로 언론은 수많은 권리와 이익 가운데 개인권의 보호를 결코 무시할 수 없다는 점과 현대사회의 구조적 변화 속에서 개인권의 침해 가능성이 대폭 증가하고 있다는 점을 제시하였다. 그리고 개인을 위해 존재하는 기관이라는 언론의 본질을 고려할 때 언론은 여러 법익 가운데 개인적 법익의 보호를 우선해야 하며, 이를 위한 구체적인 방법으로 공공의 이익이 관련되지 않는 한 개인의 사생활을 보도하거나 평론해서는 안 되며 공공의 이익과 대중의 호기심이 엄격히 분리되어야 한다면서 프라이버시 보호의 필요성을 강조하였다. 이는 개인의 프라이버시권과 국민의 알권리의 이익형량에서 각각의 권리를 제한할 수 있는 기준은 결국 공공의 이익이라는 점을 시사한다.

### 알권리와 초상권

김동철 교수는 특별히 보도사진에도 남다른 관심을 가졌던 학자이다. 대학에서 이론과 실습과목으로 보도사진론을 개설해서 가르쳤는데, 보도사진에 관한 그의 학문적 관심은 보도사진의 윤리성과 법적 문제에 관한 연구(1987a)에서 잘 드러난다. 연구에서는 보도사진도 보도 매체 내용의 일부이며 활자와 함께 보도 매체의 사회적 가치를 지닌다는 점에 기반하여 보도사진 저널리즘이란 개념을 사용하고 있다. 역사적 사건을 가장 정확하게 기록할 수 있는 강력한 도구이자 사회적 기술로서의 가치를 지닌 보도사진과 초상권, 명예권, 사생활권 등의 개인적 법익의 충돌 문제를 검토했는데, 특별히 보도사진과의 관련성이 높은 초상권을 집중적으로 다루었다. 그는 보도사진의 윤리 문제는 움직이는 영상보다 사람들이 더 쉽게 받아들이고 쉽사리 망각하지 않는다는 사진의 속성을 고려할 때, 그로 인한 피해는 초상권에서부터 재산상, 신용상의 손해에 이르기까지 매우 클 수 있다는 점에 있다고 보았다. 따라서 제작과 공표를 신중하게 결정하고 수용자 반응에 민감해야 한다면서, 폭력이나 범죄사건 사진, 인권침해 가능성 있는 사진, 섹스와 공중도덕 관련 사진, 허위조작 사진에서의 윤리 문제를 검토하였다. 그리고 보도사진의 윤리 문제는 결국 기자나 편집자들의 개인적 철학, 굳건한 사명감, 사람의 명예나 사생활을 존중하는 건전한 윤리 의식을 통해 해결할 필요가 있음을 강조하였다.

### (3) 언론의 책임과 윤리

김동철 교수는 특별히 언론의 윤리와 책임을 크게 강조했던 언론학자로 손꼽을 수 있다. 앞에서 언급했듯이 학창 시절 국민의 기본권에 관한 학문적 관심과 언론이 스스로 책임을 다하면 국가 통제가 필요 없다는 신념이 그와 같은 학문적 사상을 가지게 된 동기이다. 그러한 학문적 관심과 신념은 언론의 민·형사상 책임귀속 연구(1983a)와 신문과 명예훼손(1964), 알권리와 프라이버시(1985a) 등 언론의 자유와 인격권 연구에서 발견할 수 있을 뿐만 아니라, 「自由言論法制研究」에서 언론의 윤리와 책임을 다룬 내용이 4분의 1을 차지하며 언론출판의 윤리와 책임을 책을 마무리하는 장으로 구성했던 점에서도 엿볼 수 있다. 또 한국언론학회가 한국의 언론을 총정리하려는 의도로 기획했고, 유재천, 정진석, 원우현, 차배근 등 언론학 1세대 학자들이 저술에 참여했던 「한국의 언론I」(1991)에서도 그는 한국의 언론윤리·법제에 관한 장의 집필을 고집했다.

#### ▮ 언론의 자유와 책임, 그리고 윤리

「自由言論法制研究」에서 김동철 교수는 언론의 윤리를 언론에 종사하는 사람들이 그 일상의 업무를 수행할 때 따라야 할 도덕적인 기준이라고 정의했다. 그는 직업 영역에 따라 각기 독자적인 실천윤리가 있는데, 언론사에서도 관습이 행해지고 보편화되어 일종의 사회적인 강제성을 띠는 준칙을 통해 언론의 윤리가 실천된다고 보았다. 특히 언론은 국가·사회의 정신 내용을 좌우하고 국민의 생명과 안위에도 중대한 영향을 미치는 사회적 기능을 하므로 고도의 직업적 윤리가 요구되고 사회적 책임이 강조되어야 한다는 것이다. 언론이 민중의 알권리에 부응하면서도 언론의 자유를 수호하고 사회적 공기로서 기능을 다 하기 위해서는 언론이 취재과정과 보도에서 윤리를 지키고 사회적 책임을 다해야 한다는 것이 그의 일관된 지론이다. 하지만 언론이 이러한 책임을 다하지 못한다면, 정부에게 언론을 규제하는 구실을 제공하고 규제적 내용을 담은 언론특별법 제정의 실마리를 제공할 수 있으며, 언론법을 언론을 탄압하는 도구로 사용할 수 있고 언론에 대해 국가 권력이 발동될 수 있다는 점을 상당히 우려하기도 하였다.

그는 우리나라에서 언론의 윤리가 강조되기 시작한 시기를 1957년 이후로 보고 있다. 미국에서는 20세기 초 옐로우 저널리즘의 등장으로 신문이 본래의 사명을 저버리는 현상이 팽배해지자 자성의 소리와 함께 신문윤리의 싹이 트기 시작하여 자율적으로 신문윤리강령을 만들면서 1950년경부터 세계적으로 널리 퍼져가게 되었다. 그러나 윤리강령의 채택만으로 실질적인 효과가 없다는 것을 알게 되면서 신문윤리위원회와 같이 매체별로 윤리기구가 탄생하게 된다. 김동철 교수는 신문은 스스로가 자체 개혁발전을 위해 윤리규범을 채택한 반면, 영화, 방송, 만화 등은 대중의 압력과 비판 속에서 강령이 제정되거나 정부 규제를 견제하려는 목적에서 자율규제 강령을 만들었다는 점에서 매체별로 윤리규범이나 강령에 있어 차이가 있다는 점을 강조한다. 그는 언론의 윤리는 언론의 자유와 책임을 발전시킴으로써 이루어진다는 주장으로 연구를 마무리하고 있다. 취재의 자유, 보도의 자유, 평론의 자유, 전달의 자유, 취재원을 비밀로 할 수 있는 자유를 포함하는 개념인 언론의 자유는 언론인을 위한 자유가 아니라 국민의 자유이기 때문에, 국민의 기본권적인 인권과 사회 안전을 위해 언론의 자유를 수호하면서 동시에 언론의 책임을 다하는 것이 언론인의 의무이자 언론윤리의 제1목표라는 것이 그의 주장이다. 주목할 만한 점은 언론의 책임 주체에 일반 대중도 포함했다는 것인데, 대중도 언론의 자유의 이익을 향유하는 만큼 시민단체 운동 등을 통해 사회적 책임을 분담함으로써 언론의 책임 주체가 되어야 한다는 것이다. 그리고 국가의 공권적 규제를 막기 위해 언론과 시민이 함께 참여하는 자율규제의 필요성에 대한 강조도 빼놓지 않았다.

### 언론의 민·형사상 책임귀속

한편 김동철 교수는 언론의 형사적·민사적 책임의 문제와 그 귀속(1983a)에 대해 고찰함으로써, 언론보도로 인해 발생하는 책임을 법률적인 책임귀속이란 주제로 연구범위를 확장하는 시도를 했다. 이 연구를 통해 그가 제기했던 문제는 첫째, 언론보도로 인한 법률적인 책임을 형사 또는 민사 책임으로 물을 것인지 둘째, 법률적인 책임이 피고용인인 기자나 데스크, 아니면 고용주이자 발행인인 신문사에 귀속되는지였다. 언론의 자유가 많이 보장되는 국가에서 언론보도에 대한 책임을 대체로 형사보다 민사 책임을 묻는 추세이지만, 한국과 일본에서는 형사와 민사 책임을 다 지거나 어느 한 편을 지게 되는 경향이 있다는 점에서 차이가 있다. 또 신문사의 경우 어떤 지위에 있는 사람이 책임을 지는가는 각양각색의 판례가 존재한다.

언론보도의 형사상 책임은 시대가 변하면서 점차 기자와 편집인 또는 편집책임자에게 귀속되는 경향이 짙다. 김동철 교수는 복수의 기자가 취재와 기사작성에 참여하는 경우 기자의 관여 범위와 정도에 따라 책임의 강약이 판단되어야 하며, 기사에 대한 게재권·게재중지권을 갖는 데스크도 책임을 면할 수 없다고 주장하였다. 다만 데스크로서 어느 정도의 주의와 의무를 다했는지에 따라 면책될 수 있어야 하지만, 미필적 고의의 경우에는 면책받을 수 없다고 보았다. 즉 형사상 책임은 기자와 데스크의 책임으로 인식되지만 개개 사례에 따라 누가 관여했는가에 따라 달라질 수도 있는 것이다.

형사 책임은 자연인으로 처벌이 한정되지만, 민사 책임의 경우 민법에 따라 자연인 외의 법인에게 불법행위 능력이 있으므로 사용자인 언론사 자체에도 법적 책임을 지울 수 있으며, 언론사 내부적으로 사용자나 감독자는 피용자(기자나 편집자 등)에 구상권을 행사할 수 있다. 피용자인 기자나 데스크, 편집인들이 손해배상 청구사건의 피고가 되는 경우가 있는데, 미국 국방부 기밀문서 사건 소송에서 신문사 외에 발행인, 편집인, 기자 22명이 공동피고였다. 또 통신사 제공의 기사, 소설이나 기고가가 서명한 기사와 같이 언론사 외부 제공 내용이 문제가 된 경우에는 언론사와 통신사, 소설작가, 기고가 등의 공동 책임으로 귀속되는데, 독자투고는 투고내용의 게재 여부 결정권이 언론사 측에 있으므로 언론사에 무거운 책임이 귀속될 가능성이 크다. 김동철 교수는 이처럼 사례별로 책임귀속이 각양각색이므로, 언론이 스스로 언론의 자유를 보호받기 위해 법에 대한 올바른 이해가 필요하다는 점을 강조한다. 이 연구는 유의선(2009)이 평가했듯이, 언론보도로 인한 언론의 책임귀속이란 법률적인 주제를 언론법제 연구에 도입함으로써 언론법제연구의 범위를 확장하고 사례별 책임귀속의 주체를 체계적으로 논의했다는 점에서 학술적 의미가 매우 크다고 평할 수 있다.

### (4) 알권리와 피의사실 공표죄

형사사건 피의자의 인권도 알권리와 상충되는 또 다른 개인적 법익이다. 서울지방법원 동부지원이 1992년 6월 8일부터 형사피의자의 인권보호를 이유로 한 법원의 영장열람 금지조치를 시행하자, 김동철 교수는 같은 해 말 “법원의 영장 열람

금지 파문과 알권리"를 주제로 연구논문을 발표했다.[14] 논문 제목에서 볼 수 있듯이 당시 조치는 찬반 논쟁을 불러일으켰는데, 논문에서는 사건의 전개 과정과 논점을 상세히 다루고 있다. 이 조치에 대한 언론계와 재야 법조계의 반대 논리는 헌법에서 규정한 국민의 알권리 제약과 함께 언론에 의한 사법부 감시기능을 저해하고 피의자 인권 보호를 오히려 후퇴시키는 결과를 초래할 수 있다는 것이었다. 결국 6월 10일 영장열람 금지조치가 시기상조라는 대법원의 비공식 입장에 따라 동부지원은 12일부터 조치를 해제하였다. 하지만 서울변호사회는 영장서류공개에 대한 합리적인 기준이 마련될 때까지 언론에 대한 구속영장 공개 관행을 중지해야 한다는 성명을 발표하는 등, 일부에서는 금지조치에 찬성하였다.

영장열람 금지조치는 헌법의 무죄추정 원칙과 형법의 피의사실 공표죄[15]에서 법적 근거를 찾아볼 수 있다. 피의사실 공표죄는 공소제기 전에 피의사실을 공표하는 경우 무죄추정이 손쉽게 유죄추정으로 변질되는 것을 막기 위한 규범(김재윤, 2010, 94쪽)이다. 이와 관련하여 김동철 교수는 형법의 피의사실 공표금지는 헌법에서 정해진 국민의 무죄추정이라는 기본권에 상응한 제도적 장치라고 해석하였으며, 피의사실 공표·보도 통로를 원천적으로 차단함으로써 피의자 명예를 보호하는 한편 원활한 수사와 공정한 재판의 도모가 그 목적이며, 피의자 무죄추정, 피의자의 명예권, 국가의 범죄수사권, 공정재판권을 보호법익으로 한다고 설명하였다. 그는 영장열람 금지 파문이 언론계와 학계나 법조계에 중요한 연구과제를 던져주었다는 견해를 피력하였는데, 사건보도와 언론보도의 현실, 피의사실 공표금지의 법리와 국민의 알권리와의 관계에 관한 논의를 통해 언론에서 보도된 피의사실과 재판 결과 나타난 진실이 크게 상이했던 실제 사례들이 적지 않았다면서, 그 원인으로 수사 과정에서 잘못 판단된 피의사실 공표, 언론기관의 과오 보도, 법원의 오판 등을 지적하였다. 또 피의사실 공표와 보도를 제한함으로써 세상에 알려진 피의사실과 사법기관이 판단한 진실이 서로 어긋나는 것을 방지할 수 있다는 점에서 피의사실 공표금지의 정당성을 찾고 있는데, 바로 그런 취지에서 형법, 형사소송법, 소년법, 변호사법 등에 피의사실 공개방지 규정을 두고 있다는 것이다. 그런가 하면 형법 제126조의 피의사실 공표금지 조항도 형법의 명예훼손 조항, 민법의 불법행위 조항, 국가배상법 등의 법 조항과 함께 국민의 명예권을 실현하기 위한 입법조치의 성격을 가진다고 해석하였다. 하지만 그와 같은 입법취지에도 불구하고 형법 제126조는 사실상 거의 사문화된 규정이라고 주장하였다.[16] 실제로는 수사 진행 중에 피의사실 정보를 비공식적으로 누설하거나 검찰이 수사 결과 발표형식으로 기소 전에 언론에 피의사실과 수사경과를 자세히 공표하는 일이 많다는 것이다.

한편 형법 제126조는 국민이 피의사실을 포함한 모든 사실을 알도록 하는 보도 행위에 제약을 가함으로써 국민의 알권리를 침해한다고 설명하였다. 주목할 만한 점은 취재기자들의 구속영장 열람과 형사피의자의 인권침해는 별개의 일이라는 것인데, 일부 형사피의자의 인권이 일부 언론보도로 침해되었다면 그에 상응하는 방법으로 처리해야 한다는 것이 그의 지론이었다. 결론으로 언론의 책임에 대한 일관된 주장을 빼놓지 않았으며, 형사피의자의 인권 보호와 국민의 알권리 및 언론자유 보장의 조화를 강구할 것을 주장하였다. 그 예로 피의사실공표죄 조항에 "공공의 이익을 위한 때에는 벌하지 아니한다"는 단서규정을 두는 형법개정안(1992년 4월 법무부 입법예고)을 들고 있다. 이후로도 피의사실 공표죄 개정 논의가 있었으나 아직 입법 개정은 실현되지 않고 있다.

이 연구에 대해 유의선(2009)은 김옥조(2004)의 "범죄보도와 언론윤리" 등과 함께, 미디어 법제 자체에 대한 외국 사례 및 기본 법리를 소개하기보다 실제 우리 사회에서 발생한 다양한 미디어법 사례에서 어떠한 법리가 적용되고 활용될 수 있는지를 외국 판결 논리를 인용하며 가치 판단적 해석을 시도했다(805쪽)고 평가하였다. 이처럼 국내 언론법 사례에 관한 논의를 시도했을 뿐 아니라 그 이전에 피의사실 공표죄에 관한 연구가 거의 부재하다는 점을 고려할 때 연구의 학문적 의의가 크다고 보며, 영장 열람 금지조치가 시행된 직후의 시의적인 연구였다는 점에서도 의미를 찾을 수 있다.

## 5. 나오며

언론법제란 언론학과 법학이 융합된 학문영역의 특성상 공교롭게도 두 분야에서 비교적 소외되었던 것이 사실이다. 하지만 표현의 자유를 핵심 키워드로 하는 모든 소통과정에서 자신과 타인의 권리를 존중하고 책임을 다하는 민주사회로 가는 중요한 발판이 되는 학문영역이자, 이론과 실무에 대한 교육과 연구를 동시에 필요로 하는 분야라는 점에서 결코 비주류가 아닌 주류 학문영역이 될만한 가치를 충분히 가지고 있다. 그런 점에서 언론법제 연구의 탄생을 목격하고 경험한 제1세대로서 김동철 교수의 생애와 사상을 조명해 본다는 것은 매우 의미 있는 작업이다.

김동철 교수는 대학 입학 직후 광복을 맞이했으며 대학을 졸업한 해에는 6.25 전쟁이 발발하는 등 격동의 시기에 청년 시절을 보냈다. 학업에 대한 열정과 타고난 성실함으로 늘 주어진 자리에 최선을 다한 그는 언론인·공무원으로 다양한 활동을 했고, 이러한 경험은 그가 후에 현장의 현실적 문제를 포용하는 언론법학자로 성장하는 데 영향을 미쳤다. 국제 연합군 사령부에서 군 복무 후 공보처를 거쳐 인디애나 대학에서 석사학위를 받은 후 다시 공보처로 복귀하고, 이후 이화여대 강사를 거쳐 다시 공보부 과장으로 근무하는 등 그의 젊은 시절은 공무원 생활과 학문적 연구·교육 활동의 반복이었다. 그러다가 1962년 이화여대 신문학과에 정식으로 부임하면서 교육자 그리고 언론법학자의 삶을 시작하게 된다.

이화여대에서 김동철 교수가 보낸 30여 년의 삶을 짧게 요약하는 것은 불가능하지만, 대략 다음의 세 가지로 정리해 볼 수 있다. 첫째, 폭넓고 깊이 있는 강의·저술 활동을 통해 언론윤리법제의 교육과 연구의 발판을 마련했다. 둘째, 언론계는 물론 여성의 사회 진출 자체가 드물던 시기에 여성 언론인 육성에 열정을 바쳤다. 그의 노력으로 많은 졸업생이 언론계에 진출했으며, 여성의 시각과 관점을 통해 저널리즘의 지평을 확장하는 데 기여했다. 마지막으로, 이화여대 평생교육원의 설립과 성장을 주도하여 배움에 대한 열정이 있는 여성이라면 누구나 교육의 기회를 누릴 수 있는 기반을 마련했다. 교수로서 그의 삶은 언론윤리법제 분야의 교육 및 연구 활동을 심화한 것에 머물지 않고, 여성 언론인 육성과 여성에 대한 평생교육 확대를 통해 여성의 사회 참여와 자아실현의 기회를 확대했다는 점에서 의미를 찾을 수 있다.

김동철 교수의 언론법제 연구의 특징을 정리해보면, 첫째, 김동철 교수는 언론의 윤리와 책임을 그 누구보다도 강조했던 학자이다. 학부에서 경제학을 전공했던 그에게 새로운 영역인 언론법제에 관한 학문적 관심은 대학 시절 헌법과 정치학 강의에서 접했던 국민의 기본권과 민주주의에 관한 학문적 호기심에서 비롯되었다. 이것이 동기가 되어 국민의 기본권과 민주주의가 언론윤리법제 연구의 근간이 된다는 점을 깨닫게 되었으며, 언론의 사회적 책임과 언론규제 간의 관련성에 대한 학문적 신념이 그의 언론의 윤리와 책임에 관한 연구의 원동력이 되어주었다. 젊은 시절의 학문적 열정과 꾸준한 연구에 기반해서 그는 언론의 윤리를 언론 종사자들이 그 일상의 업무를 수행할 때 따라야 할 도덕적인 기준으로 정의하였으며, 언론의 취재과정과 보도에서 반드시 준수해야 하는 개념으로 설명하고 있다.

둘째, 김동철 교수가 각별한 관심을 가졌던 언론법제 연구주제는 국가기밀 보도와 언론의 자유의 한계이다. 특히 미국의 펜타곤 판결(1971)은 그가 국가기밀 보도와 언론의 자유에 관한 연구에 몰두하게 된 계기가 되었다. 이 연구를 통해 그는 정부에 대한 견제와 비판이 언론의 주요 기능이며 언론은 어디까지나 국민의 알권리를 위해 존재해야 한다는 점을 강조하면서, 결국 언론보도와 국가안보는 국가이익이란 동일 목표를 추구한다는 점에서 조정과 책임의 조화가 필요하다는 점을 전달하려고 했다. 한편 김동철 교수의 국내 언론의 국가기밀 보도사건 연구가 주는 함의는, 국가기밀의 의미에 관한 대법원판결이 획기적이기는 해도 공교롭게도 언론의 자유를 제약할 수도 있는 법률제정의 계기가 되었다는 사실 자체가 우리의 뼈아픈 시대적 상황을 보여주고 있다는 점이다.

셋째, 김동철 교수는 언론의 자유의 제반 이슈를 다루면서 시민권익, 피의사실공표죄, 언론의 법률상 책임귀속 문제 등과 같은 새로운 연구주제를 개척하고 언론법 사례에 관한 가치 판단적 해석을 시도하였다. 이를 통해 언론법제 연구의 범위를 확장했을 뿐만 아니라 연구방법론의 변화를 시도했던 언론법학자로 평가될 수 있다. 특히 시민권익에 주목한 연구에서는 표현의 자유나 언론의 자유가 중요하다 해도 타인의 자유를 무제한 침해할 수 없고 결코 공공의 이익을 저해해서는 안 되는 상대적 자유라는 점에서 언론의 자유의 한계를 지적하고자 했다.

마지막으로, 김동철 교수는 국가의 언론통제와 관련하여 언론의 사회적 책임 준수의 중요성을 강조한다. 언론이 스스로 책임을 다하면 국가 통제가 불필요하지만, 책임을 완수하지 못하면 언론에 대한 국가의 공적 규제를 낳게 한다는 것으로, 결국 이것은 언론의 자율규제의 필요성을 의미한다. 그는 특별히 언론의 사회적 책임의 주체로 언론과 함께 시민을 포함하고 있는데, 일반 대중이 이용자에 머무르지 않고 생산자 역할까지 하는 최근의 미디어 환경과 부합된다는 점에서 주목할 필요가 있다.

이 글을 쓰기 위해 오랜만에 찾은 학교 도서관 서고에서 40년 가까이 된 「언론중재」를 찾아들고 행여나 낱장이 떨어질까 조심스럽게 복사하면서, 마치 타임머신을 타고 1980년대에 가 있는듯한 묘한 느낌이 들었다. 김동철 교수의 교육과 학문 업적을 탐구하는 작업을 통해 그가 활발하게 활동했던 시대의 언론법 교육 및 연구의 흐름과 특징은 물론이고 당시의 정치 사회적 상황까지도 함께 알 수 있었다. 다만 글을 마무리하면서 과연 김동철 교수의 생애를 올바르게 정리하고 그의 학문적 세계와 기여를 제대로 평가했는지 우려가 된다. 하지만 이 글이 하나의 소중한 기록으로 남아서, 과거를 돌아보고 언론법제 연구의 개척자들과 후속세대를 연결해주는 역할을 해줄 것이라는 작은 기대를 해본다.

| 미주 |

1) 언론법제뿐 아니라 미디어/언론학 교육 전반에 있어 미국의 영향을 받았는데, 그 원인은 대학의 미디어 관련 학과에 재직 중인 교수 중 상당수가 미국에서 학위를 받았다는 점에서 찾아볼 수 있다. 2007년 이재진(2007)의 연구에 따르면 서울에 위치한 대학 중 언론학 관련 학과에 재직 중인 교수 115명 중 96명이 미국에서 학위를 한 것으로 나타난 바 있다(12쪽).

2) 좀 더 실질적인 목적은 한국언론법학회의 창립선언문(2002)에서 엿볼 수 있는데, 권력과 자본으로부터 독립하여 공공의 이익을 위해 진실만을 말하는 자유롭고 책임 있는 언론으로 발전할 수 있도록, 학제 간 연구역량을 결집하여 진정한 언론자유의 창달과 언론 민주화의 구현, 언론문화 및 언론복지의 증진에 기여할 논리와 대안을 제시하는 것을 언론법제 연구의 목적으로 제시하고 있다.

3) 한국신문학회는 1960년 창립되었고 곽복산 교수가 초대 회장을 지냈다. 현 한국언론학회의 전신이다.

4) 이외에도 그는 방송심의위원회 위원과 한국방송공사(KBS) 이사를 역임한 바 있다.

5) 장용 교수는 언론법제를 우리나라에 소개하고 학문적 기틀을 마련한 사람이라고 할 수 있는데, 특히 그의 대표 저서인 〈언론과 인권〉은 언론법제 영역을 독자적인 학문영역으로 형성되도록 하는 계기를 제공하였고, 언론법제 영역의 발전에 방법론과 이론 측면에서 기여한 것으로 평가할 수 있다(이재진, 2018).

6) 언론학 교수가 펴낸 우리나라 최초의 본격적인 언론법제 전문학술서로 기록되고 있다(유의선, 2009; 이재진·박성순, 2015; 이재진, 2018).

7) 1980년대 또는 그 이전에 출간된 이 저서들은 대학의 신문방송학과에서 초창기 언론법제 전공자를 위한 교재이자 언론법제 연구자들의 필독서로서, 언론법제 교육의 내용

과 수준을 가늠해볼 수 있다는 점에서도 중요한 의미를 부여할 수 있다. 내용상의 특징으로는 많은 부분을 언론자유론에 할애하고 있다는 점인데, 언론의 자유가 중요한 사회적 화두였던 시대적 상황을 반영하는 것으로 풀이할 수 있다(이재진, 2007).

8) 그런 점에서 언론학자와 법학자들의 학제 연구역량을 결집할 수 있는 학문의 장인 한국언론법학회와 한국언론학회의 언론법제윤리연구회, 그리고 「언론과 법」, 「언론중재」, 「미디어와 인격권」과 같은 언론법 전문학술지의 역할이 크다.

9) 정보공개제도와 프라이버시의 권리를 다룬 7장과 언론출판의 윤리와 책임에 관한 11장은 비전문지에 게재하였던 2편의 논문에 기반하고 있다.

10) New York Times v. United States, 403 U.S, 713(1971).

11) 펜타곤 사건에 대한 연방대법원의 보충 찬성의견에서 수정헌법 제1조의 의의를 다음과 같이 강조하고 있다. "언론은 통치자가 아니라 피치자에게 봉사하도록 되어 있는 것이다. 언론을 검열할 정부의 권한은 언론이 언제까지나 자유롭게 정부를 감시할 위치를 차지하게 하려고 폐지된 것이다. 언론은 정부의 비밀을 폭로하고 국민에게 알림을 주기 때문에 보호를 받는 것이다. 오직 자유롭고 제약받지 않는 언론만이 정부의 속임수를 효과적으로 적발할 수 있을 것이다"(팽원순, 1984, 92쪽).

12) 이 사건을 계기로 밝혀진 자료에 의하면 1971년 현재 국방성이 보유하고 있는 비밀로 지정된 문서만도 모두 합쳐 2천만 건이 넘고 국방성 내에서 비밀문서를 취급할 자격을 가진 공무원만도 극비담당자 8백 명을 포함해서 5만 명이나 되는 것으로 나타났다. 이 사건은 정부 내에 아직도 엄청난 양의 정보가 비밀로 간직되고 있다는 것을 보여준 사례였으며, 닉슨 대통령의 실각을 가져온 1973년의 워터게이트사건은 대통령이 부정을 은폐하기 위해 비밀지정을 위한 대통령의 특권을 남용한 것이 밝혀진 사건이었다(팽원순, 1984, 273쪽).

13) U.s. v. Progressive, 467 F. Supp. 990 (1979).

14) 이 연구주제는 「自由言論法制研究」 발간 이후 발표되었기에 저서에서는 다루지 않고, 후에 그의 정년퇴임기념논문집(1993b)에서 다루었다.

15) 헌법 제27조에 제4항에서는 형사피고인은 유죄의 판결이 확정될 때까지 무죄로 추정된다는 원칙을 규정하고 있다. 형법 제126조에서는 검찰, 경찰 등이 공소제기 전에 피의사실을 공표하는 것을 금지하고 있다.

16) 1953년 만들어진 해당 법조항에 의해 형사 처벌을 받은 사례는 1건도 없어 이미 사문화되었다는 지적이 끊이지 않았다(정영주·박성순, 2020, 62쪽).

## | 제2장 _ 참고문헌 |

권영성(1999), 자유언론과 책임언론을 위한 언론법제, 「헌법논총」, 제8집, 46-62.

김동철(1964), 신문과 명예훼손, 「신문평론」, 통권3호, 30-32.

_____(1967), 한국언론의 정치사회적 기능, 「정경연구」, 제3권 제6호, 54-59.

_____(1968), 한국 잡지의 사회적 책임, 「세대」, 제6권, 통권 63호, 242-250.

_____(1970), 신문사에 있어서 마이크로 사진의 활용, 「신문연구」, 제16호, 118-130.

_____(1971), 이화여대 대학방송의 현황과 실제, 「방송」, 제1권 제1호, 52-53.

_____(1972), 대학에 있어서 ITV를 이용한 교수방법의 학습효과와 그 문제점에 관한 연구, 「이화여자대학교 한국문화연구원 논총」, 제20집, 431-500.

_____(1973), 「ITV教育의 理論과 실제」, 한국교육개발원.

_____(1973), 한국 매스콤 교육의 현황, 「신문평론」, 통권45호, 35-39.

_____(1982a), 신문보도와 시민의 권익, 「언론중재」, 제2권 제1호, 통권2호, 63-73.

_____(1982b), 신문보도와 시민의 권익, 「신문과 방송」, 통권136호, 61-64.

_____(1982c), 차츰 건실한 방향으로 전환, 「신문과 방송」, 통권 144호, 39-43.

_____(1983a), 언론의 민·형사상 책임귀속, 「언론중재」, 제3권 제1호, 19-31.

_____(1983b), 악세스권과 의견광고: 언론에 대한 악세스권, 「언론중재」, 제3권 제4호, 60-73.

_____(1985a), 알권리와 프라이버시, 「언론중재」, 제5권 제2호, 6-17.

_____(1985b), 표현의 자유와 음란성, 「언론중재」, 제5권 제4호, 9-21.

_____(1987a), 보도사진의 윤리성과 법적 문제, 「언론중재」, 제7권 제1호, 19-31.

_____(1987b), 한국의 언론보도와 국가기밀, 「언론중재」, 제7권 제4호, 26-40.

_____(1987c), 「자유언론법제연구」, 나남.

_____(1991), 한국의 언론윤리·법제, 「한국의 언론I」, 한국언론연구원(편), 128-186.

_____(1992), 법원의 영장 열람금지 파문과 알권리, 「언론중재」, 제12권 제4호, 13-21.

_____(1993a), 언론과 프라이버시, 「신문연구」, 통권 56호, 310-322.

_____(1993b), 법원의 영장 열람금지 조치와 알권리, 김동철 교수 정년퇴임기념논문집 간행위원회 편, 「언론과 커뮤니케이션의 제문제: 김동철 교수 정년퇴임기념논문집」, 나남, 37-54.

_____(1995), 우리나라 방송법의 변천과정, 「방송연구」, 제14권 제2호, 2-25.

김동철·송유재(1981), 어린이에게 미치는 텔레비전 광고의 영향분석, 「이화여자대학교 한국문화연구원논총」, 제38집, 119-166.

김동철·연기호·서천제·김원달·금창태·채광국(1983), 정확한 보도를 위한 기사심의제도의 방향, 「신문과 방송」, 통권 146호, 14-22.

김동철 교수 정년퇴임기념논문집 간행위원회 편(1993), 「언론과 커뮤니케이션의 제문제: 김동철 교수 정년퇴임기념논문집」, 서울: 나남.
김민정(2007), 미국의 언론법제 교육현황-현장 지식 제공 및 참여하는 민주시민 양성 목표, 이해와 적용 중심으로 교육, 「언론중재」, 제27권 제1호, 21-33.
김재윤(2010), 피의사실 공표죄 관련 법적 쟁점 고찰, 「언론중재」, 제30권 제2호, 87-109.
문재완(2008), 「언론법: 한국의 현실과 이론」, 서울: 늘봄.
문재완 · 지성우 · 이승선 · 김민정 · 김기중 · 심석태 · 이인호 · 이재진 · 황성기 · 조연하 · 조소영 · 권형둔 · 이성엽 · 박아란 · 윤성옥(2017), 「미디어와 법」, 커뮤니케이션북스.
서정우 · 차배근 · 최창섭(1978), 「언론정통제이론」, 법문사.
성낙인(1994), 한국 언론법제의 특징과 문제점, 「언론중재」, 제14권 제1호, 6-20.
_____(1998), 「언론정보법」, 나남.
염규호(1998), 미국대학의 언론법 교육현황, 「언론중재」, 제18권 제3호, 17-26.
유의선(2009), 미디어 법제연구 50년, 한국언론학회 50년사 편찬위원회 편, 「한국언론학회 50년사: 1959-2009」, 791-824.
유일상(1994), 언론법제연구의 성격과 방법, 「언론중재」, 제14권 제1호, 6-20.
_____(2000), 「개정판 언론법제론」, 박영사.
_____(2009), 미디어 법제연구 50년, 한국 언론학 콜로키움.
윤석민 · 배진아(2018), 디지털 시대, 학부 미디어 전공 교육의 개선 방향, 「방송통신연구」 통권 101호, 90-119.
윤희중 · 김동철(1988), 대중문화의 건전화를 위한 방안연구: 특히 텔레비전 방송을 중심으로, 「이화여자대학교 한국문화연구원논총」, 제54호, 119-174.
이강수(2001), 한국 언론학 교육의 현황과 문제점, 한국언론학회 심포지엄, 대한민국.
이승선(2005), 언론법제 연구의 현황과 특성, 「커뮤니케이션 이론」, 제1권 제1호, 227-262.
이재진(2002), 「한국언론윤리법제의 현실과 쟁점」, 한양대 출판부.
_____(2006), 언론법제연구의 강화를, 「언론중재」, 통권100호, 119-121.
_____(2007), 한국언론법제 교육의 현실과 쟁점-대학에서의 언론법제 교육을 중심으로, 「언론중재」, 제105권, 4-20.
_____(2018), 초창기 언론법제 연구와 장용 교수의 기여에 관한 고찰, 「언론정보연구」, 제55권 제1호, 195-229.
이재진 · 박성순(2015), 언론법제 연구의 어제와 오늘: 「언론중재」지 30년의 분석을 중심으로, 「커뮤니케이션 이론」, 제11권 제3호, 213-260.
이재진 · 이승선(2008), 언론법 연구의 최근 동향분석, 「언론과 법」, 제7권 1호, 105-133.
이혜숙(2016), 여성주의 관점에서 본 서서평(Elizabeth Johanna Shepping)의 전기적 생

애사 연구, 「신학과 사회」, 제30권 제4호, 431-476.
임병국(2002), 「언론법제와 보도」, 나남.
장용(1969), 「언론과 인권」, 선명문화사.
정진석(1994), 국내 언론법과 언론법제연구의 변천, 「언론중재」, 제14권 제1호, 21-38.
조연하(2019), 언론법제연구의 동향과 과제, 한국언론학회 편, 「한국 언론학 연구 60년: 성과와 전망」, 나남, 337-375.
차용범(2000), 언론법제연구의 몇 가지 과제: 판례연구의 중요성을 중심으로, 「언론학 연구」, 제4집, 95-118.
팽원순(1984), 「매스코뮤니케이션 법제이론」, 법문사.
한병구(1987), 「한국법제이론」, 나남.
Gillmor, D. M., & Dennis, E. E.(1981), Legal research in mass communication, G. Stempel et al. Eds. *Research methods in mass communication*, Prentice-Hall. 320-341.
Pasadeos, Yorgo, Bunker, Matthew D., & Kim, Kyun Soo(2006), Influences on the Media Law Literature: A Divergence of Mass Communication Scholars and Legal Scholars?. Communication Law and Policy. 11. 179-206.
Zelezny, J. D.(2011) (6th ed.), *Communication law: liberties, restraints, and the modern media*. Cengage Larning.
Zuckman, H. & Gaynes, M.(1993), *Mass Communications Law*, 3rd ed., West Pub. Co.

| 제2장 _ **부록** |

## 백암(白巖) 김동철 교수 인터뷰 녹취록

다음은 2021년 7월 8일과 8월 5일에 실시했던 김동철 교수와의 인터뷰 내용이다. 인터뷰는 조연하 교수(이화여대 정책과학대학원)와 배진아 교수(공주대 영상학과)가 담당했다.

### 학자로서의 생애

**〈질문〉 교수님께서 대학 재학 시절 신문사(연합신문 경제부)에서 일하게 된 동기와 유학을 떠나기 전까지 어떤 경력을 쌓으셨는지 말씀해주세요.**

그때 학교에서 신문이 나와요, 대학신문. 내가 신문을 좋아했거든요. 그래서 대학신문에 경제 관계 기사를 쓰기도 하고 논문도 내기도 하고 그랬어요, 고대 신문에. 그런데 어느 날 보니까 야간에 신문학을 공부하는 학교가 생긴다고 해요. 야간에 신문학원이라는 것이 있다고. 마치 그것이 서울대학교에 있었던 신문연구소 비슷한 거야. 그래서 거기에 지원해서 조선 신문학원 제3기로 공부를 해요. 거기서 곽복산 선생을 알게 되고 신문학에 대해 많은 공부를 하게 돼요. 1년 과정인데 그중에서 제2학기의 반 정도는 실습을 시켜요. 그때 내가 갔던 곳이 연합신문이야. 연합신문 경제부에 들어갔다고. 신문사는 옛날 경성일보 자리의 건물인데, 3층에 옛날 경성일보의 편집국 큰 방을 둘로 나눠 가지고 하나는 연합신문, 하나는 다른 신문이 썼어. 경제부 기자가 부장까지 합해서 다섯 명 있었는데 이 양반들이 나를 아주 철저히 훈련을 시키더구먼. 경제 기사를 제일 많이 다루는 것이 연합신문밖에 없었어요. 그때 경제학과를 다녔기 때문에, 경제 기사를 쓰는 데 관심이 많았었어요. 그런데 그때 일간신문은 전부 배대판(倍大版) 반쪽짜리야. 대개 2페이지밖에 나오지를 못했죠. 그때 오직 연합신문만 4페이지 한 장짜리가 나왔어. 배대판으로 말이야. 그중 2페이지는 전부 경제 기사야. 석 달 동안 수습기자 노릇을 하는데, 기사를 써서 그것이 채택되니까 얼마나 기분이 좋던지. 지면의 3분의 일이 전부 내 기사예요. 아주 신이 나게 석 달 동안 수습 생활을 했어요.

그런 식으로 일주일에 한 서너 번씩 그렇게 하니까, 다른 사람들은 기사를 안 쓰고 뭘 하는가 봤더니, 어떤 사람은 상공부 출입, 어떤 사람은 재무부 출입하면서 그 사람들은 기사 쓰는 것보다도 회사의 심부름을 해. 양우정이라는 사람이 사장인데, 양우정 씨가 신문을 하면서 사업을 했다고. 그때는 신문지 종이가 국내에서 생산되는 것이 별로 없고 하니까 주로 홍콩제를 갔다가 신문을 찍었다고. 신문사는 많지만 신문 종이는 없으니까, 오늘은 어디서 종이를 구해서 신문을 찍는가 할 정도로 신문지가 많지 않았다고. 상공부 출입기자가 그 심부름을 다 했어요. 그러니까 그 사람은 회사에서 기사를 쓰는 걸 보지 못했어. 또 다른 어떤 사람은 재무부야. 그 사람은 돈을 빌리는 거. 한국은행 출입해서 돈을 빌리는 거 그 일만 하지 기사 쓰는 걸 못 봤어. 그러니까 기사를 쓰는 건 주로 나하고 원유석이라는 사람하고 둘이야. 두 사람이 주로 기사를 채우는 거야. 그러니까 굉장히 바빴지.

그러다 보니까 학교는 갈 수가 없잖아. 그때 3학년 때인데 학교를 다닐 수가 없어서 할 수 없이 (연합신문을) 그만뒀죠. 신문사에서는 아깝다 하고 나와서 같이 하지 했지만, 학교를 졸업했죠. 졸업하고 한 달이 지나니까 6.25 사변이 났어요. 그래서 시골로 도망갔지. 전주에서 피난 생활을 하는 동안에 군대에 가야 했는데, 그때 국제 연합군 사령부 속에 민사 원조처가 있어요. 그게 서울뿐 아니라 각 도에도 있었는데, 나는 전주에 있던 민사 원조처의 전라북도 지부에 채용됐어요. 그래서 군복을 입고 근무를 하면서 영어를 배우게 됐어요. 민사 원조처는 이북에서 피난 온 사람들, 도회지에서 피난 온 사람들을 원조할 필요가 있다고 해서 생긴 거예요. 원래는 국제 연합군 사령부 본부에 그런 사업이 있었어요.

전쟁이 끝나고 수복이 되니 그 기구도 없어지게 돼요. 그래서 서울에 올라와서 놀고 있는데, 전주에 있을 때 친구 한 사람이 유학을 가서 공부하고 돌아와서 공보처의 비서관으로 있다는 거예요. 그래서 놀러 갔어요. 갔더니 그 사람이 딱 잡아서 너 가지 말고 여기서 일해라. 그래서 그날부터 밤 11시까지 일했어요. 그때 장관이 오재경 씨. 그때 채용할 때 우스워. 국문 원고 하나를 놓고 그게 Government Report야, 그걸 영문으로 해서 경무대로 보내는 거예요. 내가 지금 바쁘니까 이것 좀 와서 도와달라 그래서 영어로 번역을 해서 줬어요. 그랬더니 기왕이면 타자까지 해서 줘라, 그래서 해서 줬어요. 그랬더니 그걸 가지고 어디로 가서 없어졌어. 나중에 알고 봤더니 그 문서를 가지고 가서 장관한테 보여준 거야. 영어를 이만큼 하는 놈이다, 라면서. 장관이 "괜찮네, 써. 당신 책상 여기야." 그래서 그날부터 11시까지 일했어요. 그날 이후 공보실에서 일하게 됐어요.

오 장관이 다른 데로 보내지 않고 각 부서의 영문에 관련된 일을 한군데로 모아서 거기서 일을 하게 했어요. 일하다 보니까 국제관계를 다루게 돼요. 그중 하나가 아시아 민족 반공 연맹이야. 오재경 씨가 그걸 맡아서 나에게 네가 해라 그렇게 된 거예요. 그러다 보니까 아시아 민족 방공 연맹의 20여 개 나라의 담당자들과 커뮤니케이션을 하게 돼요. 잘하지도 못하는 영어로 그걸 하느라고 애를 썼어요.

마침 그때 대통령 영문 담당 고문이 공보실에 와 있었어요. 그래서 그 사람과 같이 일을 하게 됐어요. 그래서 내가 일하면 그 사람이 고쳐주기도 하고 그랬어요. 전체 총회가 방콕에서 열렸는데 거기 대한민국 대표단의 수행원으로 가게 됐어요. 그때 단장이 누구냐 연세대학교의 백낙천 박사, 부단장이 누구냐 이화 대학의 김활란 박사, 그렇게 해서 수행원까지 6명이 구성돼요. 가서 매일매일 대표들의 발언을 요약해서 보고서를 만들었어요. 그리고 돌아와서 그것을 책으로 냈어요.

그 일을 하느라 정신이 없었어요. 그 일을 하면서 대외 선전 관계 일들을 했는데, 너무 부려 먹어서 미안하다고 생각을 했나 봐요. 1년 동안 리더십 트레이닝을 하는 프로그램이 미국 국무부에 있었어요. 거기에 원서를 내라고 추천을 해서, 12단계를 거쳐서 시험을 봐서, 어떻게 운이 좋았던지 다른 놈들이 운이 나빴던지 내가 걸렸어.

그렇게 해서 1958년에 미국 국무부 초청으로 미국에 가게 되었어요. 가서 봤더니 자기네들이 트레이닝을 하는 것이 아니라 대학에 맡겨서 대학에서 트레이닝을 하는 거예요. 그래서 간 곳이 어디냐, 내가 대외관계를 했기 때문에 오디오 비디오 커뮤니케이션을 전 미국에서 가장 잘하는 학교, 그게 인디애나 대학이에요. 그렇게 인디애나에 가게 되었어요. 트레이닝이라고 해서 나는 쉽게 생각을 했더니 가서 보니까 석사과정에 입학해서 그날로부터 강의를 들은 거예요.

국무성에서 장학금이 나오는 기간이 딱 1년이에요. 그래서 1년 안에 석사과정을 마쳐야 했어요. 그러니까 방학도 없어요. 12달 동안 48학점을 공부한 거야.

그런데 그 학교는 5월에 정례 졸업식이 있어요. 그 졸업식에는 학위 후보자 중에서 학위를 마치지 않았어도 그해 8월 말까지 마칠 예정인 사람에게는 대학의 방침으로 졸업식에 가운을 입고 참여할 수 있게 했어요. 그래서 8월에 끝나야 할 것인데 대학원장이 특별히 허락해서 졸업식에 참석하게 된 것이에요. 마침 미 국무부 초청으로 미국에 와있던 오재경 씨가 졸업식에 참석하기도 했어요.

인디애나 대학에서 석사학위를 받고 한국에 돌아와서 다시 공보실로 가야 하잖아요. 갔더니 공보실의 분위기가 달라요. 오재경 씨가 공보실에 있다가 그만둔 이유가 뭐냐 하면, 자유당에서 경향신문을 폐간시키라고 했는데도 오재경 씨가 1959년 3월까지 그것을 반대했거든. 자유당이 자유당 노릇을 하려면 그렇게 해서는 안 된다는 이유로 그걸 반대했어요. 그래서 이기붕 씨가 오재경 씨를 자르고 전성천 목사를 공보실장으로 만든 거예요. 그리고 한 달 있다가 1959년 4월 30일 경향신문이 폐간되었어요.

그렇게 오재경 씨가 해임된 이후 각국에서는 그를 민주 인사라고 했어요. 그렇게 해서 영국 정부가 초청을 하지, 독일 정부가 초청을 하지, 그 끝에 미국 정부가 초청을 해서 미국에 왔던 거예요. 그런 일이 있었는데 내가 귀국한 후에 공보실로 다시 가서 책상에 떡 앉으니까 분위기가 달라요. 그래서 내가 거기 오래 있지 못하겠다 해서 그만두었어요.

### 교육자로서의 생애

**〈질문〉 이화여대에 언제, 어떻게 부임하시게 되었는지요?**

(1958년 미국 국무성에서 지원하는 리더십 트레이닝 프로그램을 통해 석사학위를 마치고 귀국한 후) 오재경 씨가 하는 여러 가지 사업을 도와주기도 하면서 놀고 있는데, 그러지 말고 학교에 가야겠다 해서 1961년 4월부터 이화대학 시간강사를 하게 된 거예요. 그렇게 해서 첫 번째 학기의 방학이 되었어요. 새 학기 준비를 하고 있는데 누가 사람을 보내서 나를 오래요. 그래서 가서 봤더니 그게 소위 군사정부의 공보처예요. 바로 오재경 씨가 장관이 된 거예요. 나는 시간강사니까 시간이 자유롭거든. 그날부터 비서관 노릇을 했어요. 3급 공무원 비서관. 또 그날부터 11시까지 근무했어요. 그래서 일을 해야 하는데 자격이 필요하니까 시험을 보라고 해요. 총무처 내각사무처에서 하는 고등전형시험이라는 것이 있어요. 고등고시는 일반인들을 대상으로 하는 행정고시 사법고시가 있고, 공무원 중에서 자격을 가진 사람을 발탁해서 임명하기 위한 고등전형시험이라는 것이 있어요. 거기 시험을 보라고 해서, 그날부터 1주일 정도 준비를 해서 시험을 봤어요. 행정법, 헌법, 민법 등등 해서 6개 과목을 시험을 봐요. 재수가 없게 딱 걸렸어. 그러니까 비서실이 아니라 3급 공무원의 행정관으로 발령을 내서 조사국의 국내과라는 게 있는데 거기서 과장을 하게 돼요.

가서 보니까 전국을 대상으로 하는 여론조사를 하는 거예요. 이른바 과학적인 방법의 여론조사라고 해서, 전국에서 2천 명을 샘플링해서 매체 접촉이라든지 정부 정책에 대한 의견조사 등을 하게 돼요. 전국적인 규모의 과학적 방법에 의한 여론조사가 대한민국 안에서 처음으로 이뤄진 거예요.

그러다가 또 발령이 나서 공보부 보도과장을 했어요. 그렇게 해서 1962년이 돼요. 62년 6월에 갑자기 통화 개혁이 나오는데 화폐 개혁. 일주일 만에 화폐 개혁이 실패라는 언론 보도가 나오니까 내각의 잘못이라고 해서 내각이 총사퇴하게 돼요. 그때 사직을 한 수반이 송요찬. 그리고 공보부 장관 오재경. 홍보를 잘못해서 통화 개혁이 실패라는 뜻이지. 그렇게 되는데 공보부의 보도 과장이 책임을 안 질 수가 있어? 나도 사표 냈지. 그랬더니 새로 장관이 된 사람이 네가 무슨 책임이 있느냐고 그냥 있으라면서 사표를 받지 않아요. 그래서 8월까지 그냥 있었어요. 그런데 이화여대에서 초청이 왔어요. 이제 시간강사가 아니라 전임으로 오라고 말이에요. 8월 20일에 사표가 수리돼서 9월 초 이튿 날부터 이화대학의 식구가 된 거예요.

**〈질문〉 초창기 이화여대 신문방송학과의 언론법제 교육은 어떻게 시작했고, 어떤 특징이 있는지요?**

우리 이화대학교는 이해창 선생이 초기부터 지도를 쭉 해오셨죠. 그때 언론법제 관계는 주로 실무를 담당하는 사람들과 법대 출신을 모셔다가 강의를 시키고. 그러니까 외부 선생한테 강의를 맡겼기 때문에 나는 이래라 저래라 할 입장이 되지를 못했어요.

1962년 4월 전임으로 이화여대에 갔을 때 처음에 맡은 과목이 '커뮤니케이션 이론'이에요. 그때는 커뮤니케이션이라는 말을 쓰지 않을 때예요. 그때는 내가 맡은 것이 '시사 영어', '기사 작성', '커뮤니케이션 이론', 그리고 이렇게 보니까 사진도 있더라구요, 그래서 사진도 가르치게 됐죠. 그러다가 약 2년 후에 2학년이 4학년이 되는 무렵에 4학년 교과목으로 '윤리 법제'라고 하는 것이 나왔어요. 그게 63년 2학기, 4학년에게 윤리와 법제를 가르쳤어요. '언론법'이 따로 있어서 외부 강사가 강의했지만, '윤리법제'를 또 따로 만들었어요. 그것을 내가 맡았어요. '언론법'은 시간강사지만 따로 담당하는 사람이 있기 때문에, 중복을 피하기 위해서 나는 윤리와 사회적 책임을 중심으로 강의를 했어요. 윌버 슈람의 〈Responsibility in mass communication〉이라는 책을 교재로 해서 윤리와 법제를 가르쳤어요.

그런데 첫 번째 학기에 장명수, 그 학년이 4학년일 때, 그때 내가 굉장히 심혈을 기울여서 강의 교재를 만들었죠. 강의 노트를 만들어서 학생들한테도 그야말로 (내용이 머릿속에) 팍팍 들어오게 해가지고, 퀴즈도 아마 2주일에 한 번씩 봤다고. 그래서 그때 교수들을 평가하는 제도가 전연 없지만, 나는 학기가 끝날 무렵에 유인물을 돌려서 학생들한테 평가하는 평가표를 작성해서 제출받고 그랬어요. 그랬더니 학생들이 굉장히 좋아했다고 그 과목을. 근데 공부할 분량이 너무 많으니까, 이 사람들이 퀴즈 시험을 본다고 하니까 도망가버렸어. 얘네들이 강의실에 안 들어와. 시험을 안 봐도 좋으니까 강의실에 들어와라 하고 얘기를 해도 오지를 않고 학생들이 팔복동산에 가버렸어요. 그때 학과장이 아마 이해창 선생일거에요. 내가 사표를 썼어. 내가 사표를 써서 딱 주고 사흘 동안 나가질 않았어요. 매일같이 강의가 있는데도 사흘 동안 나가지 않았다고. 이런 학교에 내가 열정을 바칠 이유가 없다 그랬더니 반 대표 임원들 일곱 명이 우리 집에 찾아왔어. 애들이 장난으로 그렇게 했는데 대단히 죄송하게 되었다고, 다음에는 이런 일이 없도록 하고 다음 학년에서도 절대 그런 일이 없도록 할테니 한 번만 용서해 주십시오. 얘네들이 다녀간 후에 이해창 선생님이 전화를 해가지고 화가 나시겠지만 참고, 어린 애들이 하는 것이니까 나오시라고 해서, 그래서 다시 나갔지. 그 과목이 참 재미있었어. 사회적 책임, 언론윤리.

그때 당시 각 대학의 신문방송학과에서 언론법제를 하게 돼요. 한양대학은 팽원순 교수가 있고, 경희대학은 한병구 교수가 있고, 우리는 내가 있었다고. 그런데 다른 학교는 언론법제를 하지 못했어요. 서울대학도 그랬고 연세대학도 그랬고. 지금 생각하면 한양대학교, 경희대학교, 이화여자대학교, 중앙대학교 그 정도일 거야. 중앙대학은 누가 했는지 기억이 나질 않아요. 이화대학의 언론 법제가 특별히 특징이 있다는 것을 찾을 수는 없고 다만 법제뿐만 아니라 윤리와의 관계를 강조해서 언론윤리에 치중했다는 것이 지적될 수 있을 거예요.

**〈질문〉 언론법제 과목을 가르치시면서 특별히 기억에 남는 점이 있으시면 말씀해주십시오.**

81년 이해창 선생님이 이화 대학에서 정년 퇴임하신 후에는 언론법제 과목을 내가 맡아서 하게 되었어요. 서울대학도 내가 가서 했어요. 연대도 내가 하게 되고 그랬죠.

언론법제를 강의하면서 학생들에게 가르치는 것과 다른 느낌을 가진 경험이 있어요. 최종수 교수라는 분이 있는데 그 양반이 광주대학교 언론대학원 원장으로 있을 때 내가 정년퇴직한 후에 나를 2년 동안 초빙해서 초빙교수 노릇을 한 거지.

화요일 저녁에 서울에서 내려가서 자고 수요일이면 강의를 하고 그랬어요. 언론법 강의를 하는데, 교재를 만들어서 다음 시간에 할 것을 미리 줘요. 그것에 대해서 생각을 해오라고 해서 과제를 몇 가지 주면서 다음 주에는 이런 내용을 한다고 하죠. 내가 일생 동안 가장 활발하게 수업을 진행한 것이 바로 그 시간이었어요. 왜냐하면 신문기자, 신문사의 편집국장 하던 사람 이런 사람들이 거기 학생이었거든요. 실무에 관계된 것이니까 자기의 경험을 얘기하는 거예요. 언론에 두들겨 맞았던 공무원 이런 사람이 와서 또 거기에 대해서 얘기를 하고, 1시간 반 동안 강의를 하는데, 아주 재미있게 해요. 끝나고 나서도 토론에 참석했던 사람 그리고 듣기만 했던 사람도 모두 정말 재미있다고 했죠. 예를 하나 들면, 어떤 사람이 기사를 냈는데 그 내용이 다른 사람의 명예에 관련된 것이란 말이에요. 그래서 신문사를 제소했어요. 신문사 측에서는 이렇게 얘기를 하고 공무원 측에서는 또 이렇게 얘기를 하고…. 그것을 진행할 때 요령 있게 문제를 하나씩 짚어주면서 발표하던 사람이 생각하지도 못했던 것을 한마디만 하면 바로 얘기가 이어지고, 그렇게 재미있게 공부했어요.

수업이 끝날 때는 결론을 내리기보다는 여러 가지 판례를 주면서 더 연구하고 조사를 해보라는 과제를 주기도 했어요. 그러면 다 듣고 나서 재미는 있었는데 숙제가 잔뜩 있다고 불평하고 그랬어요.

**〈질문〉 이화여대에서 평생교육원 설립에 크게 기여하신 것으로 알고 있습니다. 설립과정에 대해 말씀해주세요.**

1980년에 광주 사건이 나서 학교가 문을 닫고 그럴 무렵에 군부가 학생들 선동한다는 혐의를 몇 사람에게 씌웠어요. 그래서 이름 있는 몇몇 교수들이 그걸로 인해 점이 찍혀요. 그때 학생들을 잘 다스렸던 학생처장에게 학생을 선동했다는 죄를 씌우고, 교목도 기도하면서 선동을 했다고 하고. 그리고 몇몇 교수들을 군부에서 찍어서 퇴직시키라고 했단 말이야. 그래서 퇴직하게 돼요. 그중 세 사람은 자타가 공인하는 운동을 했던 사람들이에요. 그래서 그건 어쩔 수가 없고 나머지 세 사람은 억울하단 말이에요. 학생처장이 무슨 선동을 해요. 교목이 무슨 기도로 선동을 해요. 또 불문과 교수인 출판부장이 있는데, 출판부가 무슨 죄를 지었냐 그 말이에요. 그래서 그 세 사람을 정의숙 총장이 어떻게든 당국 사람들에게 잘 얘기해서 다시 학교에 오시도록 해야겠다고 생각을 한 거야. 그래서 정의숙 총장이 어떻게 했느냐, 전두환이에게 가요. 전두환이가 만나주지 않으니까 비서실장을 찾아가서 자초지종을 이야기하고 꼭 구제해야겠다고 얘기를 했어. 구제해야 학생들도 호감을 갖게 되니 이해해라. 그래서 비서실장이 전두환에게 이야기를 해서 구제를 하는데, 그렇지만 조건이 있다, 무슨 조건이냐, 학교 울타리 안에는 못 들어오게 하고 월급을 주고 공부는 시켜라. 강의는 할 수 없다.

정의숙 총장이 그 얘기를 듣고, 그래도 월급을 줄 수 있다는 생각에 받아들였어요. 학교 울타리 안으로 들어오지 못하게 하고, 강의는 못하게 하고, 밖에서 연구를 하도록 해라, 월급은 주어라 그랬어. 그래서 그 밖이라는 것이 어디냐, 사회관. 초등학교 옆 사회관. 거기에 방을 만들어서 세 사람이 매일 출근했어요. 그 사람들에게 무슨 일을 시켰느냐, 불문과 김치수 교수에게는 취업 지도, 학생처장(백명희 선생)에게는 평생교육을 준비하도록 했어. 정의숙 선생이 그 2년 전에 취임사에서, 대학을 나온 사람도 공부를 더 하고 싶고 취업을 한 사람도 공부를 더 하고 싶어도 할 곳이 없으니까 이 사람들을 위한 평생교육을 하겠다고 했어. 이를테면 계속 교육의 필요성을 취임사에서 역설을 했어요. 그 연구과제를 백명희 선생에게 준거죠. 그래서 백명희 선생이 그냥 월급만 받고 있어서는 안 되겠다, 자기 남편이 홍익대학 교수라서 먹는 것은 걱정이 없고 하니까, 그걸 가지고 연구비를 해서 옥스퍼드, 하버드를 가서 평생교육, 계속교육을 어떻게 하고 있는가를 다 보고 와요. 일본 와세다, 게이오에서 하는 것을 보고 유명한 대학을 다 돌아다녔어요. 독일, 영국, 미국, 일본 등. 그래서 자료를 많이 가지고 와서 그걸 정리를 하는데, 그걸 다 정리할 능력이 있나. 정의숙 총장이 가만히 보니 서두르기는 해도 정리할 능력이 없다 이렇게 판단한 거야. 그래서 이 양반 혼자 하게 하지 말고 팀을 만들어서 그 자료를 바탕으로 연구를 하도록 하자. 그래서 교육학과에서 한 사람 더, 그리고 가만히 보니 부려 먹기 쉬운 나를 넣어서 평생교육 연구회, 계속교육 연구회를 만들라고 해요. 그래서 백명희 선생이 위원장을 해야 하지만 대외적으로 활동을 할 수 없으니까 내가 얼굴마담으로 위원장을 해요. 그래서 내가 위원장을 맡아서 심포지움을 만들어요. 서울 안에 있는 여성단체 사람들을 다 모아서, 그 사람들이 나름대로 하고 있는 계속교육 프로그램, 사회교육 프로그램 등을 종합해서 심포지엄을 하고 그 내용을 책으로 냈어요. 그 내용을 여러 군데에서 발표하고 평가를 받았어요. 그리고 맨 마지막에는 이화대학에서 교수 100명이 모여 갑론을박을 해서 그걸 완성했어요.

결국은 평생교육을 하나 만들어야 한다는 내용을 400페이지 짜리의 보고서, 책으로 만들었어요. 평생교육의 필요성이라든지, 중요도, 세계 각국의 경향은 물론이거니와 거기서 어떻게 해야 한다는 커리큘럼과 평가까지 포함해서 책을 만들었어요. 그래서 총장에게 제출했더니, 총장이 그것을 교무회의에 제출하라고 해서 제출했죠. 내가 교무위원도 아니지만, 교무회의에 보고를 했어요. 그랬더니 전체 교수회의에 보고를 해서 전체 교수의 평가를 받자는 것이 교무회의의 결론으로 나온 거예요.

그래서 그해 여름 방학에 전체 교수 회의에서 단독 의제로 평생교육의 필요성에 대해서 내가 발표를 하게 돼요. 김영희 홀에서 전체 교수들을 모아놓고 유인물을 돌려서 미리 검토한 후에 거기서 내가 발표를 하고 질의응답을 받고 그랬어요. 그날 오후에는 분과 회의를 해서 그것에 대한 평가를 해서, 마지막에 종합 토론에서 분과에서 나온 이야기들을 종합해서 보고를 하는 거예요. 그렇게 하루 종일 전체 교수회의를 통해 평생교육에 대한 얘기를 한 거예요. 그러니까 덥고 놀고 싶은데, 김동철 때문에 교수들이 붙잡혀서 공부해야 한다고 날 원망하고 그랬지.

그런데 뜻밖에도 교수들의 평이 나쁘지 않아요. 가장 강력한 반대는 무엇이냐, 평생교육원을 만들면, 그러잖아도 거저 부려먹는 학교가 또 평생교육원에 가서 한 과목씩 맡으라고 시킬까봐 그래서 반대하는 거야. 그래서 내가 뭐라고 했느냐, 평생교육원 수업을 맡아서 하는 분은 그것을 티칭 로드의 한 부분으로 치고, 티칭 로드를 넘어서면 과외로 수당을 드리겠다고 했지. 그랬더니 좋다고 해.

막상 시작하니까 제일 강한 반대가 누구냐, 학생들이에요. 그러지 않아도 좁은데 평생교육원까지 만들면 우리 교실을 뺏긴다는 소문이 돌았어요. 그래서 내가 평생교육원은 한 군데만 있지, 다른 교실을 침범하지 않는다. 그게 어디냐 경영관이다. 그래서 경영관 밖으로 나가지를 못하게 했어. 할 수 없이 해야 할 음악, 미술, 체육 교육만, 실무 교육만 미술대학, 음악대학, 체육대학에 가서 하지 나머지는 교실 밖으로 나가지 못하게 했어. 교실이 없어서 지하실 창고를 교실로 만들어서 강의를 하고 그랬다고. 시작할 때는 대학에 가보지 못한, 직장에 다니고 있는 여성들, 30 미만의 여성들에게 대학 교육을 했어요. 대학의 기초교육 강좌, 즉 근로 여성 기초교육 강좌라는 거예요. 그걸 그냥 가르치지 않고, 여섯 달 동안 준비를 할 때 내가 직접 한국은행 가서 총재를 만나서 고등학교 나오고 우수한 사람들 보내 달라고 요청을 했어. 여섯 시 30분부터 강의가 있으니까 네 시까지만 근무하도록 하고 퇴근을 시켜 강의를 들을 수 있도록 직장장이 보장을 해달라고 부탁을 했어요. 그렇게 한국은행, 산업은행 등등 유명한 기업체들을 돌아다니면서 내가 부탁을 했어요. 그렇게 기업체 장의 추천을 통해서 70명 학생을 모집하는데 523명이 왔어요. 어느 일요일 아침 여덟 시 반부터 접수하는데, 그 사람들이 근무를 하니까 일요일에 접수를 할 수 밖에. 선착순으로 하니까 토요일 밤 통행금지 전 11시 30분에 523명이 다 왔어요. 그 사람들이 어디 있었느냐, 음악대학 중강당에 자리 번호를 매겨서 선착순으로 523명이 모두 들어왔어요. 1층, 2층까지. 거기 밴딩 머신 있지, 커피 마실 수 있지, 화장실 있지, 다 있어요. 한 번 들어온 사람은 밖에 나가면 다시 순서를 뒤로 하니 나가지도 못하고. 그래서 523명을 대상으로 면접을 해서 70명 선착순으로 뽑았어요. 그래서 교무회의에 보고를 했더니 왜 70명만 하느냐, 반을 늘려라. 교수도 없고 학생들이 반대를 해서 안 된다. 그래서 지하에 있는 창고를 개조해서 강의를 한거야. 그래서 140명을 뽑고, 나머지 사람들한테는 번호를 주어서 그 사람들이 다음에 다 와서 수업을 들을 수 있도록 했어요.

나중에 시험을 보는데, 영어 교양 강의에서 학부의 시험과 똑같은 문제로 이 학생들에게 시험을 치르게 했어요. 학부 학생들은 오후 다섯 시 반, 이 학생들은 여섯 시 반에 똑같은 시험을 보게 했어요. 그랬더니 98점짜리가 있어요. 그 사람이 서울여상을 나온 한국은행 직원이었어. 근로여성 교양강좌는 야간에만 했어요. 그래서 그것을 1년 동안 하니까, 계속 해달라고 해서 계속하고 그랬지. 그랬더니 그 사람(98점 받은 사람)은 결국 방송대학에 가서 학장도 해요. 나는 평생교육원 원장을 2대까지 했어요.

## 언론법제 연구에 관한 학문적 사상

**〈질문〉 교수님께서 언론법제 연구에 관심을 가지게 된 특별한 계기가 있다면 말씀해주십시오.**

나는 법학을 하지 않았잖아요. 대학 때는 경제학을 하고. 그런데 왜 언론법에 관심을 갖게 되었느냐 하면, 왜정 때 학교를 들어가서 해방 이후 보니까 경제를 공부하려면 연세대학교와 고려대학교밖에 없었어요. 법률 또는 사회과학 계통 이런 게 서울대학은 강의가 없었어. 선생이 없으니까 무슨 강의가 있나. 1945년에서 1950년까지 서울대학이 말만 있다 뿐이지 의과대학하고 공과대학, 약학대학, 사범대학 빼놓고는 말만 대학이지 상대, 인문과학대학 이런 것은 강의가 전혀 없어.

그런데 학교에 다니다 보니 이상하게 관심을 가지게 된 것이 두 가지가 있어요. 그중 하나가 헌법이에요. 저는 경제학과이지만 헌법에 관심을 가졌어요. 그때는 법학과, 경제학과 구분이 없었어요. 강의가 열리면 듣고 싶은 사람은 다 가서 들었어요. 우리나라의 여러 대학에 적을 가진 사람들이 헌법 수업에 들어와요. 자기네 학교에는 헌법에 관한 강의가 없으니까.

해방 이후 국민의 기본적인 권리 어쩌고 하는 얘기를 처음 듣는데, 그게 왜정 때 생각이나 할 수 있는 얘기예요? 큰 관심을 갖게 되었죠. 언론과 출판의 자유라든지 예술과 무엇에 관한 자유라든지 이런 이야기가 나오니까. "기본적인 권리는 법률이나 헌법에 정하지 아니하였다는 이유로 경시되지 아니한다." 이게 무슨 소린가 하면서 정서를 했어요. 지금도 생각이 나요. 나중에 보니 그것이 헌법에 나오더라고. 그때부터 헌법에 나와 있는 권리가 각국 여러 나라에서 어떻게 표현되어 있는가에 관심을 가지고 보기 시작했어요. 그러면서 1948년 제정됐던 대한민국의 기본적인 헌법, 자유당 때 바뀌고, 민주당 때 바뀌고, 제3 공화국에서 또 바뀌고, 72년 유신 헌법 바뀌고, 80년에 제5 공화국 나오면서 그 이후에 언론기본법이 나오는 그 헌법이 나오고, 그리고 87년에 개정된 헌법이 지금까지 이어지고 있는 거죠. 유진오 교수의 헌법 강의가 굉장히 인상이 깊었어요. 내가 대학교 2학년 때. 아마 헌법은 1학년 때 배웠을 거야.

그러니까 헌법 시간에는 서울대 법대 학생들, 그리고 연희대학교 학생들이 굉장히 많이 왔었다고. 그도 그럴 것이 헌법을 가르칠 사람이 누가 있어요. 왜정 때부터 헌법을 하던 사람이 한 사람밖에 없는데. 그게 유진오 선생이야. 처음의 대한민국 제정 헌법이 유진오 선생 작품이에요. 그래서 우리가 선생님을 도와드리기 위해서 심부름도 하고 이 양반이 원고를 쓰면 우리가 연구실에 가서 정서를 하고 도와드리고 그랬다고. 그때는 대학원이 생기기 전이라 대학원생이 없으니까 그냥 학부 학생이 가서. 이 양반은 글씨가 참 이뻐요. 막 갈겨썼어도 글씨가 참 이뻐. 그걸 우리가 정서를 해요. 어느 날 저녁에 우리 친구들이 몇 사람이 가서 정서를 했는데, 그게 나중에 알고 봤더니 대한민국 헌법이 되더라고. 그러니까 우리가 정서를 했던 때가 1948년 7월 17일로부터 이전 두 달 전 쯤에 해당해요.

내가 대학 다닐 때 아주 인상 깊었던 강의가 유진오 선생의 그것과 또 하나는 김상협 교수의 정치학이었어요. 해방 직후에 듣는 정치학이라는 게, 그 당시에는 민주주의라는 말만 나오면 잡혀가니까 말이 나올 수가 없죠. 기본권이라는 것도 있긴 했지만 그런 말을 하지는 못했으니까. 그런데 해방이 되어서 민주주의라는 이야기가 나오니까 그렇게 새로울 수가 없어요. 그래서 그 강의를 듣기 위해서 연세대학, 서울대학 등등의 학생들이 다 모여서 강의실을 꽉 채웠어요. 그때는 무슨 과목 하면 무슨 대학의 아무개라는 게 있었어요. 헌법 하면 고려대학교의 유진오 교수, 정치학 하면 고려대학교의 김상협 교수 그랬다고요. 민법에는 누구 상법에는 누구 하는 식으로.

**〈질문〉 교수님의 언론법제 연구에서는 언론의 자유와 충돌되는 개인의 기본권과 언론의 책임, 윤리를 강조하고 있는 경향을 보입니다. 그 배경에 대해 말씀해주십시오.**

일제시대에 민주주의라는 말이 나오면 금방 잡혀갔어요. 그런데 해방 이후 대학교 교실에서 민주주의 얘기를 들으니 정신이 번쩍 드는 거야. 그렇게 명강의들이 많았었다고. 그러면서도 이 양반들이 그때도 윤리 공부를 많이 시켰어요. 왜정 때는 철학을 가르치지를 못했어. 학교에서 철학 강의를 하면 모두 다 잡혀가는 것으로 알았다고. 철학 교수인 안호상 교수가 (나중에 초대 문교부 장관이 되는데) 철학을 가르쳐야 하는데 가르치지를 못하니까 독일어를 가르쳤어. 이 양반이 독일의 예나 대학(예나 프리드리히 실러 대학: Friedrich-Schiller-Universität Jena)을 나왔거든. 당시 교실에서 조선말을 쓰지 못하게 했지만, 이 양반은 교실에 들어와서 "나는 일본어를 잘 못하니까 조선말을 할 수밖에 없다" 해서, 조선말을 했죠. 독일어를 가르친다고 하면서 실제로는 철학과 윤리학을 가르친거야. 그렇게 공부를 시켰어요.

그러니까 그런 바탕이 있기 때문에 나도 윤리 법제에 관심이 많았다고. 법제라는 것은 국민의 기본권, 헌법에서 얘기하는 거죠. 그래서 내가 이제 그쪽에 눈을 뜨기 시작한 거예요. 학교에서 그런 식으로 법률 공부를 했는데 재미있었지.

언론법이라는 게 언론에 관한 법률적인 제재가 없는 나라일수록 민주주의의 정도가 높고 문화의 수준이 높은 나라예요. 언론을 통제할 필요가 있는 나라, 그런 나라일수록 제국주의적인 성격이 강하고 식민지주의, 그런 정책을 많이 씁니다. 왜냐 식민 통치를 하려고 보니까 식민지 주민들을 통제해야만 이게 자기네들이 할 수가 있다 그 말이야. 그래 일본 사람들도 한국에 와서 한국을 통치하는데 싫은 소리를 하는 언론이 나오면 좋아할 까닭이 없지. 그러니까 처음부터 총독제도가 생기기 전, 합방하기 전부터 한일 의정서가 생긴 후에 한국내정에 대해 간섭을 하기 시작하면서도 그때 벌써 이미 언론을 통제하고 그랬다고. 대한제국 정부를 통해서 언론의 출판 이런 것을 억제하고 말이야 이러기 시작했는데, 1907년, 1908년부터 그렇게 나오기 시작했어요. 그런 통제를 하니까 1910년 한일합병이 된 후에는 이제 대놓고 아주 크게 치안유지법이라든지 이런 것에 통제가 생기고 그렇게 된 거예요. 그래서 언론법제가 있는 것이지, 그렇지 않으면 언론법제가 필요가 없단 말이에요.

그러니까 미국도 언론에 관한 법제가 있는 것이 오직 하나야. 그것도 헌법에 애당초 제정 헌법에는 있지 않고 First Amendment, 수정 헌법 제1조에 언론의 자유를 규정했단 말이에요. 그것이 전부야. 언론에 관한 통제의 법률적인 규정의 전부라고. 그러니까 언론법이라고 하는 것을 연구할 대상이 없는데 언론법이라는 게 있을 수가 있나. 다만 헌법을 보면 자유권, 국민의 기본적인 권리, 이것이 기본적인 것이기 때문에 그 기본적인 권리 속에 언론에 관계되는 것이 있으니까, 그러니까 인격권이라는 것이 있으니까, 언론과 출판 집회와 자유 이런 것을 구속하려고 하는 필요 때문에 그것을 어떻게 하면 요령 있게 말을 듣지 않고도 자기네들 마음대로 백성들을 다스릴 수 있느냐 하는 그런 방향으로 집회, 출판, 언론 이런 것은 다루게 된단 말이야.

그래서 이게 언론독재라고 하는 것이 참 필요에 따라서 생기게 되는거야, 1960년만 하더라도 치안유지법, 신문법, 국가보안법 등이 생기니까 그런 범위 내에서 언론법제에 대한 이야기가 되는 거지, 사실은 법제보다도 언론이 스스로 책임을 다해야 하는 거라면, 국가의 통제를 받을 필요가 없다는 말이야. 그래서 윤리, 책임 이런 것이 법제보다 더 중요한 연구의 대상이 된다. 그런 뜻에서 언론윤리법제와 윤리책임, 이런 것을 연구를 많이 하게 된 거예요.

공교롭게도 그때 당시 군사정부가 언론을 다루려고 보니 말을 듣지 않거든요. 그렇게 해서 언론을 조여 매기 위해서 만들어진 것이 윤리위원회법이라는 거예요. 소위 윤리 파동이라는 게 바로 그때예요. 어떤 신문은 그것에 항의하기 위해서 사설을 백지로 내고 그럴 때예요. 그렇게 해서 관심을 갖게 됐죠.

내가 원래 법을 하려던 것은 아닌데 재미있는 것은 "국민의 기본적인 권리는 헌법이나 법률에서 규정되지 아니한 이유로 제한받지 아니한다"라는 헌법의 규정이 있잖아요. 그러니까 유진오 교수의 강의가 그대로 언론 윤리와 법제에 적용되는 거예요. 아주 재미있는 인연이에요.

나에게 학문적으로 굉장히 강한 임팩트를 주는 것이 뭐냐, 윌버 슈람의 〈Responsibility in Mass Communication〉하고 〈Four Theories of the Press〉예요. 〈Four Theories of the Press〉는 56년에 일리노이 대학에서 초판이 나왔어요. 얼마나 많이 찍었는지 몰라, 아주 훌륭한 책이야. 통제를 하는 나라, "공산주의"를 비롯해서 통제를 반대하는 나라, "자유주의". 그 두 개가 공교롭게도 윌버 슈람의 저작이야. 물론 〈Four Theories of the

Press〉는 공저자가 있지만. 어쨌든 두 책의 영향을 굉장히 많이 받았어요. 어렸을 때 받은 인상이 평생에 걸쳐, 업무를 수행하는 데 있어서나 사생활에 있어서나 많은 영향을 미친다는 것을 새삼스럽게 느끼게 돼요.

**〈질문〉「자유언론법제연구」의 서문을 보면, 교수님께서 쓰신 언론법제 연구논문들이 저술의 기반이 되었다고 밝히고 있습니다. 저술 동기에 대해 말씀해주십시오.**

언론법 분야의 단행본이 맨 처음에 나온 것이 장용 선생이라고 있었어. 학교는 미주리를 나와서, 미주리에서 프라이버시를 공부했다고. 프라이버시에 관한 여러 가지 얘기를 써서 「언론과 인권」 단행본을 내고 그랬어. 그것이 아마 1960년대 말일거야. 굉장히 연구를 많이 해서 주로 미국이라든지 일본의 프라이버시권 그런 것들 중심으로 해서 잘 정리를 해서 나왔지.

그때 무렵에 언론법에 관한 정기간행물이라는 게 「신문과 방송」에도 별로 내용이 없고 오직 「언론중재」 정도밖에 없었어요. 그래서 언론 책임의 귀속이라든지 하는 것을 법 이론뿐 아니라 보도 관행이라든지 언론 자체가 가지고 있는 윤리적 규제라든지 그런 것과 관련된 거예요. 그래서 몇 개인가 짧은 글을 쓰곤 했죠. 그게 아마 「언론중재」에 나왔을 거예요. 그것을 묶어서 〈자유언론법제연구〉라는 책을 만들었어요.

그리고는 그 다음부터는 아마 단행본으로 나온 것이 팽원순 선생이나 한병구 선생. 이름도 비슷하고 책의 이름도 비슷하고. 하나는 〈매스코뮤니케이션 법제이론〉, 다른 하나는 〈언론법제이론〉이든가. 나는 그런 거 아니지만 한병구 선생은 학교에서 언론법제를 강의를 하고 말이야. 내 거는 책이라고 할 수 있나.

**〈질문〉〈자유언론법제연구〉에서는 특별히 언론자유와 국가안보를 비중 있게 다루고 있습니다. 기밀문서 사건에 더 중점을 두었다고 머리말에서도 밝히고 있는데, 대부분의 언론법제 전문서에서는 국가안보가 책의 중간 이후에서 다루어지고 있지만, 교수님의 책에서는 특별히 앞부분에서 다루시면서 강조하신 특별한 이유가 있는지요?**

학교에서는 언론법제, 윤리 책임은 이제 강의 수도 자꾸 줄어들고 그러니까 없어져요. 외부 강사한테 맡긴 법제만 남게 되고, 나는 윤리 법제에서는 점점 멀어져갔지. 근데 미국에서도 언론에 대한 통제가 전혀 없었던 것은 아니에요. 내가 그쪽으로 더 관심을 갖게 됐어요. 그런데 그때 무렵 무슨 일이 있었냐, 국내에서 「언론중재」가 나오기 전인 1971년 뉴욕타임즈의 국방성 기밀문서 보도 사건이 있었어요. 그게 뉴욕타임즈뿐만 아니라 워싱턴포스트와도 관계가 있어요. 뉴욕타임즈가 그렇게 특종을 내니까 워싱턴포스트가 기습을 당한 거예요. 그러니까 그 다음 다음 날 6월 13일에 뉴욕타임즈의 첫 번째 기사가 나갔는데 6월

15일 워싱턴포스트가 뉴욕타임즈의 기사를 요약해서 국방성 기밀 사건 보도를 한 거야. 워싱턴포스트가 그야말로 항복 문서를 낸 거나 마찬가지였지만, 그게 얼마나 중요했으면. 그게 모두 알려진 판에 워싱턴포스트가 그것을 보도한다는 것은 잘못하면 워싱턴포스트가 형사적으로 책임을 질 뿐 아니라 회사의 존속에 문제가 될 수 있다는 상황이었지. 그래서 워싱턴포스트에 관계된 사람들이 밤중에 모여서 그레함(Katharine Graham) 사장에게 어떻게 하겠느냐고 했는데 자기가 목을 걸겠다, 그래서 오케이 해서 밤 열한 시에 윤전기를 돌려요. 판을 다 짜놓고 윤전기를 다 걸어놓고 초저녁부터 회의를 계속한 거야. 그래서 밤 열시 반 쯤 회의가 끝나서 윤전기를 돌려라 해서 나온 것이 15일 저녁이야. 이게 다 소설 같은 얘기예요. 이 얘기가 〈Papers & Papers〉라는 책에 나온 이야기예요.

그보다 앞서 1971년 6월 13일 뉴욕타임스가 특집으로 월남 전쟁에 관한 역사의 기록을 내게 돼요. 광고 빼고 전체 42페이지 분량의 연재로 나온 거에요. 그걸 하기 위해 두 달 동안 준비를 한 거예요. 다니엘 엘스보그(Daniel Ellsberg)가 그 원고를 받아 가지고 닐 시핸(Neil Sheehan)이라고 하는 뉴욕타임스의 기자한테 줘. 내가 다 잊어버렸는데 아직도 이름은 기억이 나요. 그래서 시핸이 그것을 받아 보니까 깜짝 놀란거야. 그래서 편집국장하고 합의해서 이건 뉴스가 된다, 하자, 그렇게 된 거야. 그런데 이것을 낼 경우 기밀문서이기 때문에 이것을 쓴 사람은 물론이거니와 신문사도 존폐 위기에 몰릴 수도 있단 말이야. 근데 그것을 결정을 해야 되겠다.

그래서 회사에서 의논해서 사주는 물론 편집 진영이 감쪽같이 비밀에 부쳐서 신문사하고 별도로 호텔을 하나를 마련을 해. 호텔의 5층 전부를 다 비우게 하고, 그것 가지고는 안되니까 그 밑에까지 전부 다 비우게 하고 다른 사람 들어오지를 못하게 하고, 거기다가 이를테면 출판사 비슷하게 복사기, 인쇄기, 문서 분쇄기를 마련해서. 심지어는 나중에 다 되어야 갈 무렵에는, 신문사에서 왜 윤전기 돌리려면 말이야 라이너 타이프라는 게 있거든. 활자를 식자하는 라이너 타이프까지도 가져다 놓고 했어. 두 달 동안 그렇게 비밀로 했어. 그래서 한 번 들어오면 나가지를 못하게 했어 기자들은. 20명 이상이 거기에 종사했다고. 그런데 재미있는 것은 어떤 사람은 거기를 오는데, 모스크바 특파원으로 간다고 하고 특파원 발령까지 내고 특파원 가지 않고 거기에 간거야. 그런 식으로 20일 동안 집에 안 들어오니까 마누라들이 거짓말한다고 난리가 난 거야. 그래서 이혼을 하겠다고 하고. 그래도 그냥 뭐 변명도 못하고, 지방 출장이다 하는 식으로 그렇게 해서 20일 동안 한 거예요. 그렇게 해서 일주일 분이 나오기 시작하는거야. 그렇게 첫 날 터트렸지, 둘째 날 터트렸지, 사흘째, 법무부 장관이 이걸 계속해서 내면 법에 걸릴 줄 알아라, 그리고 이 문서는 당장 정부에 반환해라 등등 해서 여섯 가지의 요구 조건을 내면서 뉴욕 지방 재판소에다가 가처분소송을 냈어.

그때 고등법원 법원 판사는요, 틀림없이 고등법원에 항고할 것이라는 예측을 하고 퇴근을 안 해요. 그래서 저녁 일곱 시에 항고장이 오는데 그걸 접수를 해서 밤 열 시에 결정해. 그러니까 그날 결정을 한거야. 대법원도 마찬가지죠. 그래서 아주 역사에도 없는 중요한 판결을 한 거야. 나중에 결국은 1심, 2심, 3심까지 가는데 얼마나 오래 걸렸냐. 첫 번째 기사가 나온 것이 13일인데, 그달 30일에 대법원의 확정판결이 나온 거야. 그 요지가 무엇이냐. 첫째, 미국은 수정헌법 제1조의 헌법적인 권리에 따라 prior restraint, 언론에 대해 사전억제를 하면 헌법상의 기본적인 권리에 위반된다는 강력한 추정을 받는다. 둘째, 정부가 그럼에도 불구하고 사전억제를 꼭 해야 한다면, 그것이 필요하다 하는 충분한 이유와 증거를 제시할 중대한 책임이 정부에게 있다. 셋째, 그런데 이 경우에 정부는 그 책임을 다하지 못했다. 그러니깐 신문은 내라. 이 효력은 오늘 당장 발생한다. 이게 그 유명한 펜타곤 페이퍼 케이스의 수프림 코트의 결정이에요. 그게 그해 그달 30일에 결정이 된 거야.

펜타곤 페이퍼 케이스에 대해서 연구가 굉장히 많을거야. 학술적인 연구는 물론이고 팔아먹기 위해서 글 쓴 것들이 많이 있었어. 자료를 취급하는 잡지사 같은데는 연구논문을 모아서 책을 내기도 하고. 그래서 자료를 구하기는 어렵지 않았어. 내가 지금 하고 있는 이야기는 출판되지 않은 재미있는 이야기야. 예를 들어 70명이 뉴욕의 호텔을 점령해서 했다는 이야기. 이런 이야기를 쓴 책이 있어. 그중에서 압둘이라는 사람이 쓴 〈Papers & Papers〉. 앞의 페이퍼는 기밀문서의 페이퍼고, 나중의 페이퍼는 뉴스페이퍼란 이야기지. 순서가 바뀐 것일 수도 있어. 먼저 것이 뉴스페이퍼고 나중 것이 기밀문서이고. 그런데 그 후에 많은 정부의 기밀문서를 둘러싸고 그걸 출판할 수 있는가 여부를 가지고 정부와 신문 간의 대립이 계속 생겨요. 그 중에서 가장 흥미 있고 중요성이 강한 것이 바로 1971년의 펜타곤 페이퍼였어요. 미국 법제 역사상 가장 중요하고 재미있는 케이스야. 아마 그 후에는 밤 7시까지 기다렸다가 10시에 결정하는 사건은 없었을 거야.

그래서 나도 거기에 관심을 갖게 된 거예요. 내가 처음 미국에서 공부했던 것이 1958년에서 59년이었거든. 그러니까 그로부터 딱 20년 후인 1978년에 이화여대에서 파견해서 미국에 가서 다시 공부를 할 기회가 있었는데, 그 때 뉴욕타임스와 워싱턴포스트에 대한 모든 자료들을 찾게 돼요. 그걸 할 때 어려움이 적지 않아요. 대부분 판례집으로 나와 있거든요. 그 영어가 굉장히 까다로워요. 법률적인 용어라서. 그것을 영어도 잘 하지 못하는 사람이 혼자 하는데 아수 힘들었어요. 영이를 웬만큼 하는 사람도 판례를 보기가 쉽지 않습니다. 우리나라에서도 법률적인 표현을 할 때 이 표현이 법학적인 관점에서 수준이 떨어지는 것이 아니냐 고민을 많이 했어요. 나같이 영어를 못하는 사람은 정말 오래 걸려. 미국 친구들에게 도움을 받고 미국 대학교수 친구들에게 도움을 받고 그러면서 공부를 했죠. 그래서 거기에 대한 단행본, 연구 발표를 모두 모아 한 10년 걸려서 그걸 정리를 해서 나온 것이 1987년 〈자유언론법제연구〉예요. 그것을 종합해서 낸 것이 〈자유언론법제연구〉의 제1장 제2장에 나와 있어요. 그때 국가기밀 문서에 대한 단행본은 물론이고 논문도 국내에서 있지 않을 때예요. 언론법제 중에서 제일 중요한 것이 어쩌면 국민의 기본적인 권리를 미디어가 침해했을 때 생기는 법률적인 여러 가지 문제들 이런 것이 아닌가 싶어요. 그중에서도 특히 국가의 권력을 상대해서 언론의 자유를 위해서 쟁취를 한다는 면에서 국가기밀 보도에 대한 연구가 그래서 더욱 중요성을 가지고 있다고 생각해요.

**〈질문〉 초창기 법학 분야에서 어떤 분들이 언론법제 연구의 선구자 역할을 하셨다고 보시는지요?**

그게 우리나라뿐만 아니예요. 일본도 마찬가지예요. 일본의 동경대학 예를 들자면, 동경대학 총장을 지낸 하마다라는 사람이 있어요. 하마다 총장이 신문연구소 쪽의 교수인데, 언론법 전공이에요. 법학박사야. 법과대학 출신이라고요. 법률 공부를 하다가 언론법에 관심을 갖고 공부를 한 거야. 언론법이 따로 있지 않고 헌법의 기본법을 공부하다 보면 언론 관계된 것이 나오지 않을 수가 없어요. 그런 면에서 법학에는 많은 분류가 있는데 그중에서 하나가 바로 언론 기본권과 보도의 자유와 관련이 있다고 생각이 되죠. 성낙인 교수도 그런 배경이 아닌가 싶고, 대표적인 사람이 박용상 판사예요.

**〈질문〉 언론법제 연구에서는 주로 판례분석, 법해석학적 접근과 같은 연구방법론을 사용하고 있습니다. 언론법제 연구에서 사회과학적인 연구방법론 적용의 필요성이나 중요성에 대해서는 어떻게 생각하시는지 말씀해주세요.**

내 생각에는 언론 법제 공부하는 사람들이 전통적인 연구방법에 많이 치중을 하죠. 그런데 아까도 얘기했지만, 법률 공부하는 사람들은 대부분 그쪽 방법론으로 해요. 근데 그걸 하기 위해서는 법에 관한 아주 광범위하고도 깊이 있는 학문 배경을 가지고 있어야 되어요. 그중에서도 판례 연구가 많이 연구되어요. 시간적으로, 동시적으로 하는 방법도 있고, 각국의 판례연구와 같이 공시적인 방법으로 하기도 해요. 내가 그 책에 썼던 것처럼 어떤 문제에 대해서 일본 사람은 어떻게 봤는가, 한국 사람은 어떻게 봤는가, 독일 사람은 어떻게 봤는가, 영국 사람은 어떻게 봤는가를 비교해서 공부한다든지 그런 방법이 있어요. 그런데 사회과학적인 방법, 요새 많이들 나오는 것 같지만 거기에는 자료수집이라든지 또 여러 가지 사회과학의 독특한 방법들이 많이 있거든요. 그런데 앞으로 혹시 실험적인 방법이라든지 소위 행태 과학적 연구라든지 하는 것을 해볼 만해요. 쉽진 않을 거예요. 그리고 그렇게 하다보면 깊이 있는 것 같지 않고 그래요. 그런 연구방법이 있다라는 정도밖에 관심을 가지고 있지 않아요. 그런데 경우에 따라서는 하나의 법을 가지고 아무개는 어떻게 보는 경향이 있다, 어떤 사람은 이렇고 어떤 사람은 이렇고 해서, 대부분의 판사 분석만 하더라도 보수적인 사람, 중립적인 사람, 진보적인 사람 했는데 그 사람들의 주장과 법률적인 이론이 어떤 것이냐 등등 이렇게 해서 비교하는 것도 법학에서도 물론 하겠지만 사회과학적 연구 방법으로 연구문제를 추출해서 연구하는 방법도 가능할 겁니다.

나는 그런 것에 대해서는 해본 적도 없고 요새 젊은 사람들은 거기에 관심이 많을 거야. 사회과학의 연구 방법을 몸에 익힌 사람들은 그쪽에 더 관심이 있을 거예요. 아마도 많은 연구가 전통적인 방법으로 기울어지기 쉬워요. 예를 들어서 제도에 관한 연구라든지, 정책적인 입법 로비라든지 이런 쪽으로 많은 중점을 두는 것이 필요하지 않은가, 라고 생각해요. 내가 연구가 부족하니까 언론 연구의 발전 방향이라든지 그런 것들에 대한 생각은 내가 부끄러워서 얘기하기 힘들어요. 그럴 만한 입장도 되지 않고.

〈질문〉 **미디어 법제 연구의 주체는 언론학자와 법학자이며, 미디어 법제 연구의 성과를 높이기 위해서는 무엇보다도 이들 간의 긴밀한 학문적 교류와 연계가 필요합니다. 그러나 언론학자와 법학자 각각의 학문적 전통과 습관에 따라 언론법제에 대한 접근방식이 서로 다를 수 있습니다. 이것은 언론학과 법학 간의 협업에 걸림돌이 될 수 있습니다. 이에 대해 어떻게 생각하시는지요?**

언론학을 중점적으로 공부하는 사람들이 하는 언론법제와 법학 쪽에 배경을 가지고 있는 언론 법학, 이것이 서로 보완할 필요가 있어요. 장점, 단점을 보완할 필요가 있어. 법을 공부한 사람들은 법에만 중점을 둬. 그래서 언론의 관행이라든지 언론의 윤리라든지 그런 것에 대한 이해가 깊지 못할 수도 있어요. 그러니까 그런 사람들 가운데는 징벌적 손해배상 같은 이야기가 그래서 나오는 거예요. 그런데 언론의 자유를 주장하는 사람의 입장에서 보면, 프라이버시 침해에 있어서 징벌적 손해배상 처벌을 한다 이런 건 굉장히 낯설게 보여요. 어찌 보면 법을 하는 사람 입장에서는 당연해요. 꼭 언론중재법이라든지 미디어법에 넣지 않아도 내 생각으로는 실질적으로 그걸 할 생각이 법원 쪽에 있다면 민법 쪽에 손해배상 등을 통해 얼마든지 다룰 수 있는 것이거든요. 그러니까 지금 정해진 손해배상의 룰이 있을 것 아니에요. 그 룰을 어떻게 만드느냐 어떻게 고치느냐에 관계된 것이란 말이에요. 그런 뜻에서 보면 법을 하는 사람의 입장에서는 지금 징벌적 손해배상 청구라든지 하는 것도 그렇게 낯설지는 않을 거예요. 그런데 언론 쪽에서 보자면 그것은 언론의 자유를 크게 침범하고 제한하는 것처럼 생각하지만 사실은 과거에 민법의 손해배상법에서 많이 나오는 얘기예요.

하나의 예를 들자면 워싱턴포스트가 국가기밀 보도와 관련해서 뉴욕타임즈에게 제재를 강하게 내림에도 불구하고 그걸 알면서도 감히 보도를 했다, 이것이 잘못하면 그 회사의 존폐에 관계된다, 하는 것도 바로 징벌적 손해배상과 관련이 있는 것이에요. 그런 뜻에서 보자면 다른 나라에서는 이미 많이 시행되고 있는 것이 아니냐라고 생각이 돼요.

**〈질문〉 언론법제 연구는 언론학과 법학의 학제적인 연구의 성격을 띠고 있지만, 언론학자는 법적인 소양이 부족하고, 법학자는 언론학적인 인식과 이해가 부족하다는 한계를 가지고 있습니다. 그와 같은 한계를 극복하고 언론법제 연구가 좀 더 발전할 수 있는 방향성에 대해 말씀해주세요.**

장용 교수의 〈언론과 인권〉이라는 책이 놀랄 만큼 좋은 책이에요. 그분이 미주리에서 박사학위를 해서 외국의 자료를 많이 사용해서 책을 썼어요. 각 대학에서 명색이 언론 법제 강의가 개설되어 있으니, 그 강의를 하기 위해서 공부하게 되는 사람들도 있었죠. 그게 한병구 선생이고, 나 같은 사람도 그래서 공부했죠. 언론법을 처음부터 했던 것은 아니고요.

지금 생각해보면 언론법이라는 게 법률하는 사람 쪽에서 시작하는 경우가 있고, 그리고 커뮤니케이션 연구하는 사람 쪽에서 시작하는 경우가 있죠. 커뮤니케이션 분야에서 언론법을 공부하게 되면 법률에 대한 지식이 필요하다는 것을 새삼스럽게 느끼게 돼요. 그래서 이상적으로 얘기를 하면 언론법을 공부하려고 한다면 커뮤니케이션 학문에서 시작한 사람이라고 하더라도 법학을 제대로 공부하는 것이 도움이 될 거라고 생각을 해요. 언론법을 공부하다 보면 기본적인 권리로서 헌법에서 정한 것들, 그리고 프라이버시라든지 손해배상 문제라든지 명예훼손이라든지 그런 것이 나오거든요. 그런 것은 사실은 법률적인 문제거든요. 법률적인 소양이 있지 않고서는 그런 것들을 다루지 못해요. 법해석학적인 이론이라든지 그런 것들을 다루는 데는 물론이거니와, 그 밖에 여러 가지 연구 방법 가운데서는 통시적인 연구에서는 필요하지 않을지 모르겠지만 공시적인 연구에서는 국가별 비교를 하려면 법률을 알지 않으면 안 돼요. 아는 정도가 아니라 거기에 대한 깊은 이론적인 배경이 필요해요. 그러니까 양쪽을 하려면 지금이라도 늦지 않으니까 시작부터 법률을 공부하라고 얘기하고 싶어요.

앞으로 언론학자 출신의 언론법 연구자와 법률 배경을 가지고 있는 언론법 연구자가 서로 장점과 단점을 보완해서 나아간다고 하면 언론 법제 연구에 크게 도움이 될 거라고 생각을 해요. 언론학 쪽이 이래야 한다는 것은 없다고 생각을 해요. 언론만 연구한 사람은 언론 법제 연구에서 법률적 소양이 모자란 면이 적지 않아요. 응당 이런 것도 다루어야 한다는 것이 있는데도 그걸 알지 못해서 그냥 안 할 수 있거든요. 그래서 나는 언론에 배경을 가지고 있는 학자가 있다면 법학 공부를 처음부터 해나가는 것이 좋겠다고 생각해요. 메디칼 분야에서 법 공부를 하는 사람도 있거든요. 법과대학에 다시 들어가서 공부하는 사람이 있습니다. 그게 필요해요.

## 제 3 장

# 한국 언론법의 설계자, 박용상 변호사의 생애와 사상

### 1. 들어가며

"내가 더 멀리 보았다면, 이는 거인들의 어깨 위에 서 있었기 때문이다."

아이작 뉴턴이 1675년 당시 경쟁하던 과학자 로버트 후크에게 보낸 편지에 나오는 글귀다.

지금 대한민국에서 언론법을 연구하는 학자들 역시 거인들의 어깨 위에 서서 언론의 자유의 의미를 찾고 있다. 여러 명의 거인 중에서 유난히 우뚝 선 이가 있으니 그가 법조인 박용상(이하 '박용상'이라 한다)이다. 그는 미국과 독일 등 선진국의 언론법을 연구하고, 이를 토대로 한국의 언론법을 입법하고, 집행하고, 판결한 경험을 가진 독보적인 언론법 전문가다. 그의 생애가 한국 언론법 발전의 역사이고, 그의 사상은 한국 언론법의 특성으로 스며들었다.

한국 언론법의 고유한 특징은 '언론의 자유'를 추구하면서도 '언론의 공적 책임'을 중시한다는 데 있다. 언론의 자유는 민주주의가 존속하고 발전하는 데 필수적이어서 최대한 보장되어야 한다는 목소리와 사회적으로 막대한 영향력을 행사하는 언론에 공적 책임 또는 사회적 책임을 강하게 요구하는 또 다른 목소리가 공존한다. 2021년 여름 언론계를 뒤흔들었던 언론보도에 대한 징벌적 손해배상제 도입 추진도 언론의 공적 책임을 강화하자는 취지에서 시작된 것이다. 여당인 더불어민주당은 언론의 공적 책임을 강화하기 위해서 '언론중재 및 피해구제 등에 관한 법률'(이하

'언론중재법'이라 한다) 개정이 필요하다고 하고, 야당인 국민의 힘과 언론 종사자들은 언론의 자유를 침해할 소지가 크다고 거세게 반발한다.

언론의 공적 책임이 언론법의 중요한 목표로 등장하게 된 것은 1980년이다. 한국의 언론법은 1980년을 전후로 성격이 확연히 달라진다. 그전까지 언론법의 주된 과제는 언론의 자유 신장이었지만, 1980년 12월 31일 제정된 언론기본법 이후 언론의 공적 책임이 언론의 자유와 동등한 비중을 차지하게 되었다. 언론사 연구학자 정진석(1994: 21)에 따르면, 우리나라에서 언론법제에 관한 본격적인 연구가 이루어진 것은 1960년대 이후이고, 언론의 자유 신장과 함께 언론의 책임, 언론의 프라이버시 및 인권침해 문제 등에 관한 법제연구가 활성화되기 시작한 것은 1981년 언론중재위원회 발족 이후이다. 박용상은 언론기본법을 입법하는 데 절대적인 역할을 하였다. 박용상은 처음 논문을 발표한 1971년 이래 50년 동안 수많은 논문과 저서를 통해 언론에 있어서 자유와 공적 책임의 조화를 이루는 방법을 제시하였다.

## 2. 생애

### 1) 판사 임용 전

박용상은 1944년생으로 서울고등학교와 서울대학교 법과대학을 졸업하고 1967년 제8회 사법시험에 합격하였다. 서울고 시절 영자신문반 기자로 활동할 때부터 언론에 대한 관심이 컸다. 1970년 서울대학교 사법대학원을 졸업할 때 썼던 논문이 "언론출판의 자유의 한계: 미국연방대법원 판례를 중심으로"이다. 당시는 법적 문제에 관하여 전문적인 문헌이 드물었던 시절이어서 언론출판의 자유에 관한 미국 연방대법원 판례를 전반적으로 조감하는 내용을 논문 주제로 선택하였다고 한다. 언론의 자유와 그 한계를 탐구하는 그의 학문적 여정은 여기서 시작되었다. 육군 법무관 시절인 1971년과 1972년 당시 대표적인 학술지 「법조」에 "뉴욕·타임즈지 사건과 워싱턴·포스터지 사건"이라는 제목으로 3회에 걸쳐 판례평석을 발표하였다. 그는 해당 판결에 대해서 사전억제의 금지라는 헌법원칙에 비추어 보면 신문의 자유는 명백한 것이었고, 그러한 법률적 교훈보다 민주국가에서 언론의 필연적 필요성을 인식하였다는 점이 중요하다고 평가하였다(1972b: 85).

박용상은 육군 법무관 시절 틈나는 대로 미국 판례를 읽고 정리하였다. 1971년에는 “프라이버시의 개념”이라는 제목으로 역시 「법조」에 5회에 걸쳐 연재하였다. 프라이버시 개념이 아직 확실하게 정립되지 않았던 시절 프라이버시를 역사적으로, 사상적으로, 법이론적으로 분석하고 다른 권리와의 충돌 문제까지 종합적으로 검토한 논문이다. 그는 “비록 공공의 이익을 위해 ‘프라이버시’에 대한 제한이 불가피하다고 생각되는 경우일지라도 그 제한은 단지 예외적인 경우에 국한되어야 할 것이며 그 경우에도 최소한에 그쳐야 할 것”이라고 강조하였다(1971e: 37). 권위주의 정부 시절 박용상은 기본권 보장을 강조하는 논문을 여러 편 발표하였다.

### 2) 판사 시절

박용상은 1972년 서울형사지법 판사로 임명된 후 1977년 천안지원에 근무하였고, 1978년부터 1년 남짓 법원행정처 초대 송무심의관을 거쳐, 1979년 말부터 서울민사지방법원 판사, 1981년 4월부터 서울고등법원 판사, 1982년 9월부터 대법원 재판연구관, 1983년 원주지원장(부장판사), 1985년 사법연수원 교수, 1988년 서울민사지법 부장판사, 1991년 부산고등법원 부장판사, 1993년부터 1997년까지 서울고법 부장으로 재직하였다. 그는 판사경력 25년 중 1년 3개월간의 유학, 1년 3개월간의 법원행정, 3년간의 사법연수원 교수 등 총 5년 6개월을 재판 외 업무를 담당하였다. 그는 이 기간을 사건 처리를 떠나 전반적인 법조제도, 재판제도의 문제점과 체계에 관하여 천착할 기회의 시간이었다고 회고한다.

박용상은 연구하는 판사였다. 그는 연구가 좋아 교수가 되기를 생각한 적도 있다고 한다. 1975년 독일고등교육진흥원(DAAD)의 장학금을 받아 프라이부르크 대학에서 1년 3개월 연구하게 되었다. 유학 당시 도서관에 체계적으로 정리된 문헌들을 보고 경탄하고, 틈나는 대로 자료를 복사해서 귀국할 때 가져왔다. 독일의 유학 경험은 박용상의 헌법관과 언론법 사상에 큰 영향을 주었다. 1970년대 초반 그의 논문은 주로 미국의 판례연구에 기초한 것이었다. 언론의 자유, 프라이버시 보호 등 국가권력으로부터 개인의 기본권 보장을 강조하는 내용이었다. 독일 유학 후 박용상은 전통적 자유주의에 기반한 미국식 언론의 자유에 대한 한계를 인식하고, 민주주의 국가에서 언론이 담당하는 기능에 비추어 그에 맞는 제도적 성격 내지 공적 과업을 인정하는 독일식 언론의 자유를 적극적으로 수용하였다.

대전지방법원 천안지원 판사로 재직하던 1978년 초 독일에서 연구한 내용을 "출판의 자유에 관한 독일의 학설과 판례"라는 제목으로 「법조」에 3회에 걸쳐 발표하였다. 이 논문에서 그는 '출판의 공적 과업'이라는 개념을 설명하고, 국내 도입하였다. 그는 "이것은 그 개념의 본질상 출판의 자유를 행사함에 있어서 존재하게 되는 초개인적 계기를 파악하여 그에게 객관적 법적 요소로서 그 제도적 의미를 부여하는 것이었던 바, 이것이 영미에 있어서 출판의 자유에 관한 논의와 근본적 상이점을 보여주는 것"이라고 설명하였다(1978a: 69). 박용상은 해당 논문을 더 발전시켜 1980년 8월 서울대학교에서 "출판의 자유와 공적 과업: 서독 헌법이론을 중심으로"라는 제목으로 박사학위를 취득하였다. 1982년 그는 언론의 자유의 이념과 본질에 관한 지난 10년의 연구결과를 모아 첫 저서 「언론의 자유와 공적 과업」을 출간하였다.

박용상은 언론법의 역사에 대해서도 관심이 많았다. 1979년 "사상표현의 자유의 역사"를 「변호사」에 발표하였다. 고대 그리스로부터 제2차 세계대전 이후에 이르기까지 표현의 자유의 역사를 전반적으로 기술한 논문이다. 또 1980년과 1983년 "한국의 언론법사"라는 제목의 논문을 연이어 발표하였다. 그의 언론법사 서술은 헌정사에 기반한 것이다. 언론법은 일국의 정치적 존속활동에 대한 규범을 의미하므로 언론법사를 살펴보려면 헌정사에 관한 조감을 빼어 놓을 수 없다고 본 것이다(1983a: 14).

박용상은 판사로서도 많은 공적을 남겼다. 1978년 9월 법원행정처 송무국 초대 심의관으로 근무하면서 일반적 법조실무 지침서인 「법원실무제요」의 발간을 기획하고, 민사편을 집필하였다. 춘천지방법원 원주지원장 시절에는 "형사항소심의 구조와 형사판결의 기판력의 시적 범위"(1983년), "소급과세금지의 원칙과 조세감면규제법"(1984년)과 같은 대법원 판례평석을 발표하였다.

박용상은 서울민사지법 부장 시절인 1988년 민주화 및 자유화의 물결 속에서 노동운동의 요구가 법정에 불어닥쳤을 때 노동전담 재판부 초대 재판장을 자원해서 맡아 민사 노동소송의 법리를 개발하고 판례를 형성하는데 기여하였다. 당시 그의 법리는 사법논집 제21집(1990)에 "통상임금과 법정수당에 관한 고찰: 서울민사지방법원 노동전담 합의42부의 실무처리를 중심으로"라는 제목으로 발표되었다.

그의 판사 생활이 순탄한 것만은 아니었다. 서울고등법원 민사9부 재판장으로 근무하던 1995년 국내 최초로 제기된 직장 내 성희롱 사건의 항소심에서 원고청구를 기각해 진보적인 시민단체들로부터 거센 비판을 받았다. 이 사건은 우희정 전 서울대 조교가 신정휴 서울대 교수를 상대로 낸 소송으로, 여성단체의 지원 속에 박원순 변호사가 변론을 맡아 사회적으로 큰 관심을 끌었다. 1심 재판부는 정신적 손해에 대한 위자료로 당시 엄청난 금액인 3천만 원을 인정하여 항소심 판결이 더욱 주목받았다. 항소심 재판부는 성적 괴롭힘이 불법행위가 되기 위한 요건을 기술한 후 "일반 평균인의 입장에서 이를 판단하여야 하며 남녀간의 관계를 투쟁적·대립적 관계로 평가하는 여성주의적 관점만을 표준으로 하는 입장은 배척된다"고 판시하였다.[1] 그의 보수적인 태도를 볼 수 있다. 동시에 사회 여론에 굴하지 않는 고집 센 지식인의 모습도 볼 수 있다. 하지만 대법원은 신 교수의 언동이 피해자가 성적 굴욕감이나 혐오감을 느끼게 한 것이라고 인정하여 원심을 파기하였다.[2] 그 후 대법원은 성희롱 여부는 사회 전체의 일반적이고 평균적인 사람이 아니라 피해자들과 같은 처지에 있는 일반적이고 평균적인 사람의 입장에서 성적 굴욕감이나 혐오감을 느낄 수 있는 정도였는지를 기준으로 판단할 것을 명시적으로 요구하고 있다.[3]

박용상은 언론법 영역에서 익명보도의 원칙을 정립하였다. 서울고등법원 재판장으로 근무하던 1996년 2월 범죄보도에 있어서 언론의 자유와 인격권 보호의 조화를 위한 기준으로 익명보도의 원칙을 제시하였다. 범죄보도의 사회적 가치를 인정하면서도, 범인이라는 추정 내지 단순한 범죄혐의만으로도 관계인의 명예는 손상되므로 범죄에 관한 언론보도에 있어서는 관계인의 신원을 밝힐 수 없음이 원칙이라고 판시한 것이다.[4] 다만 범인이 공적 인물인지 여부, 범죄사건의 중요성, 배경 또는 비범성 등을 고려하여 공개가 정당한 예외를 인정하였다. 대법원은 상고를 기각하면서 "범죄 자체를 보도하기 위하여 반드시 범인이나 범죄 혐의자의 신원을 명시할 필요가 있는 것은 아니고, 범인이나 범죄혐의자에 관한 보도가 반드시 범죄 자체에 관한 보도와 같은 공공성을 가진다고 볼 수도 없을 것이다"라고 판시하여 익명보도의 원칙을 확정하였다.[5]

박용상은 법원을 떠나 헌법재판소로 이직한 직후인 1997년 9월에는 세 번째 저서 「언론과 개인 법익」을 출간하였다. 이 책은 언론보도에 의한 명예, 신용, 프라이버시 등 개인적 법익의 침해와 그 법적 구제의 문제를 다룬 내용이다. 1987년 민주화 이후 언론에 의한 역기능이 심각해지기 시작하면서 언론의 개인 법익 침해에 대한 국민의 불만과 함께 법적 분쟁이 증가하던 때여서 「언론과 개인 법익」은 실무적으로 매우 유용하였다.

### 2-1) 언론기본법 제정 실무위원 그리고 방송위원회 위원

박용상의 인생에서 서울민사지법 판사 시절인 1980년 11월 언론기본법 제정 실무위원으로 참여한 것만큼 중요한 사건은 없다. 이 경력으로 그는 한국 언론법의 설계자로 확실하게 이름을 남겼으며, 또 훗날 헌법재판관 임명이 좌절되는 아픔을 겪었다. 당시는 제5공화국 전두환 정부가 출범한 직후로 언론탄압이 극에 달하던 시기였다. 그 해 7~8월 언론인 강제해직이 있었고, 11월 14일 강압적인 언론통폐합이 이루어졌다. 언론기본법은 언론을 통제하기 위한 제도적 장치로, 제5공화국 언론통제의 완결판이라는 평가를 듣는다. 언론기본법 제정 실무위원회는 박용상 외에 대통령 정무비서관 허문도, 이수정과 문공부 기획관리실장 김동호, 공보국장 허만일 등 5인으로 구성되었다. 그의 역할은 법률가로서 이론을 제공하는 것이었다. 실무위원으로 추천된 배경에 대해서 그는 언론관계법을 전공했기 때문에 선정된 것으로 추측할 뿐이라고 말한 바 있다. 당시 과정을 지켜본 사람의 증언에 의하면, 박 판사는 자신이 전공한 독일 언론법에 근거해 정보청구권, 취재원에 대한 진술거부권, 정정보도청구권 등 언론의 취재활동 보장과 언론에 의한 피해의 구제 등에 깊은 관심을 보였다고 한다(한국일보, 1991.7.22).

박용상은 판사로 재직하는 동안 언론기본법에 근거해서 설립된 방송위원회의 위원으로 3번(1981년, 1984년, 1990년) 임명되었다. 방송위원회는 1981년 설립되어 방송정책 수립, 방송사업 허가 등 방송행정업무를 담당하는 기관으로 2008년 2월 정부조직개편으로 폐지되었다. 박용상은 비상임위원으로 있으면서 방송위원회의 지위와 기능에 관한 법적 기틀을 마련하는데 기여하였다. 또 외국의 방송법제와 방송법이론을 연구하였다. 1982년 “헌법상 방송의 기본질서”를 「신문과 방송」에 2회에 걸쳐 발표하였다. 그는 여기서 방송에 관한 헌법이론의 준거점도 신문과 마찬가지로 공적 과업 개념에 있다고 강조하였다(1982a: 72). 1986년에는 유럽의 공영방송제도를 비교검토하고, 공영방송의 헌법적 기초를 제시하고, 우리 공영방송제를 전반적으로 검토한 논문 "방송법제론"을 「법조」에 2회에 걸쳐 발표하였다. 1987년 언론기본법이 폐지되고 방송법이 제정되자, 자신의 방송위원 경험을 바탕으로 새 방송법에 따라 앞으로 방송위원회 운영에 있어서 제기될 여러 문제점과 그 대책을 검토한 논문 "새 방송법과 방송위원회"을 1988년 6월 「법조」에 발표하였다. 그 해 10월에는 그동안 연구한 결과를 엮어 「방송법제론」을 출간하였다. 이는 방송법에 관한 최초의 전문서적이라고 평가할 수 있다. 「방송법제론」은 자유민주주의의 정치체제를 취하는 선진 외국의 방송법제를 검토한 후 우리 방송법에 관한 해석론과 방송제도개혁을 위한 정책을 제시하고 있다. 1987년 민주화 이후 언론기본법이 폐기되고 방송법이 새로 제정되고,[6] 방송위원회는 독립적 권한이 부여되는 심의 결정기구로 새로 탄생하였다. 박용상은 1990년 12월 방송위원으로 임명되었고, 그 해 「방송위원회의 법제론적 고찰 - 개정 방송법에 의한 방송위원회의 역할과 과제」라는 보고서를 발간하였다. 1991년에는 "방송위원회의 법제론적 고찰"이라는 논문을 「법조」에 4회에 걸쳐 발표하였다.

### 3) 헌법재판소 사무처장 시절

박용상은 1997년 판사를 퇴직하고 헌법재판소 사무차장에 임용되었다. 그는 헌법재판관 근무가 헌법 연구를 계속하는 데 도움이 되리라고 생각하였다. 그는 판사 시절부터 헌법에 관심을 갖고 연구에 정진한 당시 보기 드문 법조인이었다. 그의 언론법 연구는 헌법 연구에 기반한 것이다. 1970년대 권위주의 시절 헌법은 장식에 불과해서 헌법 연구에 관심을 갖는 판사가 거의 없었다. 하지만 그는 헌법적 사고와 지식은 법관의 업무수행에 있어서 중요한 의미를 갖는다고 인식하였고, 권위주의 정권하에서 헌법이 제대로 이해되거나 적용되지 못하는 점을 우려하였다. 그는 1977년 「저스티스」에 발표한 논문 "독일의 연방헌법재판소"를 통해서 우리나라에 생소한 독일의 헌법재판소를 상세히 소개하였다. 그로부터 20년 후 박용상은 헌법재판소에 근무하게 되었다. 1997년 2월부터 헌법재판소 사무차장으로, 2000년 10월부터 사무처장으로 근무하다 2003년 12월 사직하였다. 그만큼 헌법 이론과 헌법재판소의 운영에 대해서 해박한 법조인이 없었지만, 박용상은 헌법재판소 재판관으로 자신의 법리를 펼쳐 볼 기회를 갖지 못했다. 2001년 3월 22일 퇴임하는 이영모 재판관의 후임으로 임명될 것이 유력한 상황에서 일부 시민단체와 신문사의 반대로 무산되었다. 한겨레신문이 사설로 그를 공격하고, 참여연대 등 6개 시민단체는 기자회견을 통해 그를 비판하였다. 1980년 언론기본법 제정에 참여한 것과 1995년 성희롱 판결을 문제 삼은 것이다.

헌법재판을 할 수는 없었으나, 박용상은 헌법재판소 행정을 담당하는 책임자로서 헌법재판소 업무처리에 관한 실무적 관행을 정립하였다. 사무차장 시절 발간위원장을 맡아 헌법재판소 근무 중 연구관들과의 수십 차례 심의와 토론을 거쳐 「헌법재판 실무제요」를 1998년 8월 발간하였다. 이 책은 헌법소원의 심판청구, 위헌제청 등 헌법소송의 절차와 헌법재판의 결정, 효력 등을 상세히 기술한 헌법소송의 실무 지침서다.

헌법재판소 재직 중에도 박용상은 언론법 관련 연구를 계속하였다. 1998년 "정보법제의 체계와 내용"이란 논문을 3회에 걸쳐 「법조」에 발표하였다. 박용상은 2002년 「표현의 자유」를 출간해서 그 해 한국언론법학회가 주최한 제1회 철우언론법상 수상하였다. 「표현의 자유」는 표현의 자유 일반에 관한 이론과 함께 정치 경제 종교 문화 등 인간의 모든 생활분야에서 개인의 표현의 자유가 보호받고 제한되는 관계를 광범위하게 다루었다. 부록에는 개인의 표현의 자유는 아니지만, 매스 미디어의 언론의 자유와 관련하여 중요한 논제 중 하나인 편집권 독립과 관련하여 국내외 법리를 종합적으로 검토한 후 신문과 방송에 있어서 각기 다른 대안을 제시하여 편집권 독립 논쟁의 수준을 높였다.

### 4) 공직 퇴임 이후

박용상은 2003년 12월 24일 헌법재판소 사무처장을 퇴직한 후 언론법 연구에 더욱 매진하였다. 2005년 4월 박용상 법률사무소를 개소하였지만, 여느 변호사처럼 사건을 의뢰받아 변호인으로 활동한 사례는 거의 없다. 사무소에 직원이 한 명 있었지만, 그는 박용상이 언론법을 연구하는 데 필요한 자료를 정리해주는 보조 역할을 맡았을 뿐이다. 법률사무소라기보다 연구소였다. 그는 여기서 2008년 「명예훼손법」, 2013년 「언론의 자유」, 2019년 「영미 명예훼손법」을 저술하였다. 「명예훼손법」은 1,470 쪽, 「언론의 자유」는 1,178쪽에 이르는 방대한 분량이다. 「명예훼손법」은 명예훼손뿐 아니라 표현행위가 개인 법익을 침해하는 경우 법적 관계를 전반적·체계적으로 다룬 내용으로, 500여 건에 달하는 국내외 주요 판례를 사실관계와 함께 수록하고 있다. 그는 인터넷상 명예훼손과 같이 새롭게 등장한 문제에도 큰 관심을 갖고, 인터넷서비스사업자의 책임에 관한 입법론도 제시하였다. 「언론의 자유」는 2002년 출간한 「표현의 자유」와 쌍을 이루는 2부작 완결판인 셈이다. 「표현의 자유」가 '개인'의 표현의 자유에 관한 일반이론을 다룬 것인데 반하여, 「언론의 자유」는 '미디어'의 언론의 자유를 다룬 내용이다. 언론의 자유의 역사적 전개(제1장), 언론의 자유의 보장(제2장), 언론의 자유의 제한(제3장), 인터넷 표현의 자유와 제한(제4장)으로 구성되었다. 그는 현대 자유민주주의 헌법 체제하에서 언론의 자유의 본질은 "[자유주의와 민주주의]가 조화를 이루어 자유민주주의 정치체제를 구성하는 '제도적 기본권'으로 이해하여야 한다"는 입장에서 책을 저술하였다(머리말 iv). 「언론의 자유」에서도 인터넷서비스사업자의 법적 책임 문제가 중요하게 다루어졌다.

박용상의 변호사 활동 중 가장 주목받은 사건은 2005년 1월 노무현 정부 당시 언론개혁이라는 명분 아래 '정기간행물등에관한법률'을 폐기하고 제정된 '신문등의자유와기능보장에관한법률'(이하 신문법이라 한다)과 언론중재법의 헌법소원 사건에서 청구인 조선일보사의 대리인이 된 것이다. 그는 두 법률이 새로 도입한 거의 모든 내용에 대하여 위헌을 주장하였다. 이러한 내용은 「헌법학연구」에 "언론개혁법안에 관한 의견"이라는 제목의 논문으로 발표되었다. 헌법재판소는 일부 조항에 대하여 위헌 또는 헌법불합치결정을 내려[7] 신문법은 사실상 다른 내용으로 개정되었다. 언론중재법은 주요 내용에 대해서 합헌결정을 받아 본래 모습을 유지할 수 있었다.

박용상은 법조 외 분야에서도 활발하게 활동하였다. 2002년 8월 국회 공직자윤리위원회 위원장, 2010년 3월 중앙선거관리위원회 인터넷선거보도심의위원회 위원장, 2011년 4월 주식회사 NHN 네이버 서비스자문위원회 위원장, 2014년 3월 언론중재위원회 위원장, 2018년 1월 채널 A 시청자위원회 위원장으로 위촉되었다.

언론의 자유 연구에 기여한 다수의 학술서적을 발표한 공로로 2019년 12월 한국헌법학회로부터 학술상을 수상하였고, 우리나라 언론법제 체계를 수립하는 동시에 헌법재판소 발전에 기여한 공로를 인정받아 2020년 1월 법조언론인클럽으로부터 '2019년 올해의 법조인상' 수상자로 선정되었다.

## 3. 사상

### 1) 언론법 연구방법론

박용상의 언론법 사상을 살펴보기 전에 그가 어떻게 언론법을 연구하였는지 살펴보도록 하겠다.

#### (1) 헌법관에 기초한 언론법 연구

언론법은 헌법상 언론의 자유의 이념과 이를 구체화한 언론관련규범을 총칭하는 개념으로 이해할 수 있다(성낙인, 1994: 6). 따라서 언론법에 대한 이해는 헌법에 대한 이해가 선행되어야 한다. 박용상 역시 헌법에 기초하여 언론법을 연구하였다. 그가 언론법에 관심을 갖게 된 것은 언론의 자유가 억압되던 시대상황과 관련이 있다. 1970년대 언론법 연구는 언론의 자유와 그 제약에 관한 헌법이론이 압도적 다수를 점하고 있었다(팽원순, 1980: 80). 박용상은 표현의 자유가 항상 억압되어 왔던 상황에서 이를 학문적으로 연구하려는 생각을 갖게 되었다고 한다. 특히 언론의 자유는 다른 모든 기본권을 활성화하는 기본권 중의 기본권으로 이해되고 있을 뿐 아니라 기본권의 본질과 내용 및 제한에 관하여 가장 깊고 넓은 연구가 집적되고 있는 분야여서 그의 관심을 끌었다.

박용상의 언론법 사상은 그의 헌법관에 기초한 것이다. 그는 영미의 자유주의 정신을 수용하면서도 그 한계에 대해서 인식하고 독일의 통합과정론적 헌법관을 적극적으로 받아들였다. 통합과정론적 헌법관은 독일 학자 스멘트(R. Smend)에 의해서 정립된 이론으로 국가와 사회의 이분론을 극복하고 헌법을 통합과정의 생활형식 내지 법질서라고 이해한다(허영, 2002: 14-22).

박용상은 "헌법이란 종래에 생각돼 오던 바와 같이 하나의 고정적이고 정적인 국가의 법질서로서 국가의 조직 및 활동만을 대상으로 하는 것은 아니며, 다원적인 현대대중사회에서 공동체의사를 형성하고 이를 끊임없이 쇄신해 가는 동적인 역사적·구체적 과정의 질서를 대상으로 하는 것"이라며 "사회는 실질적 의미에서 스스로의 자유를 유지하기 위해서 국가의 보호와 간섭을 필요로 하며, 국가의사의 형성은 다원적인 사회의 각계각층의 자유로운 참여에 근거해야 하는 것이기 때문에 국가와 사회는 상호간 부단한 교섭과 작용을 행하는 것"이라고 설명한다(1982c: 338).

박용상은 통합과정에서 언론이 행하는 여론형성 기능을 중시한다. 신문과 방송과 같은 언론은 "여론형성에 의해 다원적인 국민의 다양한 의사를 대변하고 공개적 토론에 의한 조화와 통합의 절차를 거쳐 국민적 합의를 창출하고, 대의제적 국가의 사결정에 정당화원리를 작용케 하며, 소수자를 보호하여 평화적 정권교체를 가능하게 하는 이른바 공적 과업"을 수행한다는 것이다(1982b: 72).

(2) 역사적 연구

박용상은 언론의 자유의 본질을 이해하기 위하여 역사적 연구를 중시한다. 그는 "언론관계법규의 변천을 알아 보려면 헌정사에 대한 조감"이 필요하다고 강조한다(1983a: 14). 박용상은 1979년 고대 이래 인간의 사상표현에 대한 권력의 통제와 그에 대한 자유의 투쟁과정을 검토한 "사상표현의 자유의 역사"라는 논문을 「변호사」에 발표하였다. 1982년 발간된 그의 첫 저서 「언론의 자유와 공적 과업」 역시 이러한 이해를 바탕으로 미국연방대법원의 판례이론과 독일의 언론자유에 대한 제도적 이론을 연구한 내용이다.

그는 우리나라 언론법의 역사 연구에도 선구자다. 박용상은 1883년 우리나라 최초의 근대 신문인 한성순보의 발전 즈음부터 일제강점기 말까지 언론법사를 정리한 "한국의 언론법사(상)"라는 논문을 1980년 12월 「신문연구」에 발표하였다. 이어 자유민주주의 헌법 이념 아래 언론이 영위하는 적극적 구성적 역할과 기능을 평가하는 언론관에 입각하여 해방 후부터 제5공화국에 이르는 언론법사를 "한국의 언론법사"라는 제목으로 1983년 2회에 걸쳐 「법조」에 발표하였다. 1989년에는 "제1공화국 헌정사"를 발표하고, 1990년에는 우리 방송법제의 변천을 일제 강점기 때부터 제4공화국까지 연구한 "한국방송법제사"를 발표하였다.

(3) 비교법적 연구

국내 비교법 연구에서 미국과 독일의 비중이 높다. 특히 언론법 영역에서는 미국에서 발전한 표현의 자유 법리 연구가 압도적인 비중을 차지한다. 박용상이 처음 언론의 자유를 연구하던 1970년대에는 더욱 미국 의존도가 높았다. 박용상 역시 미국 법이론을 연구하다가 곧 한계를 인식하고, 그 대안으로 독일 법이론 연구로 돌렸다. 그의 설명을 빌리면, 해방 이후 우리의 헌법의식과 언론자유관에 가장 큰 이념적·정신적 영향력을 미친 것은 영미법의 자유주의적 전통이었는데, 우리가 경험한 정치적 현실은 이러한 이념과는 너무나 괴리한 현상을 보여주었다는 것이다. 그 결과 국가권력은 시민의 억업자, 언론의 탄압자로 인식되었고, 언론의 자유란 국가적 간섭, 즉 모든 법적·행정적 규제로부터의 해방을 의미하는 일면적 사고가 지배하게 되었는데 이러한 사고를 극복하고 국가와 시민을 결속시켜 진정한 공공의 복리를 실천하려면 국가권력을 개인의 인격과 존엄에 구속시키고 개인을 공동체의 요구에 소명하는 새로운 정신이 요청된다고 한다.

박용상은 해결방법을 독일에서 찾았다. 그의 설명을 빌리면, "독일에 있어서 출판의 자유에 관한 이론을 논함에 있어서 간과할 수 없는 점은 출판의 기능과 역할을 중시하는 사상적 근거를 밑바탕으로 하는 이른바 '출판의 공적과업'이라는 개념이었다. 이것은 그 개념의 본질상 출판의 자유를 행사함에 있어서 존재하게 되는 초개인적 계기를 파악하여 그에게 객관적 법적 요소로서 그 제도적 의미를 부여하는 것이었던바, 이것이 영미에 있어서 출판의 자유에 대한 논의와 근본적인 상이점을 보여주는 것이었다"(1978a: 69).

1982년 그의 첫 저서 「언론의 자유와 공적 과업」은 자유주의적 경향을 대표하는 미국연방대법원의 판례이론과 독일의 언론자유에 대한 제도적 이론을 연구대상으로 삼은 것이다. 그 후 발간된 박용상의 다른 저서들 역시 미국과 독일의 법이론 연구비중이 높다. 하지만 전반적으로 박용상은 미국의 법리보다 독일의 법리가 우리에게 더 유용하다고 본다. 미국의 법리처럼 국가와 사회의 이원론에 입각한 자유주의적 입장을 취하면, 현대 대중사회에서 국가권력 이외의 자에 의한 언론자유 침해 가능성에 대한 적절한 입법조치를 취할 이론적 근거를 제기하지 못하고, 언론의 공적 기능을 보호하기 위하여 실정법상 도입된 제도들에 대한 체계적인 근거를 제공할 수 없는 여러 난점이 있다는 것이다(2013: 88). 미국의 판례는 수정헌법 제1조의 절대적 규정("연방의회는 … 언론 및 출판의 자유를 … 제한하는 법률을 제정할 수 없다.")과 그에 근거한 완강한 자유주의적 입장을 전제로 하고 있어서 전면적으로 받아들일 수 없고, 단지 우리 법의 해석·적용에 있어서 중요한 참고가 된다는 입장이다(2013: 352).

박용상은 외국의 법령과 판례를 단순 소개하는 방식 보다 구체적인 적용 사례를 풍부하게 제시하여 외국에서 추상적인 법리가 실제 어떻게 적용되고 있는지 알리는 방식으로 책을 기술하였다(2008: 머리말).

### 2) 언론의 자유: 공적 과업론

#### (1) 자유민주주의 헌법에서 언론의 기능

박용상은 자신의 언론관을 자유민주주의 언론관이라고 평가한다. 박용상은 언론의 자유를 우리 헌법의 지도이념인 자유민주주의에 따라 해석해야 한다고 강조한다(1982c: 347). 자유민주주의는 "국민주권사상에 기초한 민주주의사상과 개인주의적 자유주의사상 양자에 의해 구성"되며 "언론의 자유를 이해함에 있어서도 양자의 요소 중 어떤 것을 중시하는가 또는 양자를 어떻게 적절히 조화시키는가 하는 문제"가 중요하다고 본다(2013: 69). 그는 언론의 자유의 의미를 "민주주의의 정치과정상 여론형성이라고 하는 중대한 기능을 행하는 것"에서 찾는다(1982c: 77). 따라서 여론형성이라고 하는 언론의 기능을 적극적으로 보장하는 제도가 필요하다는 입장에 선다. 박용상의 초기 언론관은 그 후에도 유지된다. 2013년 발간된 「언론의 자유」 머리말에 그는 "언론의 자유의 기초에는 자유주의 및 민주주의 사상 양자가 동등하게 자리 잡고 있으며, 따라서 언론의 자유는 양자가 조화를 이루어 자유민주주의 정치체제를 구성하는 '제도적 기본권'으로 이해하여야 한다"고 적었다. 박용상이 말하는 언론의 자유는 신문 기타 정기간행물과 방송 등 이른바 매스 미디어의 자유이다. 즉 그는 개인이 주체가 되는 주관적 자유로서 '표현의 자유'와 언론 미디어가 주체가 되는 제도적 자유로서 '언론의 자유' 내지 '미디어의 자유'를 구분한다(2002: 72). 한편 제도적 자유라는 개념이 없는 미국에서는 개인의 표현의 자유와 매스 미디어의 언론의 자유를 구분하여 사용하지 않는다. 우리 헌법재판소 역시 언론의 자유와 표현의 자유를 혼용하여 사용하고 있다.

박용상의 주된 관심사는 언론의 기능에 있다. 1970년대 신문을 중심으로 하는 출판의 자유에 관한 연구를 시작하여, 그 성과를 바탕으로 1980년대 방송의 자유로 연구범위를 확장하였다. 2000년대 이후에는 새롭게 등장한 미디어인 인터넷에서 언론의 자유에 큰 관심을 보인다. 박용상은 독일에서 발전한 언론의 공적 과업론을 지지한다. 언론의 공적 과업이란 언론이 자유민주주주의 헌법에서 행하는 여론형성의 기능을 의미한다. 독일 연방헌법재판소는 언론이 국민의 정치적 의사의 사전형성의 장에서 여론형성에 참여한다는 점을 여러 차례 확인하였다(2013: 97). 그가 독일 이론에 주목한 것은 해방 후 국내 정치적 상황에서 미국의 자유주의 언론이념이 맞지 않는다고 생각했기 때문이다. 해방 후 우리나라는 정치적으로 서구식 민주주의를 추구하면서 언론의 자유를 보장해야 한다는 당위성은 인정되었으나 법적으로 또 정치적으로 완전한 자유를 누리지 못하면서 언론의 자유를 확보하려는 투쟁과 이를 억압하는 정치적 권력 간에 작용과 반작용이 반복되고 있었다(정진석, 1994: 21-33).

박용상은 그 해결방법을 독일의 통합론에서 찾았으며, 기본권의 이중적 성격을 수용하였다. 즉 언론의 자유와 같은 기본권은 소극적·방어적 자유라고 하는 주관적 요소와 공동사회전체의 법질서로서 객관적 요소로 이루어졌으며, 두 요소는 상호대립적·배타적인 것이 아니라 상호조건적·구속적인 관계에서 상호작용을 하고 조화와 통합을 이룬다는 것이다. 언론의 공적 과업은 이러한 주관적 자유와 객관적 법질서를 연결하는 계기가 된다(2013: 348). 박용상의 설명에 따르면, "여론형성이라고 하는 언론의 공적 과업은 국가로부터 자유로운 영역에서 다원적인 국민의 다양한 의사를 자유롭고 공개적인 절차에서 표출시키고 최선의 공익을 찾는 합의와 통합과정을 의미한다. 따라서 신문 등 인쇄매체의 경우에는 자발적인 사기업의 활동기반과 함께 각 신문의 논조와 경향이 보호되어야 하고, 방송의 경우, 특히 공영방송에 있어서는 국가로부터의 독립성과 함께 내적 다양성과 공정성이 보장되어야 하는 것이다. 요컨대, 현행 언론 관계법은 우리 헌법이 기반으로 하는 자유민주주의의 헌법이념에 따라 언론의 자유가 전개될 수 있도록 형성·해석되어야 한다"(2013: 106).

### (2) 제도적 보장

박용상은 언론의 자유와 공적 과업을 어떻게 조화시킬 것인가를 고민하였다. 그는 언론의 공적 과업을 실행하기 위해서 새로운 제도가 필요하다고 생각하였다. 그동안 법규범의 공백으로 인하여 "국가-언론-시민 간의 역학관계에서 언론은 권력에는 무기력하고 일반시민에 대하여는 그 역기능적 폐해가 심화되는 문제를 야기하게" 되었으므로 "법적 규제를 배제함으로써 진정한 자유가 실현된다는 자유주의적 언론관만으로는 이러한 많은 문제와 복잡한 이해의 대립을 해결할 수 없었다"고 본 것이다(1981: 118).

따라서 "헌법적 규율은 언론의 자유의 제도적 성격을 구체화하는 새로운 출판의 법질서형성을 요구하며, 이를 위하여 새로운 출판법 내지 언론기본법의 제정이 요청되는 것이며, 새로운 언론의 법질서는 국가는 물론 사회제세력으로부터 언론의 자주성과 독립성을 강화하는 한편 사회공공에 대한 관계에서는 언론의 책임을 더욱 명백히 하는 기본적인 방향으로 형성되어야 한다"고 강조하였다(1982: 356). 그는 또 "이렇게 미디어의 자유에 제도적 측면을 이해하는 경우에만 비로소 미디어의 자유의 헌법적 보장내용은 자유권적 보호범위를 넘어서 현대국가에서 여론형성과 관련된 언론의 기능을 보장하기 위한 여러 제도에 이론적 근거를 제공할 수 있다"고 설명한다(2013: 103-104). 박용상에 따르면, 언론의 공적 과업 개념은 자유로운 언론제도를 형성함에 있어서 지표적 역할을 하며, 국가권력은 언론의 공적 과업 개념을 실현할 수 있도록 모든 제도적 장치를 입법할 의무가 있다(2013: 105-106).

그러나 언론의 기능 보장을 위한 법적 규율은 언론의 자유에 대한 중대한 제한이 될 수도 있다. 박용상은 "언론에 대한 법적 규율의 난점은 이러한 자유로운 기반 위에 설립 운영되는 언론이 행하는 기능과 역할은 공동체 전체에 큰 영향을 미치는 것이기 때문에, 위 양자 즉, 자유와 과업을 여하히 조화시키는가 하는 점에 있다"고 역설하였다(1981: 119). 그가 찾은 해결은 언론의 공적 과업개념에 따라 언론의 특권과 의무를 부여하는 것이었다. 또 활자매체와 방송매체의 차이점을 고려하여, 신문에 대해서는 전통적인 사기업적 구조의 근본을 존중하고 방송에 대해서는 공영제를 도입하는 것이었다. 그는 매스 미디어에 특권과 의무를 균형 있게 부과할 것을 강조하였다. 박용상의 설명을 빌리면, "언론의 자유의 근본은 자유권이며, 언론이 행하는 기능이나 그 제도적 측면의 인정이 불가피하여 언론의 공적 과업을 시인하지 않을 수 없다고 하더라도 그것은 언론이 행하는 공적 과업을 원활히 수행할 수 있게 하기 위하여 언론에 대해 특권을 주장하는 근거는 될 수 있을지언정 언론의 의무나 제한이 귀결될 수는 없다고 한다. … 따라서 언론의 공적 과업은 적극적 의미로 이해되어야 하며 출판에 대하여는 그 기능의 올바른 수행을 위하여 필요한 특권이 부여되어야 하는 동시에 출판은 그에 상응하는 의무를 가져야 할 것이다"(1980b: 29).

이러한 그의 언론법 사상, 즉 언론의 공적 과업론은 언론기본법에 반영되었다(1981: 118). 언론기본법은 행정권에 의한 등록취소라는 언론사를 옭아매는 조항도 있었지만, 언론의 정보청구권, 압수 및 몰수의 제한, 편집의 비밀(취재원)을 보호하기 위한 출판종사원의 증언거부권 등이 언론의 자유를 보장하기 위한 내용도 신설되었다. 박용상은 특히 언론의 정보청구권은 소위 알권리를 보장한 것으로, 헌법상 자유민주주의에서 나온 공개원칙을 언론기본법에 규정하고 있다는 점에 있어서 커다란

의의가 있다고 한다(신문과 방송, 1981: 41). 당시 언론의 정보청구권과 국가의 정보제공의무를 법률로 명시한 국가는 미국, 독일, 스웨덴 등 일부 국가에 불과하였다. 하지만 언론기본법은 행정권에 의한 등록취소 조항으로 인하여 언론을 옥죄는 악법으로 평가받는다. 언론기본법은 1987년 민주화 이후 곧바로 폐기되고, '정기간행물의등록등에관한법률'(이하 정간법)과 방송법이 새로 제정되었다.

그로부터 20년 가까운 세월이 흘러 노무현 정부는 언론개혁이라는 명분으로 정간법을 폐지하고 신문법[8]과 언론중재법[9]을 제정하였다. 박용상은 신문법과 언론중재법에 대한 위헌소원을 제기한 조선일보의 대리인으로 청구이유보충서를 작성하였다. 여기서 그는 48개 조항에 대해서 위헌이라고 주장하였다(2006b). 그러자 일부 친여 언론은 언론기본법 제정에 참여한 그가 신문의 사회적 책임을 높이기 위하여 제정된 신문법(제1조)과 언론의 자유와 공적 책임을 조화함을 목적으로 하는 언론중재법(제1조)의 위헌성을 주장하는 것이 모순이라고 지적하였다.

하지만 이는 박용상의 공적 과업론을 잘못 이해한 것이다. 그는 언론기본법에 참여하던 당시에도 "언론이 여론형성이라고 하는 중요한 기능을 담당하는 언론은 여론이란 개념 자체가 의미하듯이 다원적인 국민의 자유로운 의사를 현시하는 것이기 때문에 근본적으로는 국가로부터 자유로운 영역에서 설립운영되는 사경제적 구조를 포기할 수 없다"고 강조하였다(1980b: 29). 따라서 당시 신문법이 신문사의 시장점유율이 높다는 이유로 일반사업자보다 더 쉽게 시장지배적 사업자로 추정되고 불이익을 주는 것은 평등권과 신문의 자유를 침해하여 헌법에 위반되는 것이며, 이러한 결론은 박용상의 공적 과업론과 상치되는 것이 아니다.

### (3) 공적 책임론

언론의 공적 과업론은 언론의 공적 책임론 또는 사회적 책임론과 혼용되어 사용된다. 언론의 사회적 책임은 당초 언론 윤리의 차원에서 논의되었다. 언론의 무책임한 보도에 대한 질타가 사회적 책임론 내지 공적 책임론으로 나타났다. 1947년 미국의 허친스위원회, 1949년 영국의 왕립언론위원회 등이 이 문제를 심층 검토하였으며, 그 개선방안으로 등장한 것이 언론의 자율규제이다(손태규, 2013: 56). 해방 후 우리나라 언론계의 당면과제는 언론의 자유 확보였기 때문에 언론의 사회적 책임에 대해서는 상대적으로 소홀하였다. 1950년대 말 언론의 자유와 책임이 조화를 이룰 수 있도록 하자는 언론 자체의 노력이 있었으나 결실을 보기 전에 5.16 군사쿠데타가 발생하였다. 군사정부는 언론통제 차원에서 언론의 윤리와 책임 문제를 제기하였다. 1964년 박정희 정부는 언론윤리위원회법을 제정하였다가 언론계의 거센 반대에 부딪혀 시행을 보류하였다. 1957년 신문윤리위원회가 창립되었다.

언론의 사회적 책임이 법에 명시된 것은 1980년 언론기본법 제정 이후다. 그 이전에는 언론의 사회적 책임이라고 하면 일반적으로 법적 책임 이전에 언론 스스로 행하는 윤리적·도덕적 책임을 의미하였다(한병구, 1980: 68). 언론기본법은 제3조에 언론의 공적 책임을 명시하였다. 박용상은 1981년 4월 언론기본법 제정 후 개최된 '언론과 법률 토론회'에서 주제발표를 통해 "언론기본법은 특히 신문 등 매스컴에 관하여 종래 신문학상 일반화된 '사회적 책임론' 내지 헌법이론상 '언론의 공적 과업'의 개념에 의해 매스컴의 공공에 대한 책임을 강조하여 이를 제도화하고 있음에 그 특징이 있다"고 설명하였다(1981: 119). 또 1981년 11월 유네스코 한국위원회 주최로 개최된 세미나에 발제에서도 "언론기본법은 언론의 공적 과업론에 따라 언론의 공공에 대한 책임을 강조하고"라고 하여 공적 과업과 공적 책임을 사실상 동일한 의미로 사용하였다(1982d: 26). 하지만 개념적으로 언론의 공적 과업과 언론의 공적 책임은 다른 것이다. 공적 과업은 여론형성에 기여 하는 언론의 기능을 의미하는 데 반하여, 공적 책임은 언론의 자유라는 명분 아래 자유만 누리고 책임을 부담하지 않는 언론의 활동에 한계를 긋는 개념이다. 두 개념 모두 국가권력의 개입을 정당하다고 보지만, 차이가 있다. 공적 과업은 언론의 기능을 보장하기 위하여 제도가 필요하며 그 제도입법에 의하여 언론에 특별한 권리를 부여하고 또 동시에 의무를 부여하게 된다. 이에 반하여 공적 책임은 언론의 자유에 대한 제한 또는 언론에 대한 의무 부과를 정당화하는 근거로 사용된다. 공적 과업론에서 언론에 대한 의무부과는 부수적인 데 반하여 공적 책임론에서 언론에 대한 의무부과는 본질적인 것이다.

권력자에게 공적 책임론은 공적 과업론보다 훨씬 매력적이다. 언론기본법 이후 공적 과업론은 사라지고, 공적 책임론만 남았다. 1987년 언론기본법이 폐지되고 정간법과 방송법으로 대체되면서 공적 책임 조항은 방송법에 계승되었다. 언론의 공적 책임론에 공감하는 전문가가 점차 늘어나고 있다. 이제는 언론개혁이 등장할 때마다 언론의 공적 책임은 빠지지 않고 등장한다. 노무현 정부는 2005년 정간법을 폐지하고 신문법과 언론중재법을 제정하면서 "정기간행물 등의 사회적 책임"(제4조), "언론의 사회적 책임 등"(제4조)을 강조하였다. 한국의 사회적 책임 또는 공적 책임의 입법은 영국과 미국 등에서 논의된 본래 취지와 달리 언론에 대한 정부의 간섭과 개입을 정당화하기 위해 활용되었다는 비판을 받는다(손태규, 2013: 80-81).

박용상은 언론의 공적 책임론을 법적으로 정립한 것으로 알려졌다. 그가 언론기본법 제정에 참여한 유일한 법조인이었고, 그 전부터 언론의 공적 과업론을 주장하였고, 언론의 공적 과업론과 언론의 공적 책임론 사이에 유사성이 많아 이렇게 알려진 것도 이해할 수 있다. 하지만 그는 언론의 자유와 공적 책임 사이에서 균형점을 찾기 위해서 누구보다 고민하고 해법을 제시한 법조인이다. 박용상이 진정 중요하게 생각했던 것은 자유민주주의 국가에서 언론이 여론형성이라는 본연의 기능을 수행하기 위하여 국가가 적극적으로 언론에 권리와 의무를 부여하자는 균형 있는 접근이다. 그는 공적 과업론자다.

### 3) 표현의 자유: 균형과 조화

박용상이 초기부터 고민한 것은 표현의 자유와 그 한계를 설정하기 위한 법이론의 정립에 있다. 하지만 그는 전반적으로 일반적 통용력을 갖는 황금률은 없다고 본다. 세계 각국에서 나라마다 표현의 자유와 이에 관계되는 여러 이익간의 대립과 갈등을 해결하기 위하여 수많은 원칙과 법리가 주장되었지만, 이를 해결하기 위한 단일한 규칙은 존재하지 않는다는 것이다. 오히려 표현의 자유가 문제 되는 각각의 주제영역에서 또는 관련 상황에서 적용되는 개별적 규칙을 찾는 것이 더욱 합리적이라고 한다(2013: 340). 그는 표현의 자유가 공공이익 또는 타인의 기본권과 충돌하는 상황에서 두 헌법적 가치간 조화와 균형을 이루는 구체적인 법리를 정립하였다.

#### (1) 표현의 자유와 개인의 인격권 간 충돌의 해결

(가) 반론권

표현의 자유와 개인의 명예권 등 인격권이 충돌하는 경우 이를 어떻게 조화시키고 해결할 것인가의 문제는 어려운 문제이다. 언론법학자들은 규범체계상의 우열을 기계적으로 가릴 수는 없으며, 헌법 전체의 가치체계로부터 규범가치 상호 간의 조화적 조정에 의해서 해결되어야 한다는 데 이견이 없다. 자신의 가치관에 따라 두 법익의 비교형량 시 한쪽을 다른 한쪽보다 더 중시하는 경향을 보일 뿐이다. 박용상은 상대적으로 개인의 인격권을 존중하는 입장에 서 있다. 그는 "개인의 인격권이 인간의 존엄을 구체화한 일반적 권리이고, 인간의 존엄이 우리 헌법상 최고의 가치 규범을 의미한다면 객관적 질서인 제도적 측면이 매스 미디어의 자유 속에는 개인의 인격권을 보호하는 제도적 장치가 포함되어야 한다"고 주장한다(2002: 7). 그가 입법에 참여하였던 언론기본법에 반론보도청구권(당시 명칭은 정정보도청구권)과 언론중재절차가 도입된 것은 이러한 그의 사상에 기반한 것이다. 박용상은 반론권의 정착과 발전을 위하여 다수의 논문을 발표하였다.

(나) 익명보도의 원칙

박용상은 익명보도의 원칙을 정립하는 데도 크게 기여하였다. 이 원칙은 범죄보도의 경우 범죄 사실 자체는 보도할 공익성이 인정되지만 이와 관련된 피의자의 신원은 실명을 밝힐 공적 이익이 없다는 내용이다. 다만 피의자가 공인일 경우에는 실명 보도의 공익성을 인정하고 있다. 서울고등법원 재판장 시절 정립한 이 원칙은 대법원에서 확인되었다.[10] 익명보도의 원칙은 언론의 자유보다 인격권을 더 중시하는 입장에 있다. 하지만 박용상은 공인의 공적 영역에 관해서는 언론의 자유로운 보도를 지지하고 있다. 국가기관이나 사회세력이 표현의 자유를 압박하는 수단으로 언론소송을 남용하여 언론의 위축효과가 발생함을 우려한다(2002: 17-20).

(다) 인격영역론

박용상은 표현의 자유와 인격권이 충돌하는 사안에서 인격을 공과 사로 구분하는 2분법적 사고로는 현대의 다양한 인격적 법익을 충분히 보호하기 힘들다고 보고, 독일의 인격영역론을 적극적으로 수용한다(2008: 446). 인격영역론은 인격의 영역을 내밀영역, 비밀영역, 사사적 영역, 사회적 영역, 공개영역으로 구분한 후 보호정도를 달리하는 것으로, 독일에서 여러 학자들에 의하여 발전되다가 연방헌법재판소가 판례로 수용한 이론이다. 독일 연방헌법재판소는 사적 생활형성에 관한 불가침의 핵심영역으로서 내밀영역은 절대적 기본권이어서 공권력에 의한 침해가 허용될 수 없고, 핵심영역 이외의 사사적 영역은 비례원칙에 의해 공익이 우세한 경우 제한될 수 있다고 본다(2008: 447). 박용상은 독일의 판례와 다수 학설에 따라 인격의 상이한 영역이 갖는 특성과 그에 관한 공개의 가부 및 범위를 상세히 소개하고, 이에 해당하는 국내 판례와 비교분석하여 인격영역론의 우수성을 강조하였다(2008:

455-508).

(라) 공정한 논평의 규칙

박용상은 표현의 자유와 인격권 간의 관계에 관한 기본적 이해가 다른 미국 판례를 무비판적으로 수용하는 법원과 학계의 태도를 자주 비판한다. 대표적인 사례가 의견표현에 의한 명예훼손이다. 명예훼손소송에서 어려운 부분은 의견과 사실의 구분이다. 미국의 경우 명예훼손은 허위사실의 적시로 발생하고 의견의 표현으로는 발생하지 않는다는 법리가 정립되었다. 우리나라 형법 역시 명예훼손죄는 사실의 적시를 구성요건으로 한다. 의견표현이 모욕에 해당할 경우 모욕죄로 처벌받을 수 있다. 하지만 의견표현이 명예훼손으로 민사상 불법행위가 되는지에 대해서 불명확하다. 박용상은 대법원이 미국 판례의 영향을 받아 순수한 의견표현만으로는 명예훼손이 될 수 없고, 해당 의견이나 논평에 묵시적으로라도 그 전제가 되는 사실을 적시한 것으로 인정되고 그것이 허위인 경우에만 명예훼손이 된다는 입장을 취하고 있는 것, 이른바 혼합의견에 의한 명예훼손을[11] 비판한다. 이 때 진실의 입증책임은 미국과 달리 피고에게 있기 때문에 의견을 표현하는 자(피고)가 전제된 사실이 진실임을 입증하지 않으면 패소하게 되는데 이는 의견표현을 두텁게 보호해야 한다는 표현의 자유의 기본전제에 반한다는 것이다(2020: 23-25). 따라서 대법원 판결은 헌법상 보호되는 의견표현의 자유를 크게 위축하므로 전면적인 재검토가 필요하다고 본다. 박용상은 그 대안으로 영국의 '공정한 논평의 규칙'(fair comment rule)을 채용할 것을 제안한다(2020: 51-57). 의견표현에 의해서도 명예훼손이 성립한다는 전제 아래 의견표현이 허용되는 요건과 한계를 정하는 것이 의견표현을 보호하는 데 더 효과적이라는 것이다.

(2) 인터넷 언론의 특수성

1990년대 중반 인터넷이 상용화되기 시작한 후 표현의 자유와 다른 법익 간 충돌은 과거보다 더 자주 발생한다. 국가권력은 공익 또는 타인의 법익을 보호하기 위하여 표현의 자유를 규제하기 위한 법률을 과거보다 더 많이 만든다. 이를 보는 시각은 크게 두 가지다. 인터넷은 '가장 참여적인 시장', '표현촉진적인 매체'이므로 인터넷상의 표현에 대하여 질서위주의 사고만으로 규제하려고 할 경우 표현의 자유의 발전에 큰 장애를 초래할 수 있다는 입장[12]과 인터넷을 통해 유통되는 정보는 복제성, 확정성, 신속성을 가지고 유통되기 때문에 불법정보에 대하여 신속하게 적절한 조치를 취하지 않으면 사후적으로 회복하기란 사실상 불가능하다고 보는 입장[13]이 있다. 박용상은 인터넷상 위법적 표현행위에 관하여 "그 해결을 위해서는 사이버스페이스에서 표현의 자유와 개인의 인격권 보호를 조화적으로 해결할 수 있는 방안이 모색되어야 한다"는 입장이다(2008: 1378).

(가) 인터넷서비스사업자의 법적 책임

2000년대 중반 인터넷 포털과 같은 인터넷서비스사업자(ISP)가 자신이 운영하는 네트워크 상에 제3자가 유해정보를 게시한 경우 법적 책임을 지는지를 놓고 의견이 갈리고 있을 때 박용상은 ISP에 이를 방지 내지 제거할 최소한의 책임을 부담하도록 하되, 그 책임은 불법행위의 고지를 받고 이를 알게 된 경우 이를 제거할 의무에 국한되어야 하고, 이를 이행한 경우 면책되는 것으로 규율할 것을 주장하였다(2006a: 520-21). 그는 2008년 12월 18일 대법원 공개변론에 원고 측 참고인으로 참석하여 특정인의 명예를 훼손하는 내용의 기사와 댓글을 차단하지 않은 인터넷 포털 사이트에 민사상 책임을 물을 수 있다고 진술하였다. 당시 일부 학자들은 제3자의 기사를 게시한 인터넷 포털은 편집권이 없으므로 법적 책임을 지지 않는다고 주장하였다. 하지만 그는 인터넷 포털 측은 하루 1만 건 이상 송부되는 기사 중 일부만 선택해 올리기 때문에 포털사이트의 뉴스가치 판단이 작용한 것으로 편집행위가 있었다고 보았고, 블로그나 커뮤니티 게시물을 삭제하거나 검색되지 않도록 해야 할 의무를 소홀히 하였다고 주장하였다(한국경제, 2008.12.19). 다음 해 4월 대법원 전원합의체는 "인터넷 종합 정보제공 사업자가 보도매체의 특정한 명예훼손적 기사 내용을 인식하고 이를 적극적으로 선택하여 전파한 행위에 해당하므로, 달리 특별한 사정이 없는 이상 위 사업자는 명예훼손적 기사를 보도한 보도매체와 마찬가지로 그로 인하여 명예가 훼손된 피해자에 대하여 불법행위로 인한 손해배상책임을 진다"고 판시하였다.[14]

(나) 인터넷 실명제

인터넷 실명제와 관련하여, 박용상은 게시자의 실명 사용을 강제하는 방안(좁은 의미의 실명제)은 익명 표현의 자유를 침해하여 위헌이지만, 가명이나 익명을 허용하되 그 행위자의 행위가 타 법익을 침해하여 법적으로 문제되는 경우 인터넷서비스사업자로 하여금 실명을 확인하여 밝히도록 하는 방안(본인확인제)은 합헌이라고 본다. 기술적으로 가능하고 큰 비용도 들지 않을 뿐 아니라, 위법행위에 대한 제재 및 피해구제라고 하는 공익의 요청에 비추어 보면 정당화될 수 있다는 것이다(2006: 496). 하지만 헌법재판소는 제한적 본인확인제를 규정한 정보통신망법 규정에 대해서 위헌결정을 내렸다.[15] 박용상은 해당 판례의 문제를 법리적으로, 실무적으로 신랄하게 비판하였다(2013: 1036~40). 그는 인터넷 본인확인제는 인터넷 사업자의 영업상 필요나 법익 침해가 야기된 경우 사후 사이버 위법행위자의 확인을 위한 것인데 이러한 제도를 전면적으로 위헌으로 본 것은 문제라고 지적하였다.

(다) 미네르바 사건

박용상은 우리 판례가 사이버상 제기되는 새로운 문제에 대해서"개인의 자유에 치중하는 나머지 공익과 질서의 보호에 소홀한 점이 있었다"고 비판한다(2013: 머리말). 그 대표적인 사례로 소위 미네르바 사건을 든다. 공익을 해하는 허위의 통신을 처벌하는 전기통신기본법 제47조제1항에 대한 위헌결정에서[16] 헌법재판소가 법이 거짓말도 보호한다는 취지로 판시한 것이 잘못이라는 것이다. 박용상은 "객관적 사실의 전달은 진실에 부합하는 경우에만 의미를 가지며, 그 전달된 내용이 허위인 경우에는 법으로 보호할 가치가 없다"며 "그럼에도 헌재는 이 사건에서 이러한 확립된 법리를 위반하여 과잉적으로 권한을 행사하였다. 수많은 사건에서 과잉금지를 금과옥조로 하여 공권력 행사를 무효라고 결정해 온 헌재 자신이 비례원칙을 위반하여 헌법재판권을 남용한 것"이라고 비판하였다(2012b: 49-50).

(라) 기사삭제청구권

언론중재위원회 위원장 재직 시에는 기사삭제청구권을 도입하기 위하여 노력하였다. 기사삭제청구권은 잘못된 언론보도가 인터넷을 통하여 계속 노출되어 피해가 계속되는 상황을 종식할 수 있는 효과적인 수단이다. 대법원은 2013년 판결을 통해 기사삭제청구권을 인정하였다.[17] 언론중재위는 내부 토론과 외부 자문을 거쳐 언론중재법 개정안을 마련한 후 2015년 10월 정책토론회를 개최하는 등 입법을 추진하였다. 박용상이 마련한 언론중재법 개정안의 골자는 피해자가 기사 댓글에 의한 침해 방지, 위법이 확인된 기사의 확산 방지 및 포털 등 검색 사업자에 대한 위법한 침해적 기사의 검색 금지 등을 위해 중재위에 조정을 신청할 수 있도록 하는 것이었다. 하지만 언론중재법 개정안은 언론자유를 위축한다는 일부 언론계 및 학계의 반대와 정부의 소극적인 자세로 입법되지 못하였다.

(마) 안기부 X파일 사건

표현의 자유와 통신의 비밀이 충돌한 대표적인 사안으로, 2005년 김영삼 정부 시절 정·재계 중요인사에 대한 국가안전기획부의 불법도청 사건, 이른바 안기부 X파일 사건에서 박용상은 2010.12.16. 대법원 공개변론의 참고인으로 참석하였다. 안기부 X파일은 MBC 기자에 의해 보도되었는데, 해당 기자는 통신비밀보호법 위반으로 기소되었다. 대법원은 전문참고인의 의견을 청취한 후 해당 기자를 유죄로 판단하였고,[18] 헌법재판소는 처벌조항을 합헌으로 판단하였다.[19] 박용상은 참고인 진술을 통해 통신의 자유는 도청에 의해서뿐 아니라 그 도청내용의 공개에 의해 더욱 침해된다는 점과 피고인의 보도행위는 정당행위 요건을 충족하지 못하였다는 점을 강조하고, 도청자료의 전부를 폐기하는 명령을 내릴 것을 주장하는 강경한 입장을 보였다(2011).

(3) 표현의 자유와 국가안보 간 충돌의 해결

국가의 안보와 표현의 자유 간 충돌의 해결은 어려운 문제다. 표현의 자유가 자유민주주의 국가에서 필수불가결한 기본권이지만, 국가의 존립과 안전이 보장되지 않는 상황에서도 평상시처럼 향유할 수 있는 것은 아니다. 문제는 국가안보가 위협받는 비상시와 평상시를 어떻게 구분할 것인지, 비상시에는 표현의 자유가 어느 범위에서 제한되는지에 대한 법리를 구성하기 어렵다는 데 있다. 국가마다 처한 안보상황이 다르고, 표현의 자유가 헌법에서 차지하는 비중이 달라 다른 나라의 법리를 함부로 적용할 수 없다. 특히 우리나라는 남과 북으로 분단되어 전쟁을 경험하였고, 지금도 공식적으로는 휴전상태에 있다.

우리나라에 영향을 많이 미친 법리로는 미국 연방대법원의 '명백하고 현존하는 위험 기준'(clear and present danger doctrine)이 있다. 방첩법 위반 여부가 문제된 1919 Schenck v. U.S. 사건에서[20] 홈즈 대법관의 소수의견으로 제시한 후 미국뿐 아니라 우리나라에도 크게 영향을 준 법리다. 표현행위가 위험을 야기한 것이 명백하고 그러한 위험이 현존하는 경우에만 표현행위를 제한할 수 있다는 법리다. 우리나라에서는 국가보안법 제7조의 이적 표현물 규제조항을 두고 이 법리를 적용하여 위헌이라는 주장이 많다. 박용상은 이 기준은 "미국이라고 하는 안정된 사회에서 발전된 이론"이며, "미국에서도 한정된 시점에서 한정된 사안에서만 적용되었[다]"고 평가한다(2013: 345). 그는 분단국가의 상황을 고려하면 미국의 법적 전통보다 독일의 법리가 우리에게 참고가 된다고 한다. 즉 자유민주주의적 기본질서를 헌법적 소명으로 보는 독일의 경우와 달리 개인주의적·자유주의적 국가관에 입각하여 국가의 중립성 원칙에 집착하는 미국의 판례 태도는 건국 후 이데올로기로 분단된 상황하에서 북의 전체주의 세력의 도전에 시달려온 우리의 현실에 맞지 않음은 물론, 투쟁적 민주주의를 지향하는 우리 현행 헌법의 기본 입장과도 어울리지 않는다고 한다(2012a: 105).

박용상은 자유민주주의를 우리 헌법의 최고의 가치규범이라고 보기 때문에 독일에서 발전한 방어적 민주주의를 적극적으로 받아들인다. 자유민주주의는 한편에서 국가권력에 의해, 다른 한편에서 국민의 권리와 자유의 행사에 의해 위협될 수 있으며, 이러한 위해로부터 방어하는 개념으로서 방어적·투쟁적 민주주의 개념이 나온다는 것이다(2013: 38). 이러한 입장에서 박용상은 국가보안법은 "우리 헌법이 전제로 하는 근본규범으로서 '자유민주주의'체제를 수호하는 법"으로 평가하고 (2012a: 89), 반국가적 표현범죄의 각각 구성요건에 관하여 심층검토하였다. 박용상의 기본적인 입장은 주류적 판례의 입장을 지지하는 것이고, 사상 및 표현의 자유에 대한 제한이 과도하게 확대되지 않도록 위법성이 인정되는 이적표현물이라고 하더라도 이를 이용하는 행위의 목적에 따라 선의의 행위자를 처벌에서 배제하자는 것이다(2012b: 37). 특히 독일형법이 규정하는 사회적 상당성 조항을 유추하여 예술, 학문 또는 보도의 경우에는 해당 표현물에 관한 죄의 위법성이 조각되는 것으로 보아야 한다고 주장한다(2012b: 29, 41).

### (4) 선거에서 표현의 자유

선거에 있어서 표현의 자유의 한계 설정은 어려운 문제다. 대의제 민주주의를 택하고 있는 우리 헌법의 해석상 선거에서 자유로운 의사표현은 최대한 보장되어야 한다. 하지만 우리 헌법 제116조 제1항은 선거운동은 균등한 기회가 보장될 것을 요구하고 있다. 공직선거법 역시 누구든지 자유롭게 선거운동을 할 수 있다고 선언하면서 동시에 선거운동을 다양하고 포괄적으로 규제하고 있다. 많은 학자들이 이러한 이율배반의 해결방안을 제시하지만, 절대적인 지지를 얻는 견해는 없다. 박용상은 공직선거법이 선거운동과 선거에 관한 표현행위를 구별함이 없이 혼동하여 규율하고 있어 결과적으로 시민의 선거에 관한 표현행위를 과도하게 제한하고 있다고 지적한다(2013: 878). 따라서 선거운동은 선거당사자가 하는 행위로서 그에 대한 규제를 허용하되, 그 밖에 일반 국민의 선거에 관한 의견 표현은 그보다 넓은 범위에서 허용되는 것으로 법을 개정하는 것이 타당하다는 입장이다(2013: 882).

## 4. 나오며

박용상은 가히 한국 언론법의 설계자라고 할 수 있다. 그는 자유민주주의 국가에서 여론은 국민의 정치적 의사형성 과정이며, 언론 즉 미디어는 여론형성에 참여하는 중요한 역할을 한다는 점을 중시하고, 언론이 국가 의사형성에 관여할 수 있는 제도를 설계하고 이를 구현하는 데 평생을 바쳤다. 그는 제도 설계를 위해 미디어의 기술적·사회적 발전을 추적하고, 새로운 미디어 환경에서 언론의 자유가 어떻게 실현될 수 있는지 고민하였다. 그의 연구주제는 1970년대 출판의 자유, 1980년대 방송의 자유, 1990년대 명예훼손소송, 2000년대 인터넷 일상화 이후 표현의 자유로 확대되었다.

박용상은 그동안 한국 언론법의 체계를 정립하겠다는 열정으로 수많은 저서를 출판하였다. 그가 자신의 저서 머리말에서 밝힌 학문적 열정을 공유하는 것으로 글을 마치고자 한다.

> "과중한 재판업무에 쫓기는 필자로서의 저술활동은 철저한 여가의 희생에 의한 것이었다."(언론의 자유와 공적 과업, 1982년)
>
> "바쁜 법관의 직에 있으면서 언론법에 대한 학구적 애착심 하나로 이 책을 내놓는 필자의 입장을 헤아린다면 이러한 잘못은 이해되리라고 생각한다."(방송법제론, 1988년)
>
> "이 책은 지난 2월까지 법원에 재직하면서 틈틈이, 아니 어떤 경우에는 날이 새는 줄도 모르면서 집필한 결과의 집적이다. 어떻게 보면 이 글과 글 속에는 저자의 정열과 삶이 깃들어 있는지 모른다."(언론과 개인 법익, 1997년)
>
> "이번이 네 번째 저작이다. 그러나 이 책은 저자가 앞으로 계획하고 있는 체계적인 표현 및 언론에 관한 법제의 첫 번째 저술이 될 것이다. 앞으로 저자는 '표현의 자유의

제한 및 한계', '미디어의 자유와 미디어법', '정보의 자유와 정보법', 그리고 '사이버스페이스에서 표현의 자유'에 관한 저술을 계획하고 있으며, 상당 부분 집필이 진행되고 있다."(표현의 자유, 2002년)

"언론법 연구에 정진하여 우리의 언론법 체계를 세우는 것을 필생의 목적으로 삼아온 저자이지만, 폭주하는 자료를 소화하여 이해하기 쉽도록 설명하는 것은 쉬운 일이 아니었다."(명예훼손법, 2008년)

"이 책은 저자의 40년 연구의 결과이다. 이 책은 2002년 간행 '표현의 자유'에 이은 후속 저작이면서, 그와 합하여 실체적인 정신적 표현 및 언론의 자유에 관한 해설로서 전체적 체계를 이루고 있다."(언론의 자유, 2013년)

"그동안 많은 판례가 나왔고 학술논문이 발표되었으나, 구체적 사례의 단편적인 해결에만 치우진 나머지 일관되고 체계적인 틀을 벗어나는 것이 적지 않았다. 이에 보편적이고 글로벌한 기준을 추구하기 위해 저자는 종전 저술에서 등한시된 영미의 보통법의 법리를 연구하고 소개할 필요를 느끼게 되었다."(영미 명예훼손법, 2019년)

| 미주 |

1) 서울고법 1995.7.25 선고 94나15358 판결.
2) 대법원 1998.2.10. 선고 95다39533 판결.
3) 대법원 2008.7.10. 선고 2007두22498 판결.
4) 서울고법 1996.2.27. 선고 95나24946 판결.
5) 대법원 1998.7.14. 선고 96다17257 판결.
6) 구 방송법 [시행 1987.11.28.] [법률 제3978호, 1987.11.28. 제정].
7) 헌재 2006. 6. 29. 2005헌마165 등.
8) 법률 제7369호, 2005.1.27. 전부개정.
9) 법률 제7370호, 2005.1.27. 제정.
10) 대법원 1998.7.14. 선고 96다17257) 판결.
11) 대법원 1999.2.9. 선고 98다31356 판결 등.
12) 대표적으로 헌재 2002. 6. 27. 99헌마480.
13) 대표적으로 헌재 2012. 2. 23. 2011헌가13.
14) 대법원 2009. 4. 16. 선고 2008다53812 판결.
15) 헌재 2012.8.23. 선고 2010헌마47 결정.
16) 헌재 2010. 12. 28. 2008헌바157 등.

17) 대법원 2013.3.28. 2010다60950.
18) 대법원 2011.3.17. 선고 2006도8839.
19) 헌재 2011.8.30. 2009헌바42.
20) Schenck v. United States, 249 U.S. 47 (1919).

## | 제3장 _ **참고문헌** |

박용상(2020), 의견표현과 명예훼손, 「언론과 법」, 제19권 제1호, 1-60.
______(2019), 「영미 명예훼손법」, 한국학술정보.
______(2013), 「언론의 자유」, 박영사.
______(2012b), 국가안보와 표현의 자유: 국가보안법을 중심으로, 「저스티스」, 통권 제129호, 5-58.
______(2012a), 국가안보와 표현의 자유: 국가보안법을 중심으로, 「저스티스」, 통권 제128호, 87-131.
______(2011), 통신의 비밀과 언론의 자유, 언론법탐구, https://blog.naver.com/prkys500/150101145716.
______(2008), 「명예훼손법」, 현암사.
______(2006b), 신문법 등 헌법소원 최종변론, 언론법탐구, https://blog.naver.com/prkys500/150003896084.
______(2006a), 인터넷 실명제와 ISP의 책임: 입법적 고찰, 「언론과 법」, 제5권 제1호, 491-548.
______(2005), 언론개혁법안에 관한 의견, 「헌법학연구」, 제11권 제1호, 17-74.
______(2002), 「표현의 자유」, 현암사.
______(1997), 「언론과 개인법익: 명예, 신용, 프라이버시침해의 구제 제도」, 조선일보사.
______(1992c), 訂正報道請求權및言論仲裁制度의 立法論的放 改善方案 (下), 「法曹」, 제41권 제10호.
______(1992b), 訂正報道請求權및言論仲裁制度의 立法論的放 改善方案 (中), 「法曹」, 제41권 제9호.
______(1992a), 訂正報道請求權및言論仲裁制度의 立法論的放 改善方案 (上), 「法曹」, 제41권 제8호.
______(1990b), 「放送委員會의 法制論法的制 考察: 개정 방송법에 의한 방송위원회의 역할과 과제」, 방송위원회.
______(1990a), 韓國放送法制史, 「法曹」, 제39권 제5호, 3-30.

_____(1989), 第1共和國 憲政史.「法曹」, 제38권 제6호, 3-38.
_____(1988),「放送法制論」, 교보문고.
_____(1986b), 放送法制論,「法曹」, 제35권 제8호, 17-54.
_____(1986a), 放送法制論,「法曹」, 제35권 제7호, 61-85.
_____(1983c), 韓國의 言論法史: 美軍政時의 言論規制,「관훈저널」, 제24권 제1호, 150-177.
_____(1983b), 韓國의 言論法史 (下),「法曹」, 제32권 제2호, 24-43.
_____(1983a), 韓國의 言論法史 (上),「法曹」, 제32권 제1호, 13-29.
_____(1982d), 韓國커뮤니케이션政策의 諸問題.「法曹」, 제31권 제2호, 17-39.
_____(1982c),「言論의 自由와 公的課業」, 교보문고.
_____(1982b), 憲法上 放送의 基本秩序 (上),「신문과 방송」, 제133호, 72-75.
_____(1982a), 憲法上 放送의 基本秩序 (下),「신문과 방송」, 제134호, 27-33.
_____(1981), 言論基本法上의 새로운 制度,「신문과 방송」, 제129호, 118-128.
_____(1980c), 韓國의 言論法史 (上),「新聞硏究」, 통권 제31호, 9-44.
_____(1980b), 公的機能의 重要性, 安保狀況으로 言論의 責任强調 問題點解決은 法運用과 學說 및 判例解釋에 기대,「신문과 방송」, 제120호, 22-29.
_____(1980a), 출판의 자유와 공적 과업: 서독 헌법이론을 중심으로, 서울대학교 대학원 박사학위논문.
_____(1979), 思想表現의 自由의 歷史,「辯護士」, 제10집, 283-336.
_____(1978c), 出版의 自由에 관한 獨逸의 學說과 判例 (完),「法曹」, 제27권 제10호, 63-103.
_____(1978b), 出版의 自由에 관한 獨逸의 學說과 判例 (二),「法曹」, 제27권 제7호, 70-102.
_____(1978a), 出版의 自由에 관한 獨逸의 學說과 判例,「法曹」, 제27권 제6호, 68-90.
_____(1977), 獨逸의 聯邦憲法裁判所.「저스티스」, 제14권 제1호, 113-136.
_____(1972b), 뉴욕·타임즈紙 事件과 워싱턴·포스트紙 事件 (完),「法曹」, 제21권 제2호, 73-85.
_____(1972a), 뉴욕·타임즈紙 事件과 워싱턴·포스트紙 事件 (2),「法曹」, 제21권 제1호, 54-66.
_____(1971f), 뉴욕·타임즈紙 事件과 워싱턴·포스트紙 事件,「法曹」, 제20권 제12호, 68-82.
_____(1971e), 프라이버시의 槪念 (完),「法曹」, 제20권 제10호, 21-37.
_____(1971d), 프라이버시의 槪念 (4),「法曹」, 제20권 제9호, 44-59.
_____(1971c), 프라이버시의 槪念 (3),「法曹」, 제20권 제7호, 19-35.
_____(1971b), 프라이버시의 槪念 (2),「法曹」, 제20권 제6호, 38-58.
_____(1971a), 프라이버시의 槪念 (1),「法曹」, 제20권 제5호, 41-56.

______(1970), 言論出判의 自由의 限界: 美國聯邦大法院判例 중심으로, 서울대학교 사법대학원.
성낙인(1994), 韓國 言論法制의 特徵과 問題點, 「言論仲裁」, 1994년 봄호, 6-20.
손태규(2013), 언론의 사회적 책임론과 공적 책임론 수용의 문제: 한국과 세계 각국의 언론 법제 비교 연구, 「공법학연구」, 제14권 제3호, 55-86.
정진석(1994), 國內 言論法과 言論法制硏究의 變遷, 「言論仲裁」, 1994년 봄호, 21-33.
팽원순(1980), 言論法制·倫理硏究, 「新聞硏究」, 통권 제30호, 80-89.
한병구(1980), 言論의 社會的責任, 「신문과 방송」, 제114호, 68-74.
허 영(2002), 「헌법이론과 헌법」, 박영사.

신문과 방송(1981), [좌담] 言論基本法逐條解說. 1981년 1월. 제122호, 36-48.
한국경제(2008), '포털에 기사 편집권 있나'공개변론 공방. (12월19일), https://www.hankyung.com/society/article/2008121859231(검색일: 2021년 10월 1일).
한국일보(1991), 언론기본법 제정 내막(실록청와대:17), (7월 22일), https://www.hankookilbo.com/News/Read/199107220050337816(검색일: 2021년 10월 1일).

| 제3장 _ **부록** |

한국언론법학회는 '언론법학자의 생애와 사상 대담·토론회'의 두 번째 순서로, 2021년 9월 17일 박용상 변호사를 모시고 언론법학자로서 학문적 성과와 삶의 자취에 대해 함께 이야기를 나누는 시간을 마련하였다. 이날 대담은 본회 고문인 문재완 교수(한국외대 법학전문대학원)와 진행되었다. 주요 내용을 소개한다.

(문재완) 변호사님께서는 1967년 사법시험에 합격하시고 사법대학원, 군 법무관을 거쳐 1972년 법관으로 임관되셨습니다. 1971년부터 학술지에 언론법 논문을 발표하셨는데요, 언론법을 연구하시게 된 동기가 있으신가요. 당시는 언론법 관련 소송도 없어서 이 분야를 연구하는 법학자가 거의 없던 시절이라고 생각하는데요.

(박용상) 제가 언론법에 대하여 특히 관심을 갖게 된 것은 표현의 자유가 항상 억압되어 왔던 상황에서 이를 학문적으로 연구하려는 생각을 갖게 되었기 때문입니다. 주지하다시피, 표현의 자유 내지 언론의 자유는 국가 사회의 모든 분야에서 논의될 수 있는 것이었고, 기본권이론상 언론의 자유는 다른 모든 기본권을 활성화하는 기본권 중의 기본권으로 이해되고 있을 뿐 아니라 기본권의 본질과 내용 및 제한에 관하여 가장 깊고 넓은 연구가 집적되고 있는 분야이기도 하였습니다.

(문재완) 변호사님께서 처음 발표하신 논문은, 언론의 자유에 관한 미국 연방대법원의 판

례연구였습니다. 하지만 변호사님의 언론법 사상은 미국의 법리보다 독일의 법리의 영향을 더 많이 받으셨습니다. 실제로 미국 판례에 대하여 비판적으로 분석한 논문이 많고, 독일 법리에 대해서는 우호적이십니다. 법의 규율대상인 우리의 일상생활은 독일보다 미국의 영향을 더 많이 받고 있습니다. 언론실무도 그렇고, 언론학 연구도 그렇습니다. 그럼에도 불구하고 독일 법리가 우리에게 더 적합하다고 보시는 이유는 무엇인지요.

(박용상) 해방 후 자유민주국가를 표방한 한국에서 언론의 자유에 관한 미국법의 영향이 압도적이었던 것은 부인할 수 없었습니다. 그럼에도 제가 미국법제보다 대륙법계인 독일법제를 더 바람직한 모델로 보게 된 이유는 여럿 있습니다. 첫째, 우리 법체계는 대륙식의 제정법 체계를 취하며, 판례를 위주로 하는 앵글로 아메리칸 법제와 다릅니다. 둘째, 미국은 개인주의 자유주의적 헌법관을 기본으로 사상의 자유시장에 국가권력의 개입을 전면적으로 배척하는 입장을 기본으로 하며, 이러한 입장은 언론의 자유를 갈망하는 제국의 선망 대상이었습니다. 그러나 미국 법제는 언론의 자유를 절대적 기본권으로서 취급하였기 때문에 언론의 자유가 국가 안보 등 국가적·사회적 법익은 물론 개인적 법익과 충돌하는 여러 국면에서 그 한계와 법익형량에 의한 균형적 조화라는 노력이 이루어지기 쉽지 않았습니다. 그에 비해 독일은 대륙의 합리주의적 철학을 기본으로 공익 및 질서 존중의 사상이 더 강력합니다. 또 2차 대전 후 전체주의의 폐해를 현실적·역사적으로 경험한 독일에서는 인간의 존엄과 그에 의한 기본권 존중 및 한계에 관해 보다 실증적이고 현실적인 법리가 전개되고 있습니다.

셋째, 실정법상의 차이로서 미국 헌법과 우리 헌법상 언론의 자유의 위상은 상당한 차이가 있습니다. 주지하는 바와 같이 미국 연방헌법 수정 제1조는 언론의 자유를 제한할 수 없는 절대적 기본권으로 명문화하고 있으며, 언론의 자유에 관한 미국적 사고는 이러한 기본적 틀을 떠날 수 없습니다. 이러한 사고에 따라 국가는 사상의 자유 시장에 개입하여서는 안되고, 언론의 내용 규제(content-based regulation)에는 엄격한 요건을 필요로 하고, 특히 견해차별적 규제(viewpoint-discrimination)는 절대로 금지된다는 입장을 고수하고 있습니다. 위와 같이 견해차별을 금지하는 헌법상의 법리는 명예훼손법에도 강력한 영향을 미쳐 의견에 의해서는 명예훼손이 성립될 수 없다는 법리를 전개하고 있습니다. 이것은 수백년 역사를 가진 영국 보통법의 전통을 벗어난 것이며 저는 의견표현에 의한 명예훼손에서 강력히 비판하였습니다.

(문재완) 변호사님께서는 언론의 자유와 표현의 자유를 구분해서 사용하십니다. 저술하신 책도 보면, 2002년 「표현의 자유」, 2013년 「언론의 자유」로 서로 다른 내용을 담고 있습니다. 표현의 자유와 언론의 자유의 구분에 큰 의미를 부여하지 않는 학자들도 있습니다. 헌법재판소는 표현의 자유와 언론의 자유를 혼용해서 쓰기도 합니다. 언론의 자유와 표현

의 자유의 구분이 왜 중요한지 말씀해주세요.

(박용상) 저는 개인이 주체가 되는 표현의 자유와 미디어가 주체인 언론의 자유로 일응 구별하여 쓰고 있습니다만, 이렇게 양자를 구별하여 사용하는 것은 국제적으로나 학계에 일반화되어 있는 것이 아닙니다. 미국에서 다수설은 양자의 법적 규율에도 아무 차이가 없다는 입장을 취하며, 따라서 미디어는 개인의 표현의 자유와 달리 어떠한 특권을 갖거나 특별한 의무를 부담하지도 않습니다. 그에 반해 대부분 유럽 국가의 헌법과 법제는 표현의 자유와 미디어의 자유를 구별하고, 독자적인 미디어법을 가지고 있습니다. 유럽인권재판소도 일관되게 미디어는 공익에 관한 정보와 공익 사항에 관한 사상을 전파할 의무나 책임을 진다고 판시하고 있습니다. 어쨌든 양자 간에는 법리상 또는 정책상 구별하는 것이 적절한 경우가 적지 않습니다. 개인의 표현의 자유는 국가와 시민 간의 관계에서 국가의 간섭을 배척하는 소극적 성격을 갖는 것이지만, 미디어의 언론의 자유는 개인적 요소를 초월하는 기능 중심의 개념이며, 특히 언론의 공적 과업 개념을 실현하는 제도적 기본권으로 파악됩니다. 이것은 국민주권주의와 대의제 청치체제가 확립됨과 함께 미디어가 여론형성이라고 하는 중요한 헌법적 기능을 수행한다는 점을 인식하여 적극적 성격을 보유하게 된다는 것을 강조하는 것입니다.

예를 들어, 언론기업에게는 경향 및 논조가 중요한 보호대상이 되고, 언론보도와 관련하여 기자에게만 인정되는 특권과 의무가 있습니다. 취재원에 대한 진술거부권과 편집의 비밀 보호 등 특권과 함께 기자의 취재상 조사 및 주의의무는 개인의 진실 조사의무보다 더 강화됩니다. 미디어 기업에 부여되는 미디어의 자유는 미디어 시장의 다양성을 위해 독점을 금지하는 문제와 함께 공적 서비스 방송 시스템을 운영하면서 시장에 의해 충족되지 않는 수용자의 니즈를 충족시키고, 권위있는 포괄적인 뉴스서비스를 제공할 중요한 기능을 수행하게 하고 있습니다. 그리고 표현행위나 언론이 개인법익을 침해하는 경우 구제받는 절차와 제도에는 현행법상 차이가 있습니다. 우선 미디어의 보도에 관해서는 언론중재위원회의 신속, 간편하고 저렴한 절차가 제공되고, 미디어 보도의 피해자에게는 반론보도청구권이라는 특별한 청구권이 인정됩니다.

그러나 기술발전과 미디어 융합현상에 의해, 그리고 개인이 세계를 향해 표현할 수 있는 인터넷이 일반화된 커뮤니케이션 환경하에서 이러한 구별은 점차 불분명해지고 있습니다.

(문재완) 공직 퇴임 후에 저술하는 내용을 보면, 인터넷 서비스 중개자의 책임 등 새로운 미디어 환경에 대한 고민도 많이 하시는 것 같습니다. 지금 미디어 환경은 위원장님께서 처음 언론법을 연구하던 그 당시와 많이 달라졌습니다. 전통 미디어를 중심으로 하는 언론의 자유와 그 한계에 대한 법리는 여전히 유효한 것으로 보십니까.

(박용상) 인간 생활의 필수적 도구가 된 인터넷에서 정보의 자유로운 유통을 보호하는

동시에 그에 의해 야기되는 여러 폐해를 방지하기 위한 노력은 현대 언론법학의 힘겨운 과제가 되고 있습니다. 발전을 거듭하는 디지털 기술에 비추어 사이버법제는 생성 중인 미완성의 모습을 보이며, 그 형성 과정에서 진전과 함께 여러 시행착오가 일어나고 있습니다. 여러 편익을 주는 인터넷 커뮤니케이션이 그로 인해 야기되는 여러 문제의 해결을 위한 인터넷 가버넌스는 '자율 및 공동규제 체제'를 지향하고 있으며, 인터넷 내용규제의 기본적 패러다임이 되고 있습니다. 디지털 커뮤니케이션 시대에 사회적·문화적 필수설비로서 중요한 통제점을 점하게 된 '인터넷 중개자'는 자율규제를 이행하면서 공적 규제를 대행하는 지위를 갖게 되었으며, 이렇게 서비스플랫폼으로서 동시에 규제플랫폼으로 기능하는 일반적 인터넷 서비스 사업자(ISP)와 검색엔진에 관한 법적 규제의 가부 및 한계의 문제는 인터넷 언론법학의 당면한 과제가 되고 있습니다.

저는 그와 관련하여 우리 법제가 채용한 임시조치제도의 유래와 그 운영에 관해 설명을 시도하면서 이른바 사이버스페이스의 최소비용회피자("least cost avoider" in Cyberspace)라는 학설에 주목하였습니다. 우리의 현행 정보통신망법상 임시조치제도는 인터넷상 위법행위의 방지를 위해 인터넷 서비스사업자(정보통신사업자)가 행할 의무와 책임에 관해 미국 밀레니엄저작권법(DMCA) 및 유럽 전자상거래지침(E-Commerce Directive)에서 제시된 이른바 제거 및 복원 체제("takedown and put-back" regime)를 본받은 것입니다. 온라인상의 권리침해는 ISP가 제공하는 서비스에서 행해지기 마련이고, 이렇게 위험이 발생할 수 있는 시스템을 보유·관리하여 그로부터 이익을 취하고 있는 ISP로서는 최소비용으로 그 불법행위를 인지하거나 그 영향을 배제할 수 있는 최적의 지위에 있기 때문에 제3자에 대한 법익 침해가 이루어지는 경우 이를 방지 내지 제거할 최소한의 책임을 부담해야 한다는 것입니다. 그러나 현행법은 피해자의 신고에 의해 임시조치로서 게시된 인터넷표현을 일방적으로 차단 또는 삭제하는 조치만 언급하고 있을 뿐이어서(이른바 notice and takedown regime), 인터넷 표현행위자의 자유를 침해한다는 우려가 제기되어왔습니다.

미국 저작권법(DMCA)은 이 단계에서부터 게시자에게 반대신청의 기회를 부여하고 서비스사업자에 의한 복원절차(take-down and put-back regime)를 상세하게 규정하고 있습니다. 이에 비교하여 보면 현행법은 인터넷 표현행위자의 자유를 충분하게 보장하지 못한다는 점에서 불완전한 규율이 아닐 수 없고, 입법자는 이를 본받아 시정할 필요가 있다고 생각됩니다. 헌법재판소는 임시조치 제도에 대하여 합헌결정을 하였지만(2012. 5. 31. 선고 2010헌마88 결정), 오히려 헌법불합치를 선언하고, 나아가 위와 같은 불합리와 미비점을 보완하도록 입법을 촉구하는 것이 더 바람직한 것이었다고 생각됩니다. 저는 위와 같은 논리에 따라 정보통신망법을 개정하여 표현의 자유와 피해 구제 간의 조화로운 해결을 도모할 것을 주창하면서 상세한 입법안을 제시하였으나(명예훼손법: 1437-1453, 언론의 자유: 1126-1131면), 이에 관심을 보이는 사람은 많지 않은 듯합니다.

전통 미디어의 언론의 자유와 그 한계를 새로운 인터넷 표현행위에 적용할 수 있는가 또는 그 한계에 관한 논의는 어려운 문제입니다. 현행 정보통신망법의 불법정보 규제체제는 과거 자율규제기구로 설립·운영되어 오던 정보통신윤리위원회가 법적으로 수용되어 총괄적인 감시적 공권력을 행사하는 체제로 전환된 사례라고 볼 수 있고, 인터넷 사업자에 대하여 그 서비스에서 행해지는 제3자의 위법행위를 제재하도록 하는 권한을 부여하고 있다는 점에서 자율 및 공동 규제의 프레임을 취하면서 국가기관이 최종적 단속 책임을 이행하는 체제를 구축한 것으로 볼 수 있습니다.

그에 의하면 방송통신심의위원회는 동법이 규정하는 불법적인 정보에 관하여 모니터링 및 제재를 행하며, 그가 행하는 시정요구는 권고적 효력만이 아니라 법적인 구속력과 그 불이행에 대해 형사적 제재가 가능한 권한을 갖습니다. 이와 같이 사이버상의 위법행위를 심의하여 행정적 제재를 가하는 국가기관의 시정요구제도는 적법절차를 갖추어야 하고 그에 대한 사후의 사법심사가 보장되어야 할 것이지만, 현행법에는 그러한 배려가 충분히 이행되고 있지 못하며, 앞으로 입법적 시정을 요한다고 생각합니다.

게이트키퍼 기능에 의한 통제가 이루어지고 있는 전통미디어의 정보는 다양하고 무수한 인터넷 커뮤니케이션으로 권력이동이 이루어지고 있습니다. 자유롭고 다양하지만 그만큼 그 진실성 정확성에 있어서는 신뢰가 덜한 정보가 유통될 수 있고, 이것은 개인법익의 침해 가능성을 높이는 것인 만큼 주의를 요하게 됩니다. 특히 다양한 기술적 수단과 방법을 통하여 시사뉴스를 정기적 계속적으로 다루는 것으로 표방하는 1인 미디어는 그 수용자 내지 청중의 규모와 사회적 영향에 있어서 괄목할 발전을 이루고 있으므로, 그 운영자나 내용형성에 관여하는 자는 기존 미디어의 기자에 준하는 주의의무가 요구되며, 그에 의한 피해 구제 역시 미디어에 준하여 언론중재위원회의 조정 등 간편한 절차가 활용될 수 있어야 할 것입니다.

(문재완) 저는 변호사님을 '한국 언론법의 설계자'라고 평가하고 싶습니다. 한국 언론법의 고유한 특징은 '언론의 자유'를 추구하면서도 '언론의 공적 책임'을 중시한다는 데 있다고 봅니다. 언론사 연구학자 정진석은 우리나라에서 언론법제에 관한 본격적인 연구가 이루어진 것은 1960년대 이후이고, 언론의 자유 신장과 함께 언론의 책임, 언론의 프라이버시 및 인권침해 문제 등에 관한 법제연구가 활성화되기 시작한 것은 1981년 언론중재위원회 발족 이후라고 설명합니다. 언론중재위원회 설립의 근거가 된 법이 언론기본법입니다. 언론기본법은 1980년 언론인 해직, 언론사 통폐합에 이어 제정되면서 언론통제의 완결판이라는 혹평을 받고 있습니다. 위원장님께서는 언론기본법 제정 실무위원으로 참여하셨습니다. 당시 5인의 실무위원 중 법학자 내지 법조인은 위원장님이 유일했습니다. 위원장님은 당시 판사이셨는데 어떻게 참여하시게 되었는지, 실무위원으로 법 제정에 어떠한 역할

을 하셨는지요.

(박용상) 이에 관하여는 2005년 7월 6일 미디어오늘에 게재된 저의 인터뷰 답변으로 대신하고 싶습니다.

“언론관계법을 새로 만드는데 언론법을 전공한 나에게 요청해 와 언론기본법의 기초작업을 자문한 바 있다. 당시 당국에서는 언론윤리위원회를 만들어 신문기사 등 보도내용에 대해 심의하고 사과, 정정, 해명 등 제재조치를 한 후, 그에 따르지 않는 언론사에 대해 형사처벌하는 제도를 입법하는 것을 초안으로 제시했다. 이것은 1964년 이른바 언론파동을 몰고 온 언론윤리위원회법을 다시 입법하려는 것이었기에, 나는 그런 제도의 입법화를 반대하고 독일법제를 본받아 새로운 언론법을 만들자고 제안했다.”

“언론기본법은 언론의 공적과업 개념을 기초로 서독 언론법에서 규정하고 있는 제도를 상당 부분 도입한 것이다. 보도지침, 언론통폐합, 언론인 해직 등 5공화국의 언론정책은 법에 근거한 것이 아니라 비합법적 불법적 수단을 동원한 것이었고, 언기법에 의해서도 위와 같은 정책은 위법이었다.”

“내가 제안한 것 중에서 언기법에 조문화된 것은 언론의 특권으로서 ① 기자의 정보청구권, ② 위법한 언론제작물이라 하더라도 그 압수를 제한하는 조항, ③ 편집의 비밀보호제도(취재원에 대한 기자의 진술거부권 등), 언론의 의무로서 ① 공표사항에 관한 진실 여부 심사의무, ② 광고의 구분표시의무, ③ 편집인의 가벌적 공표사항 배제의무(이른바 책임편집인 제도) 등이었다. 그밖에 반론보도청구권(당시 법문상에는 정정보도청구권이라고 규정되었음)과 언론중재위원회 제도가 신설됐고, 방송에 관하여는 방송의 독립성, 공정성 등 공영방송의 법원리가 명문화되고 이를 위해 방송위원회가 신설됐다. 대표적 독소조항으로 불리는 공공질서 문란행위 등 보도내용을 이유로 한 등록취소 조항에 대해서는 극력 반대했다.”
“언론법을 전공한 학자의 입장에서 우리가 바른 언론법을 가져야 한다는 생각 때문에 참여한 것이었으나, 내 생각이 전부 받아들여지지는 않았다. 내 관여가 없었다면 언론기본법은 보다 규제적이고 비민주적 법률이 되었을 것이다.”

(문재완) 변호사님께서 헌법재판소 사무처장으로 재직하시던 2001년 3월 퇴임하는 이영모 재판관의 후임으로 유력한 상황에서 언론기본법 제정 참여경력이 문제 되어 재판관이 되지 못하셨습니다. 언론법학자로서 언론기본법에 대해서 어떻게 평가하시나요.

(박용상) 언론기본법에 관하여는 정치적 입장에 따라 상이한 평가가 가능할 것입니다. 법 제정에 관여한 학자로서 언론기본법을 평가한다면, 폭력행위 등 공공질서를 문란하게 하는 선동을 한 경우 등록을 취소하게 한 조항 이외에는 위헌적인 규정이 없었던 것으로 생각합니다. 그 중 언론의 특권과 의무에 관한 조항들은 1987년 동법 폐지로 소멸되었으나, 그밖에 공영방송 체제의 수립과 그 운영상 원리를 확립하였고, 나아가 신속 간편하고 저렴한 언

론피해구제제도의 기초를 마련하였다는 점을 평가해야 할 것입니다.

특히 언론중재위원회 및 분쟁조정제도는 언론과 시민 간의 관계에서 상호 간의 이해 충돌을 조화롭게 해결하는 바람직한 기능을 수행하여 우리 언론법상의 피해구제 제도로서 굳게 자리잡게 되었다고 할 수 있습니다. 피해자들 입장에서 보면 언론사를 대상으로 소송을 진행하기 어려웠던 개인이나 단체들이 저렴한 비용으로 간편 신속한 절차에 의해 실질적 구제를 받게 되고, 피신청인인 언론사들의 입장에서 보면 피해자와의 화해나 합의를 통해 분쟁을 간편 신속하게 해결할 수 있다는 인식이 일반화되면서 언론중재제도는 모두가 존중하는 한국의 언론분쟁해결 제도로서 자리매김하게 된 것입니다.

(문재완) 언론기본법에서 언론의 공적 책임이 강조되었습니다. 그런데 2005년 1월 노무현 정부 당시 언론개혁이라는 명분 아래 '정기간행물등에관한법률'을 폐기하고 제정된 '신문등의자유와기능보장에관한법률'(이하 신문법이라 한다) 역시 언론의 공적 책임을 강조합니다. 당시 위원장님께서는 신문법과 언론중재법의 헌법소원 사건에서 청구인 조선일보사의 대리인으로 두 법률이 새로 도입한 거의 모든 내용에 대하여 위헌을 주장하셨습니다. 언론의 공적 책임을 강조하면 언론에 대하여 일정한 의무를 부여하는 것이 가능할 것 같은데, 위헌을 주장하신 이유가 궁금합니다. 당시 쟁점이 많았기 때문에 개별 쟁점에 대해서 모두 검토하기는 어려울 것 같습니다. 당시 신문법에 대한 전반적인 평가를 부탁드립니다.

(박용상) 2005년 신문법 위헌소원 사건은 신문법제의 모든 법리적 쟁점이 포괄적 망라적으로 다루어지게 된 사건입니다. 한국 언론법제사에서 간과할 수 없는 법리 논쟁이 치열하게 전개되었으나 헌재의 소극적 태도로 명쾌한 결론이 나온 것은 아니었습니다. 그러나 이 사건을 계기로 법원 및 헌재 등 법조계뿐 아니라 언론 및 사회 각계에서 신문의 자유의 본질과 그 제한의 수단과 방법의 한계에 관한 이해를 넓히는 계기가 되었다고 볼 수 있습니다.

예를 들어, 신문의 핵심적 기능으로서 여론형성의 헌법적 정치적 의미와 중요성, 그에 참여하는 신문 등 언론에 주어져야 할 자유 및 의무, 신문의 자유의 기본권의 핵심이 되는 경향 및 논조 보호의 법리, 언론의 자유와 알권리의 관계, 언론계의 다양성을 보호하는 정책의 의미 및 구조규제의 수단과 한계 등 다양하고 넓은 쟁점이 법정 논쟁의 대상이 되었습니다. 비록 본안판단이 거부되었으나, 차후 동 법률의 적용 결과 언론 자유의 기본권을 직접 개별적으로 침해받았다고 주장하는 개인의 헌법소원이 제기된 경우에는 이 사건에서의 위헌 논쟁이 의미를 가질 수 있었을 것입니다.

다행히 제가 헌법소송에서 주창한 기본적 법리는 2009년 이명박 정부 들어 언론법 개정에 의해 신문 등의 진흥에 관한 법률에 거의 수용되었고, 신법에서는 이상과 같은 문제가 있는 조항이 거의 삭제되었습니다. 동법이 제정된 당시의 정치적 상황을 보면 노무현 정부가 이른바 '권력과 자본으로부터 독립한 언론'의 쟁취라는 구호를 내걸고, 언론을 개혁하려는 노력이 실현된 것이었습니다. 당시 입법자의 생각에 의하면 기존의 신문언론은 소수 거대 매체에 의해 독점되어 있기 때문에 여론형성의 다양성을 확보하고, 여론형성이 왜곡되는 것을 방지하기 위한 개혁조치라고 주장되었습니다. 당시의 입법자는 그들의 이념과 이상에 따른 언론상을 추구한다고 생각하였을지 모르나 국제적으로 보면 공권력에 의한 통제를 제도화함으로써 언론의 부자유를 허용하는 언론억압법에 불과하였던 것입니다.

(문재완) 최근 여당이 추진 중인 언론중재법 개정안에는 허위조작보도를 한 언론사에 징벌적 손해배상을 부과하는 내용이 포함되었습니다. 언론의 공적 책임을 고려하면 언론사에 엄한 책임을 물어야 한다는 생각에서 이러한 법 개정이 추진되는 것 같습니다. 징벌적 손해배상제 도입에 대해서는 어떻게 생각하시나요.

(박용상) 법리적으로 보면, 이러한 개정 시도는 다음과 같은 헌법상 문제를 가지고 있습니다. 민사상 명예훼손의 불법행위에 대한 제재로서 손해배상제도는 피해자에게 보상과 만족을 주는 한편, 표현행위를 한 언론 미디어 등 가해자에게는 장래에 말할 자유에 위축 효과를 갖는다는 점은 널리 알려진 사실입니다. 그리고 이러한 상반된 영향을 고려하여 양자의 이익이 균형을 유지하고 조화롭게 형량되지 않으면 헌법상 비례의 원칙 내지 과잉금지의 원칙을 위배하여 위헌의 소지를 갖게 됩니다.

첫째, 징벌적 손해배상제를 주안점으로 하는 더불어민주당의 언론중재법 개정안은 영미법제의 징벌적 손해배상제도(punitive damage award)를 본받아 악의적 허위보도에 대해서는 실제 손해액의 5배 이내의 손해배상을 허용하는 방안을 담고 있는 것으로 보도되고 있습니다. 법제상으로 보면, 미국 명예훼손법제는 손해배상을 유일한 구제수단으로 하면서 여타 구제수단을 일체 배제하고 있다는 점을 알아야 합니다. 즉, 미국에서 형사 명예훼손죄는 사문화하고 있으며, 애당초 모욕죄는 형사 처벌조항이 없습니다. 그뿐 아니라 민사상 명예훼손의 불법행위가 성립하는 경우에도 대륙법계에서 인정되는, 금지, 취소 및 정정(보도) 청구권과 반론권(반론보도청구권)이 전혀 인정되지 않고 있습니다. 그에 비해 우리 법제에는 손해배상제도 이외에 언론피해를 구제할 수 있는 형사적 처벌수단과 민사적으로도 원상회복을 구하는 여러 조치 청구권이 완비되어 있기 때문에 미국식 징벌적 배상제도의 도입은 체계적으로 보아 적합하지 않을 뿐 아니라 제도적으로 보아도 피해자의 명예보호제도가 언론의 자유를 위한 제도보다 더 우월적 모습을 띠게 됩니다. 결국, 개정안은 언론의 자유를 과도하게 제한하는 입법이 될 수 있습니다.

징벌적 손해배상제도는 13세기 영국에서 형법과 민법이 뚜렷하게 구분되지 않았던 시기에 입법화된 이래, 미국으로 건너가 1980년을 전후하여 제조물 책임 등을 추궁하는 집단소송에서 거액의 배상액이 인용되는 등 실용화되고 있습니다. 그러나 미국 연방대법원은 과도한 배상이 헌법상 적법절차조항을 위배할 우려가 있음을 지적하고, 그 적용기준을 엄격히 설정하고 인용액을 실손해액의 10배수 이내로 제한하는 방안을 취하고 있습니다.

둘째, 징벌적 손해배상제도는 우리 법제의 기본적 틀에 들어맞지 않습니다. 민법과 형법의 기능과 규율 대상은 기본적으로 구별되며, 민사상 불법행위의 일종으로서 명예훼손에 대한 구제제도는 그 주된 기능이 보상 및 만족 기능에 있고, 징벌에 의한 예방 및 저지기능은 형법에 고유한 것일 뿐 민사법의 기능은 아닙니다. 그 때문에 이 제도를 도입하는 것은 우리 법제의 기본 틀에 저촉될 소지가 있습니다. 1992년 독일 연방대법원(BGH)은 고액의 징벌적 손해가 명해진 미국판결을 독일 내에서 집행하려는 채권자의 청구에 대해 미국판결에서 인용된 과도하게 고액의 손해배상액이 독일 손해배상법의 기본원칙에 반한다는 이유로 이를 배척한 사례가 있습니다. 그에 따르면 일반적으로 독일의 근대 민사법체계에서는 불법행위의 법적 효과로서 보상만이 예정되어 있어, 형벌과 위협의 목적은 민사법의 목적으로 될 수 없고, 개인이 사적 검찰관으로서 역할 한다고 하는 관념은 국가의 형벌권 독점사상에 어울리지 않는다는 점 등을 들어 징벌적 손해배상은 독일의 공서양속(公序良俗)에 위반된다고 판단하였습니다. 위 개정 법률이 통과 시행되어 위헌소송이 제기된다면, 우리의 헌법재판소 역시 이러한 판지를 원용하여 위헌으로 판단할 가능성이 큽니다.

셋째, 징벌적 손해배상의 요건으로서 개정안은 "언론의 고의 또는 중과실로 인한 허위·조작 보도에 따라 재산상 손해 등이 있다고 판단되는 경우 손해액의 5배를 넘지 않는 범위에서 배상액을 정할 수 있도록 한다"는 것으로 보도되고 있습니다.

그러나 고의 이외에 중과실의 경우까지 징벌의 대상으로 삼는 것은 옳지 않습니다. 미국의 경우에도 징벌적 배상의 요건으로 현실적 악의를 요하는데, 그에 의하면 결과의 발생을 예견하고 이를 용인하는 미필적 고의가 있는 경우에만 해당되고, 결과의 발생을 중대한 부주의로 예상하지 못한 경우에는 그 요건에 해당하지 않는 것으로 취급되고 있습니다. 이 경우에는 징벌의 대상이 될 악의가 존재하지 않기 때문입니다. 따라서 중과실의 경우 징벌적 배상을 허용하는 개정안 규정은 과도한 규제가 될 수 있습니다.

허위·조작보도의 개념 정의에 관해서도 문제가 있습니다. 허위보도는 허위의 입증이나 허위임을 인식하였다는 점에 관해 입증이 어렵지만 판례에 의해 법적으로 정의된 개념입니다. 그러나 조작보도라는 개념은 법적으로 명확히 정의된 바 없습니다. 관련 정황사실의 누락 또는 강조에 의해 사실을 왜곡하여 객관적인 맥락적 진실에 어긋나게 표현하여 개인의 명예를 훼손하는 경우 명예훼손의 불법행위가 성립한다는 사례는 있지만, 이를 징벌적 손배의 대상으로 보기에는 무리가 있습니다. 예를 들면, 공인의 공적 행적에 대한 보도에서 구성사실이 5가지가 있다고 가정할 때 매체의 경향에 따라 강조하는 사실이 다를 수 있습니다. 그래서 진보적인 A매체는 가·나·다 사실을, 보수적인 B매체는 다·라·마 사실을 중점적으로 보도하였다고 가정해 봅시다. 보도의 자유는 뉴스가 되는 사실을 취사선택할 수 있는 자유이기 때문에 이 경우 어느 쪽이 진실이고 허위인지를 판별할 수 없습니다. 그럼에도 어느 한쪽의 입장에서 다른 쪽의 보도가 왜곡 조작보도라고 비판할 수 있고, 사건을 다루는 법관 역시 인간이어서 어느 한쪽의 입장에 설 수 있기 때문에 이러한 불확실한 결과가 명백히 예견되는 경우에 징벌적 배상의 대상으로 삼는 것은 위헌이라고 볼 수밖에 없습니다.

그리고 고의 중과실 추정조항으로서 "보복적이거나 반복적인 허위·조작 보도, 정정보도된 기사를 복제·인용한 보도, 제목이나 시각 자료로 기사 내용을 왜곡한 보도 등의 경우 언론사의 고의나 중과실로 추정해" 징벌적 손해배상의 대상이 되도록 하는 조항에도 문제가 있습니다. 요건사실로 추정되는 사실과 추정요건사실 간에 합리적인 연관관계로서 개연적인 인과관계가 있어야 하나 그러한 논리적 연관성의 존재도 분명하지 않기 때문에 이해될 수 없는 조항입니다.

넷째, 언론사에 대해서만, 그리고 명예훼손의 경우에만 인정되는 징벌적 배상제도는 헌법상 평등원칙에 위배되거나 자유민주주의를 위해 불가결한 언론의 자유를 특별히 제한하는 입법이라는 점에서 위헌의 소지가 있습니다. 그리고 그 적용요건과 배상 액수를 정함에 객관적으로 납득할 수 있는 기준을 정하기 어렵습니다. 징벌적 손해배상의 요건은 막연하거나 모호할 수밖에 없고, 배상액수의 산정은 법관의 주관적 생각에 따라 자의적으로 될 수 있으며, 결국 언론 자유의 제한에 필수적으로 요구되는 요건이 부실해질 수 있습니다. 특히 특정 피해자에게 5배의 손해배상을 허용한다면 실제 입은 손해보다 과잉 배상을 받게 되고, 그 밖의 언론 기업 채권자에 비해 우월한 취급을 받게 되어, 채무자의 재산에 대한 채권자 평등의 원칙 및 형평에 어긋나는 결과를 가져오게 됩니다.

(문재완) 여당의 언론중재법 개정안에는 기사삭제청구권을 신설하는 내용도 포함되어 있습니다. 변호사님께서 언론중재위원회 위원장으로 재직하실 때 이러한 내용을 주장하셨던 것으로 알고 있습니다. 어떤 내용이었나요.

(박용상) 위원장 재직 시에 디지털 시대에 부응하지 못하는 언론피해구제제도를 보완하기 위해 2015년 언론중재법 개정안을 내놓으면서 법제화를 추진하였습니다. 2005년 제정 언론중재법은 아날로그 시대에 오프라인 미디어를 대상으로 한 것이어서 인터넷이 활성화된 디지털커뮤니케이션 시대에 적절한 구제절차를 마련할 수 없었습니다. 언론중재위의 조정이나 법원의 소송에서 위법한 명예훼손으로 판명되었다 하더라도 그 기사가 사이버상에 존속하면서 그에 대한 댓글이 붙여지고 계속 복제 전파되거나 포털 등의 검색서비스에 의해 계속 검색될 수 있다면 사이버상의 피해는 전혀 구제된 것이 아닙니다. 당시 마련한 언론중재법 개정안의 골자는 언론중재위의 간편한 구제절차에서 피해자가 기사 댓글에 의한 침해 방지, 위법이 확인된 기사의 확산 방지, 포털 등 검색 사업자에 대한 위법한 침해적

기사의 검색 금지 등을 위해 중재위에 조정을 신청할 수 있는 방안을 마련하는 것이었습니다. 그것은 피해자인 국민이 중재위의 간편 신속 저렴한 조정절차에 의해 구제받을 수 있도록 절차적 개선안을 마련하는데 주안점을 두었을 뿐이고, 언론 피해자가 갖는 청구권의 실체에 관한 새로운 규율을 시도한 것은 아니었습니다. 인격권은 새로운 생성 중인 권리이지만 인간의 존엄을 실현하는 기본적 권리로서 대세적 기본권으로 자리매김하고 있어 이를 침해하는 자 모두에 대하여 주장할 수 있는 권리로 인정되고, 대법원 역시 2013년 판결을 통해 인격권에 기한 방해배제청구권으로서 기사삭제청구권을 인정한 바 있습니다(대법원 2013.3.28. 2010다60950).

나아가, 동 개정안은 실제로 인터넷에서 언론매체로서의 기능을 수행하면서 발행되고 있음에도 불구하고, 전기통신사업법상 부가통신사업자가 아닌 자 또는 인터넷 신문 사업자로 등록하지 아니한 주체가 발행하는 보도(유사뉴스서비스 전자간행물)에 의해 권리를 침해당한 경우에도 중재위에 조정 중재를 신청할 수 있도록 하였습니다. 현재 문제되는 바와 같이 이른바 가짜뉴스나 허위보도는 기성매체보다는 1인 미디어에 의한 경우가 더 많기 때문에 피해받은 국민의 입장에서 간편하고 신속한 중재위의 조정절차를 이용할 수 있게 하려는 것이었죠.

2015년 언론중재위원회는 8차례의 내부 토론회, 각계 전문가들의 자문의견을 수렴한 후, 디지털 시대의 언론중재법 개정 시안을 만들었고, 2015. 10. 13.에는 "언론중재법 개정안 - 쟁점과 해설에 관한 정책토론회"를 개최하여 개정안을 처음 공개하였습니다. 그 후 2016. 10. 28. 새누리당 10인 의원의 발의로 언론중재 및 피해구제 등에 관한 법률 일부개정법률안이 성립 제출되었습니다. 애당초 법사위에서 여야 공동 발의하기로 논의되었으나, 언론자유의 과도한 제한이라는 일부 논자들의 주장과 당시 민주당과 정부의 소극적인 자세 때문에 20대 국회가 종료됨으로써 폐기되어서 아쉽습니다. 그러나 위 개정안이 제안한 언론피해구제책은 현재 논의되고 있는 언론중재법 개정에서도 참고가 될 수 있다고 봅니다.

(문재완) 변호사님께서는 1988년 「방송법제론」을 출간하셨습니다. 당시 방송법에 대한 연구가 전무하던 시절이어서 방송법 연구의 새로운 지평을 열었다고 평가할 수 있습니다. 위원장님께서는 독일의 방송법제도 많이 소개하셨습니다. 최근 방송과 방송 환경이 크게 바뀌었는데, 과거 인터넷 이전에 형성된 독일식 방송의 자유, 공영방송론 등이 여전히 유효하다고 보시는지요.

(박용상) 방송은 신문과 같이 여론형성 기능을 담당하는 매체이지만, 기술적 매체라는 점에서 방송에 관한 법적 규율은 시대에 따라 나라에 따라 변화가 큰 분야입니다. 1988년 방송법제론이 쓰여지던 당시 공영방송 법리의 토대가 되는 희소성 이론과 공공 신탁론은 붕

괴되었고, 자유롭고 개방적이면서 저렴한 표현수단을 제공하는 인터넷의 발달과 함께 방송의 자유는 혁신을 거듭하고 있습니다. 공영독점제, 공민영 혼합체제 등 방송구조의 변화화 함께 방송과 통신의 혼합 시대를 거쳐 개방된 인터넷에 의해 자유로운 사이버스페이스에서 방송의 자유는 새로운 개인의 커뮤니케이션의 자유와 공존하면서 생존해야 하는 어려운 환경을 맞이하고 있습니다.

우리의 방송법제상 무엇보다 시급하고 중요한 문제는 방송사의 지배구조에 관한 원칙의 확립입니다. 정권이 바뀔 때마다 집행부의 구성에 논란이 일고, 편집 편성의 경향이 정반대로 바뀌는 현상이 개선되지 않는다면, 한국 방송법제는 후진성을 면할 수 없을 것입니다. 방송의 독립성 및 중립성이 담보될 필요가 절실하다고 생각합니다.

(문재완) 변호사께서 저술하신 책들은 모두 방대한 내용으로 책이 두껍습니다. 공직생활을 하시면서도 업무와 직접 관련이 없는 전문서적을 저술하셨는데, 어떻게 그것이 가능한지 궁금합니다. 시간 관리를 어떻게 하시는지, 자료 정리를 어떻게 하시는지 등 다른 사람이 모르는 비법이 있으신지요.

(박용상) 제가 연구와 저술에 특별한 비법을 가지고 있다고 생각하지는 않습니다. 언론법이 연구 대상으로 하는 분야는 단순하거나 명료한 생활 영역이 아니라, 인간생활의 모든 분야에 걸쳐 생각과 말로써 야기되는 해악이나 갈등을 합리적 이성적으로 해결하려고 시도하는 것이라고 생각합니다. 저의 생활은 언론법에 지향된 삶입니다. 일상 생활 중 언론법에 관한 문제가 제기되는 때마다 저는 이를 메모하고 기억하려고 합니다. 저의 컴퓨터에는 표현 및 언론의 자유에 관련되는 다수의 아카이브 파일이 작성되어 있고, 그 분량은 매일 늘어나고 있습니다.

(문재완) 가장 최근 출간하신 책이 2019년 「영미 명예훼손법」 입니다. 지금도 출간을 준비 중인 책이 있으신지요. 관심을 갖고 연구하시는 내용은 어떤 분야인가요.

(박용상) 표현의 자유와 명예권 등 인격권 간의 충돌과 조화에 관한 문제는 끝이 없이 새로운 논의를 불러오는 복잡하고 어려운 분야입니다. 저는 이에 관해 1997년 언론과 개인법익, 2008년 명예훼손법, 2019년 영미명예훼손법 등 3차례에 걸쳐 집필·출간하였으나, 그럼에도 아직 다루지 못한, 생각지 못한 문제뿐 아니라 확실한 정리가 되지 않은 분야가 적지 않고, 매일 새로운 판례와 논문이 나오고 있습니다.

확립된 법리로 정리되지 않은 대표적인 분야가 사실과 의견의 구별과 법적 취급에 관한 문제라고 생각합니다. 저는 새로운 저술에서 의견표현에 의한 명예훼손의 불법행위 성립을 부인하는 대법원 판례를 검토 비판하면서 보통법상 수백년의 전통을 가진 공정한 논평 규칙의 논거를 천착하고 이를 도입할 필요성을 강조하게 될 것입니다.

다음 우리 명예훼손법제에서 제일 아쉬운 부분은 명예훼손적 표현이 정당화되는 면책사유가 체계적으로 정비되어 있지 않다는 점입니다. 독일 형법상 정당한 이익 옹호에 의한 위법성 조각사유, 또는 영미법상 제한적 면책특권의 법리를 도입하여 위법성 조각사유를 체계화·합리화하는 방안을 모색해 보고자 합니다. 아울러 미디어의 보도에 있어서 공정보도의 특권 및 중립보도의 면책특권을 우리법에도 수용할 것을 강조할 것입니다.

저는 이러한 문제들을 다루기 위해 명예훼손법(신판)을 계획하고 집필을 시작하여 상당한 부분 작업이 이루어지고 있습니다.

제 4 장

# 東堂 成樂寅 教授의 言論法 思想*

## 1. 들어가며

동당 성낙인 교수는 헌법학자로서 헌법학 전반에 걸쳐 여러 유익한 연구 성과를 축적하는 가운데 특히 언론법 분야에 대해서도 두루 중요한 연구를 지속적으로 함으로써 많은 학문적 업적을 성취하였다. 일찍이 한국언론법학회의 창립 멤버로서 언론법 연구의 형성과 발전에 심대한 기여를 해 온 것으로 평가되는 그의 연구는 우리 학계의 언론법 연구가 지나온 발자취를 돌아보고 앞으로 나아갈 바를 살펴내는 데 유익한 지남으로서 작용할 수 있는 의미 깊은 성과라고 할 수 있다. 이러한 연구를 통해 그가 언론법의 주요 이슈들을 이해하고 분석하며 평가하는 핵심적인 관점과 통찰을 파악하고 살펴보는 것은 시대의 변천에 따라 끊임없이 제기되는 새로운 문제들에 대처하고 이를 해결해 나가는 과정에서 의거해야 할 근본적인 차원의 안목을 확보하는 데 결정적으로 도움이 되는 기회가 될 수 있을 것이라고 본다. 이 글에서는 우선 성낙인 교수의 학문적인 여정과 여러 활동 사항을 소개하고, 이어 그의 언론법 연구 성과를 부문별로 살펴본 후 그의 학문 세계와 사상에 대해 주목할 만한 주요 내용과 그 의의에 대해 서술하고자 한다.

## 2. 이론과 실제의 조화

성낙인 교수의 언론법 사상에 대해 살펴보기 전에 그가 학문적으로 밟아 온 여정과 펼쳐 온 활동 내역에 대해 일람하고자 한다. 여러 부문에서 활발하게 활동해 온 학자의 경험과 성과는 그 자체로서 방대한 양의 정보를 구성한다. 여기서는 그 연구와 활동의 흐름과 범위가 어떻게 전개되고 형성되어 왔는지를 가늠함으로써 그의 사상 세계에 대한 이해를 입체적으로 만드는 데 도움이 될 수 있는 배경을 구성하는 데 기여하고자 한다.

### 1) 학문적 여정

성낙인 교수는 서울대학교 법과대학을 졸업하고, 프랑스 파리2대학교 대학원에서 법학박사학위를 취득하였다. 영남대학교 법과대학을 거쳐 서울대학교 법과대학 교수 및 학장, 그리고 총장을 역임하였고, 현재 서울대학교 법학전문대학원 명예교수로 재임 중이다. 학자로서 연구 활동의 증진과 연구자들 간의 교류를 돕기 위한 사업에도 적극 임하여, 한국언론법학회 초대 이사 부회장을 비롯하여 한국공법학회 회장, 세계헌법학회 한국학회 회장, 한국법교육학회 회장, 한국법학교수회 회장 등 여러 주요 학술 관련 단체에서 중책을 맡은 바 있다.[1)]

### 2) 다양한 활동

성낙인 교수는 학문적이고 이론적인 연구 이외의 분야에서도 상당한 범위에서 다양한 업무를 맡아 수행한 바 있다. 이러한 활동은 정부, 국회, 법원, 헌법재판소, 지방자치단체 등 여러 부문에 걸쳐 다채로운 성격의 직무와 관련을 맺고 있다. 여기서는 특히 언론법 연구 분야와 관련된 것들을 중심으로 하여 그 내용을 살펴보자면 다음과 같다. 그는 국무총리행정심판위원회 초대 정보공개전문위원장, 총무처 정보공개법 심의위원회 위원, 행정안전부 정보공개위원회 위원장, 언론중재위원회 중재위원, 콘텐츠분쟁조정위원회 초대 위원장, 개인정보분쟁조정위원회 부위원장, 정보통신부 정보통신망 등에 관한 법률 제정 심의위원회 위원장, 정보통신부 정보통신망 및 정보보호 등에 관한 법률 제정 심의위원회 위원장, 정보통신부 인터넷주소자원법

제정 심의위원회 위원장, 방송위원회 방송정책기획위원회 위원, 초고속정보통신망위원회 전문위원, 국회 사무처 정보공개위원회 위원 등 언론법과 관련한 주요 연구 분야를 아우르는 여러 실무적 부문에서 주요 직책을 역임하였다.[2)]

### 3) 이론과 실제의 겸비

성낙인 교수는 헌법학자로서 언론법 분야를 아우르는 연구에 더하여 다양한 학술 단체 활동을 수행하는 동시에, 주요 국가기관을 포함하는 여러 실무적 계기를 통하여 그의 이론적 관점과 학문적 성취를 실제적인 차원에서 개진하는 한편, 이론적 논구로서 포괄하거나 초점을 두기에 적절하지 않은 부문까지도 두루 살피고 체험함으로써 다시 그의 학문적 통찰을 심화하는 기회로 활용할 수 있었음을 확인할 수 있다. 이러한 사정은 사안에 접근하고 이슈를 평가하는 그의 입체적이고 조화로운 관점과 상통하는 면이 있다고 보는데, 이에 대해서는 서술이 진행됨에 따라 다시 논하기로 한다.

## 3. 연구의 영역과 내용

성낙인 교수의 언론법 연구는 그 주제를 크게 보아 선거, 언론중재, 정보공개 및 정보보호, 방송, 인터넷, 언론·출판의 자유 일반으로 나누어 이해할 수 있다. 연구의 주제는 인간 사회에서 일어나는 여러 변화와 이에 따라 관찰되는 구체적인 현상 내지 사안을 대상으로 하거나 이와 관련된 것으로서 어떤 부분에 초점을 두느냐에 따라 다양한 관점에서 그 의의를 평가하고 다른 방식으로 분류하는 것이 가능할 수 있다. 여기서 학문적 연구 성과의 주제별 분류는 그것이 세부적이고 특정한 주제를 직접 다루고 있는 것이라면 물론 해당 분야를 취급하는 문헌으로 이해될 것이고, 주제의 성격이 복합적인 경우에는 그 중 강조점이 두어진 것으로 이해되는 분야, 또는 더 포괄적이고 일반적인 차원에서의 주제를 다루는 것으로 이해될 수 있을 것이다. 여기서는 상기한 각 분야별로 분류되는 연구문헌들을 제시하고, 주요 내용을 소개하며, 어떠한 부분에 중점이 두어지고 있는지 등의 검토를 하고자 한다. 관련 주제를 다룬 글들은 학술 논문과 단행본 연구서, 기타 관계 기관에서 발행하는 간행물에 게재된 원고, 연구 보고서 성격의 글들이 있는데 여기서는 앞의 두 그룹의 문헌을 분석 및 검토의 대상으로 하였다.

### 1) 선거

우선 선거 분야에서의 연구는 선거와 언론의 관계를 중심으로 한 것으로서 "選擧法과 言論",[3] "선거방송심의제도의 헌법적 검토",[4] "공직선거법상 대통령선거와 언론보도"[5] 등을 비롯하여 단행본 연구서로서 "공직선거법과 선거방송심의"[6]가 있다. 이에 더하여 각종 관계 기관에서 발행하는 간행물에 기고된 글들이 다수 존재한다.

"選擧法과 言論"에서는 당시 공직선거법상의 언론 관련 법제를 분석, 검토하고 있는데, "선거보도에 관한 규제와 언론의 자유와 사이에 합리적인 균형이 요청"되고(성낙인, 2002a: 260), 선거법제가 종래 규제 중심의 경향으로부터 탈피하여 "선거운동의 자유의 방향으로 전환되어야 할 것"이라고 하면서(성낙인, 2002a: 261), 선거보도, 선거기사, 선거방송의 의미의 불명확성 및 선거 관련 보도에 관한 여러 기간 설정의 문제점, 선거방송심의위원회와 선거기사심위원회 법정기관화의 문제점, 반론보도청구와 관련한 2원적 체제의 문제점, 후보자 초청 토론·대담의 남용 가능성, 선거기간 중 여론조사결과 공표 전면 금지의 문제점, 인터넷 매체의 특성을 제고하는 언론법제의 정립 등 그 개선방안에 대한 의견을 제시하고 있다(성낙인, 2002a: 261-262).

구체적으로 선거방송심의에 대해서는 논문을 비롯하여 단행본 연구서를 통해 상세한 논지를 전개하고 있다. 여기서는 선거방송의 공정성을 확보하기 위해 선거방송심의제도가 도입되었지만 사전적 억제를 목적으로 하는 경우 사전검열에 해당될 수 있고, 시청자에 대한 사과명령과 같은 법정제재조치나 불이행에 따른 형사처벌은 언론의 자유에 대한 위축효과를 야기할 수 있으므로 법령의 개정이 필요하다는 점, "업무의 독립성과 자율성 확보의 차원에서 방송위원회와 위상 관계를 분명히 하는 법령의 정비가 필요하다"는 점, 선거방송에 대한 반론권의 관할기관을 언론중재위원회로 통일하는 방안, 선거방송심의위원회 결정에 대한 제재조치에 불응 시 법원의 판단에 따라 불공정한 보도 자체에 대해 형벌이 부과되도록 하는 방안, 재심의 근거 마련 필요성, 선거방송심의위원회 구성 방식의 개선, 선거방송심의위원회의 상설화 필요성, 매체별 심의기능의 통합을 통한 심의기구 일원화 방안, 언론중재법을 통한 반론보도의 통합적 규율 방안 등에 대해 서술하고 있다(성낙인, 2007a: 161-164).

### 2) 언론중재

언론중재 분야에서는 "韓國과 프랑스의 言論의 自由의 限界에 관한 比較硏究 - 反論權을 中心으로 -",[7] "언론의 사회적 책임과 언론중재",[8] "言論表現에 의한 國民의 權利侵害에 대한 救濟制度 - 韓國의 言論仲裁委員會 등에 관하여 -"[9] 등의 연구성과가 확인된다. 이에 더하여 언론중재위원회에서 발행하는 '언론중재'에 기고한 여러 편의 글들을 통해서 언론중재와 관련한 여러 사안에 대하여 소견을 피력해왔다.

"言論表現에 의한 國民의 權利侵害에 대한 救濟制度 - 韓國의 言論仲裁委員會 등에 관하여 -"에서는 시대 변화에 따른 언론·출판의 자유의 의의 및 헌법상 언론의 책임, 그리고 언론에 의한 피해침해구제의 구체적인 내용에 대해 논하고 있다. "韓國과 프랑스의 言論의 自由의 限界에 관한 比較硏究 - 反論權을 中心으로 -"에서는 "반론권제도의 모국이라 할 수 있는 프랑스의 반론권제도와 한국의 반론권제도를 비교연구"하고 있는데(성낙인, 1996: 310), 반론권 행사와 관련하여 "한국에서도 현재 전파방송 및 케이블방송 등에 한정적으로 허용되고 있는 객체를 정보과학의 발달에 따른 기술적 진전에 비추어 이를 확대적용할 수 있는 법적 근거를 마련하여야" 한다는 점, 반론권 행사의 대상이 되는 보도를 사실적 주장에 한정할 것이 아니라 언론보도를 통하여 공표된 것이면 이에 대한 반론권 행사를 허용하도록 해야 한다는 점, "반론권의 한국적 정립을 위한 견인차 역할"을 하고 있는 언론중재위원회의 윤리성과 독립성, 공정성 확보를 통해 반론권 제도의 투명성을 제고하기 위한 정밀한 제도적 기초의 필요성 등을 입법정책적인 대안으로서 제시하고 있다(성낙인, 1996: 337-338).

### 3) 정보공개 및 정보보호

정보공개 및 정보보호 분야에서의 연구는 정보공개법과 개인정보보호를 주제로 이루어지고 있다. 정보공개법 관련 연구로서, "情報公開法의 制定과 運用方向",[10] "情報公開法의 施行과 問題點에 관한 考察"[11] 등이 있고, 정보공개법과 개인정보보호법에 대해 함께 다루고 있는 연구로서 "정보공개와 개인정보(사생활비밀) 보호",[12] 외국의 정보공개법제에 관한 연구로서 "情報公開法의 制定方向: 프랑스 情報公開法制를 中心으로"[13]와 "美國의 電子情報自由法(EFOIA)과 運用 現況"[14]이 있다. "프라이버시와 개인정보보호를 위한 입법정책적 과제",[15] "通信에서의 基本權保護",[16] "情報保護와 人權"[17]도 정보공개 내지 개인정보보호에 관한 주제를 담고 있는 연구이다.

"情報公開法의 制定과 運用方向"에서는 외국의 법제와 우리나라에서의 정보공개법 제정 과정에 대한 소개에 이어 법안의 구체적인 내용을 분석, 검토하고, "정보공개여부에 관한 논쟁의 투명성을 확보"하기 위한 "비교적 독립적인 정보공개위원회"의 설치를 제안하고 있다(성낙인, 1997c: 213). "情報公開法의 施行과 問題點에 관한 考察"에서는 법 시행에 따른 세부적인 문제점에 대해 검토하고 있다. "美國의 電子情報自由法(EFOIA)과 運用 現況"은 "미국에서의 정보공개법제의 발전과정과 정보자유법의 운용과정에서 나타난 문제점과 쟁점을 정리함으로써 이제 정보공개법 시행 걸음마단계에 있는 한국에서의 정보공개법의 운용에 기여"하려는 의도에서 저술된 것이다(성낙인, 1998a: 67).

"프라이버시와 개인정보보호를 위한 입법정책적 과제"에서는 정보사회에서의 프라이버시권 논의에 초점을 두고(성낙인, 1999: 34) 프라이버시권 보호를 위한 총괄기구의 설치를 비롯한 구체적인 정책적 방안에 대해 검토하고 있다. "通信에서의 基本權保護"는 "통신 그 자체의 안전과 평온을 보호하는 것"(성낙인, 2001b: 35)과 "통신을 통한 표현의 안전과 자유"(성낙인, 2001b: 59)와 함께 "정보통신상의 사생활 및 개인정보의 안전과 자유"(성낙인, 2001b: 43)에 대해 서술함으로써 통신을 소재로 한 기본권 보호 문제를 종합적으로 논하고 있다. "정보공개와 개인정보(사생활비밀) 보호"에서는 "헌법적 가치를 갖는 기본권으로서의 알권리의 구체화"로서 정보공개법(성낙인, 2000: 187)과 "헌법상 기본권으로서의 사생활의 비밀과 자유의 구체화"로서 개인정보보호법(성낙인, 2000: 188)의 관계에 대해 구체적인 사례들을 통해 분석하고 있다. "情報保護와 人權"은 "인권이라는 큰 틀에서 정보자유와 정보보호를 논의해 보고자" 하는 의도에서 저술된 것으로 "인권적 차원에서 논의되고 있는 정보의 개념 및 의의로부터 출발하여 그에 기초한 정보자유와 정보보호의 구체적 모습에 관해서 살펴보고" 있다(성낙인, 2004: 102).

### 4) 방송

방송 분야에서는 "정보화사회의 방송의 자유와 책임 - 새로운 방송법질서의 정립을 위하여 -"[18]을 비롯하여 관계 기관의 간행물에 기고된 문헌들이 있다. "정보화사회의 방송의 자유와 책임 - 새로운 방송법질서의 정립을 위하여 -"에서는 "전통적인 방송전파의 한계성과 그에 따른 방송의 공영방송적인 성격과 결부"되어 인쇄매체에 비해 상대적으로 더 엄격하게 강조된 방송의 자유와 책임론은, "방송전파의 유한성 자체가 의미없는 기술적 제약으로 나타나고 있는 상황"에서는 더 이상 타당한 것으로 보기 어렵기 때문에, "새로운 방송의 자유"와 "책임에 관한 질서의 모색이 요망"되고, "방송과 통신의 융합이라는 시대적 상황"을 맞이하여 통합방송법의 제정이 필요하다는 점을 서술하고 있다(성낙인, 1998c: 92).

### 5) 인터넷

인터넷 분야에 관한 연구에는 상대적으로 일반적인 수준에서 인터넷의 등장 및 보급과 관련한 사회 현상의 변화를 배경으로 인식되는 헌법상의 이슈나 정책적 과제에 대한 포괄적인 분석과 검토를 담은 글들이 있을 수 있고, 이에 비하여 더 구체적인 분야에 귀속되는 주제를 직접적으로 다루고 있되 그것이 인터넷이라는 새로운 매체와 깊은 연관성을 지니는 경우의 문헌들이 있다. 실제 문제나 관심의 대상이 되는 사회 현상이나 논제는 여러 복합적인 측면을 갖게 마련이고, 이러한 이유에서 그 분석의 결과가 반드시 평면적으로 명징한 분류를 허용하는 것이라고 할 수는 없겠으나, 개념의 논리적 구성과 체계적 조직을 의도하는 학문적 관심에서는 일단 이를 그 상대적인 포괄성과 구체성에 초점을 두고서 위와 같이 나누어 볼 수 있을 것이다. "인터넷과 표현의 자유"[19]와 "인터넷매체의 법적 지위에 관한 연구"[20]가 그 전자에 해당하는 연구라고 한다면 "인터넷과 선거운동",[21] "인터넷시대의 선거운동"[22]과 "인터넷 실명제에 관한 연구"[23]는 후자에 속하는 문헌이라고 할 수 있다.

"인터넷매체의 법적 지위에 관한 연구"는 "인터넷시대에 있어서 표현의 기본적인 패러다임의 변화를 살펴보고 인터넷매체가 처한 한계 상황을 인정하면서도 그 범위 안에서나마 최소한의 법적 지위를 찾아보려는 노력"에서 저술된 것이다(성낙인, 2003: 1521). 이에 따르면 "인터넷신문을 정간법의 적용대상으로 할 경우에는 정간법의 기본틀도 이중의 틀로 개편되어야" 하는데, "전통적인 인쇄매체의 규제적 측면과 인터넷신문의 탈규제적인 측면을 어떻게 조화롭게 단일법률 속에 포섭할 것인지가 앞으로의 과제이다"(성낙인, 2003: 1555). "인터넷매체는 통신매체이므로 방송도 아니며" 더더구나 "정간법상의 인쇄매체"도 아니므로 이를 "굳이 법적 대상으로 삼으려 한다면 방송법을 통하여 규율되어야 할 것"이나 "방송법은 허가제라는 특수성에 기초한 법제이므로 인터넷매체를 규율하기에는 적절한 법률이 될 수" 없다는 점에서 "기존의 방송과 인터넷매체에 관해서는 이중의 법체계가 필요하다"(성낙인, 2003: 1555). 현행법상 인터넷매체가 "사영기업으로서의 통신매체에 불과하다"면 "인터넷매체와 관련된 법적 규제나 지위에 관한 기본적인 적용법률은 기존 언론관련 법제의 틀을 뛰어 넘는 정보통신관련법제가 되어야 한다. 즉 인쇄매체 중심의 정간법은 원칙적으로 그 틀을 유지하는 가운데, 방송통신을 아우르는 탈규제적인 법제의 정립으로 나아가야" 하고, "이 경우 방송통신법제는 전통적인 방송과 인터넷매체를 구획하는 이중의 틀을 마련하여야 한다"(성낙인, 2003: 1555). "언론의 사회적 책임을 강조하는 현행법의 틀을 뛰어 넘는 언론 내지 사상의 자유시장이론에 터잡은 인터넷매체의 설정을 그려 보는 것도 한국언론법제의 새로운 정립을 위하여 필요할 것이다"(성낙인, 2003: 1555).

"인터넷 실명제에 관한 연구"에서는 인터넷 실명제 논의의 배경, 그 개념과 유형, 실시 현황, 찬반 논의를 서술하고, 제도 시행이 국가의 강제보다는 개별 사업자 차원에서 자율적으로 이루어지는 것이 바람직할 것이라는 점, 대체적 본인확인수단의 도입을 통한 개인정보보호 및 온라인서비스제공자의 역할을 통한 실질적 피해구제절차의 정비가 필요하다는 점 등을 제시하고 있다(성낙인·허진성, 2010: 283-284).

### 6) 언론·출판의 자유

언론·출판의 자유 일반에 관한 연구로 분류될 수 있는 문헌들은 상기한 각종 주제에 관한 구체적인 내용을 다루고 있다기보다는 더 넓은 의미에서 언론·출판의 자유 일반에 관련되는 성격을 띠고 있는 글들을 의미한다. 이와 같은 문헌으로는 "사회변동과 표현의 자유",[24] "디지털 시대 헌법상 표현의 자유 개념",[25] "콘텐츠산업육성과 콘텐츠 분쟁조정제도에 관한 연구"[26]를 들 수 있고, 또한 단행본 연구서로서 '언론정보법'[27]이 있다.

"사회변동과 표현의 자유"에서는 언론사의 자유와 보도편집의 자유 사이의 갈등, 선거여론조사결과의 공표 금지, 선거운동 관련 보도의 규제, 언론보도로 인한 피해구제와 반론권 및 정정권의 제도화와 언론중재, 인터넷에서 개인의 정보보호, 잊혀질 권리, 인터넷 본인확인제, 가짜뉴스 등 표현의 자유와 관련하여 근래 이슈가 되어 온 여러 문제에 대해 포괄적으로 서술하고 있다. "디지털 시대 헌법상 표현의 자유 개념"에서는 디지털 시대라는 변화된 환경 속에서 "알권리, 정보접근권, 자기정보통제권, 정보문화향유권, 사생활의 비밀과 자유, 통신의 자유 등" 기본권에 대한 논의를 "전통적인 표현의 자유의 외연 확대와 더불어 종합적이고 체계적인 정보기본권의 정립"으로 연결해 내려는 문제의식을 담고 있다(성낙인, 2018a: 1). "콘텐츠산업육성과 콘텐츠 분쟁조정제도에 관한 연구"는 디지털 시대를 맞아 융복합 형태로 진화하고 있는 콘텐츠 산업의 진흥 촉진과 관련 분쟁의 사전적·사후적 조정을 위해 설립된 콘텐츠진흥원과 콘텐츠분쟁조정위원회의 구성 및 구체적인 업무 내용에 대해 설명하고 있다(성낙인, 2012: 140). '언론정보법'에 대해서는 이하 관련되는 부분에서 후술한다.

## 4. 사상의 요지와 의의

성낙인 교수는 헌법에 대해 앙드레 오류(André Hauriou)의 표현을 빌어 '권력과 자유의 조화의 기술'이라고 서술한 바 있다.[28] 즉 헌법학은 "권력과 자유의 상호 융합과 조화 속에서 국가법질서의 근간을 다지는 학문"으로서 이해된다(성낙인, 2021: 7). 그의 언론법 연구의 중심축 또한 바로 이러한 맥락에서 그 자유와 법적 규율의 조화를 어떻게 이루어 낼 것인가에 관한 문제의식을 핵심으로 하고 있다고 본다. 여기서는 이러한 관점에서 그의 저술에 드러난 언론법 사상의 요지와 그 의의에 관하여 논구한다.

### 1) 변화하는 사회 현실에 기반한 통합적이고 조화로운 규범의 이해

자유와 규율의 조화를 이루어 내기 위해서는 연구의 대상이 되고 있는 사안의 실상에 대한 분명한 관찰과 파악이 요구된다. 언론·출판의 자유는 그 고전적 의미에서부터 시작하여 오늘날 정보사회의 등장과 진전에 따른 상당한 현실적 변화에 상응해 오면서 그 의미와 효과의 내용 및 범위가 역시 변화를 겪었다. 통신기술을 기반으로 하여, 종래 구분되어 형성되고 향유되어 왔던 매체유형별 서비스 이용이 통합된 형태로 가능하게 되었고, 바로 이렇게 방송과 통신이 융합되듯이 표현의 자유를 둘러싸고 형성되는, 국가의 역할, 언론기관 내지 국민 개인의 자유의 보장이 관련되는 사안을 바라보는 관점 자체도 정보의 흐름이라는, 현상의 근저를 이루는 핵심 맥락에 토대를 두고 통합적으로 정립될 필요가 있게 된다. 이러한 통찰과 문제의식이 바로 그의 언론법에 관한 연구를 가장 포괄적으로 담고 있는 저서가 '언론정보법'을 제호로 삼고 있는 이유가 되는 것이다.

'언론정보법'은 "언론에 관한 법과 정보에 관한 법을 보다 적극적으로 통합하여 하나의 이론적 체계를 구축"하려는 시도에서 저술된 것으로(성낙인, 1998b: 1), 언론의 자유와 책임, 알권리와 정보공개, 사생활의 비밀과 자유, 프라이버시·알권리와 언론의 자유를 주요 내용으로 하고 있다. 이에 따르면 "언론법은 기본적으로 언론'법'이라는 점에서 법학의 한 분야로 볼 수 있다"(성낙인, 1998b: 32). "그 중에서 언론법과 가장 많은 관련성을 가지는 분야는 헌법학의 일부분으로서의 기본권론에서 제기하는 언론의 자유와 가장 직접적인 연관성을 갖는 분야이다. 법학의 한 분과로서의 언론법에 관한 연구는 헌법이념이나 헌법적 가치를 갖는 규범을 통해서 그 기본원리가 정립된다고 보지만 그 내용의 구체화는 언론 관련 법률을 통하여 구현되고 있다"(성낙인, 1998b: 32). "한편 '언론'법 즉 언론에 관한 법적인 연구를 대상으로 한다는 점에서 언론법의 연구는 언론학의 입장에서의 연구가 불가피하다. 언론의 실제에 관한 학문을 연구하는 언론학의 분야에서 이와 관련된 법적인 연구가 이루어지지 않는다면 그것은 언론의 실제에 관한 연구가 현실적인 사회규범과 괴리를 보이게 될 위험이 따른다"(성낙인, 1998b: 33). 여기서 "규범과학으로서의 언론법학과 사실과학으로서의 언론학의 학문적 연계성의 필요성"이 확인된다(성낙인, 1998b: 33).

또한 "고전적인 정보매체로서의 신문과 방송은 결국 정보를 제공하여 궁극적으로는 국민 개개인이 건전한 언론을 통한 여론형성과 가치판단을 할 수 있는 정보원으로서의 기능을 다할 수 있어야 한다"는 점에서 "언론과 정보라는 관념은 결코 유리될 수 없는 불가결한 관계에 있음을 알 수" 있고, "현대적인 정보화사회의 진전에 따라" "인터넷(*Internet*) 통신시대의 개막"을 맞아 "신문과 방송이라는 전통적인 매체간의 구별의 장벽까지도 허물"어 지고 있는 등 "정보의 창출·전달체계 자체가 새로운 패러다임을 형성"하고 있으며, 이는 "한편으로는 언론법과 중첩되면서 다른 한편으로는 언론법과 직접적인 관련성은 적다 하더라도 정보법의 영역이 새로이 개척되고 있는 실정이다"(성낙인, 1998b: 30-31).

"언론법에서의 언론은 결국 정보의 흐름에 관계된 자유와 책임의 조화의 문제"라는 점에서 "정보법의 현대적 의미를 보다 정밀하게 살펴볼 경우 그것은 언론법과 불가피하게 연관성을 갖게 됨을 알 수 있다"(성낙인, 1998b: 34). 즉 "언론법과 정보법의 변용은 한편으로 언론법 자체의 현대적인 변용이라는 측면과, 다른 한편으로는 정보법의 새로운 정립이라는 두 가지 측면을 안고 있"는 것이다(성낙인, 1998b: 31). 이러한 이유에서 언론법과 정보법을 "적극적으로 통합하여 하나의 이론적 체계"로 구축하려는 본서의 의도는 정당성을 획득하게 된다. 본서의 "표제를 정보법으로 정하려는 의도를 갖고 있었다"(34면)는 설명에서도 이러한 관점과 그 의의가 선명하게 드러난다. 시대 흐름에 따른 변화된 현실 속에서 언론법에서 다루는 언론이라는 주제는 결국 "정보의 흐름에 관계된 자유와 책임의 조화의 문제"라는 관점을 포착하고, 이를 통해 언론법과 정보법의 통합적 이해의 필요성에 대한 인식을 표출하고 있는 것이다.

### 2) 정보화사회에서 표현의 자유의 적극적 의의에 대한 천명

이와 같은 인식을 전제로 하여, 구체적으로 표현의 자유라는 이슈를 다룰 때 그 세부적인 이해가, 변화된 사회현실을 배경으로 한 국민 개인의 권리가 지니는 헌법적 성격과 위상에 대한 파악에서 종래의 인식과 차이를 드러내게 된다. 기술한 "言論表現에 의한 國民의 權利侵害에 대한 救濟制度 - 韓國의 言論仲裁委員會 등에 관하여 -"에서는 "언론기관에 의하여 일반적인 인격권이나 사생활의 비밀과 자유를 침해받은 피해자에게 인간의 존엄과 가치 및 사생활의 비밀과 자유권을 보호하기 위하여 신속하고도 적절한 방어의 수단이 주어져야 함이 형평의 원리에 부합한다고 할 것"이고, 그러므로 정기간행물의등록등에관한법률상 "반론권으로서의 정정보도청구권은 바로 헌법상 보장된 인격권에 그 바탕을 둔 것으로서, 피해자에게 보도된 사실적 내용에 대하여 반박의 기회를 허용함으로써 피해자의 인격권을 보호함과 동시에 공정한 여론의 형성에 참여할 수 있도록 하여 언론보도의 객관성을 향상시켜 제도로서의 언론보장을 더욱 충실하게 할 수도 있을 것이라는 취지"에서 제정된 것이라고 한 헌법재판소 결정[29]에 대해 아래와 같이 비판적인 평가를 하고 있다.

"헌법재판소에서 반론권의 본질을 단순히 인격권 및 사생활의 자유에서만 구하는 것은 기본적으로 앞에서 설시한 반론권의 인격권적 측면과 언론의 자유실현의 측면 중에서 인격권적인 측면에 얽매이고 있음을 보여주고 있기 때문에 논리의 일관성을 견지하고 있지 못하다. 반론권은 단순히 인격권으로서의 가치를 가질 뿐만 아니라 언론의 자유의 중요한 하나의 내용을 이루고 있음을 간과한 것이라고 보여진다. 무엇보다도 인격권으로서의 반론권과 언론의 자유를 대비시켜 기본권충돌의 시각에서 이해하는 것은 언론의 자유의 현대적 본질을 잘못 이해하고 있는 것으로 보인다. 본 결정에서 헌재는 언론의 자유를 언론기관의 보도의 자유에 중점을 두고 있다. 그러나 정보화사회에서 언론의 자유란 종래 언론기관의 보도를 통한 일방적인 의사전달의 체계가 아니라 국민이 직접 언론기관에 액세스함으로써 정보에 대한 직접적인 통제를 행할 수 있다는 점을 인식한다면 언론의 자유의 중점 내지 본질을 언론기관의 일방적인 보도의 자유에 한정하는 시각은 올바른 시각이라고 볼 수가 없다. 반론권은 인격권실현의 측면과 동시에 언론기관에 대하여 국민의 직접적인 액세스의 실현을 통한 표현의 자유의 적극적인 실현수단임을 명심하여야 한다. 반론권의 본질을 국민의 언론의 자유창달과 불가분의 관계에 있는 것으로 이해하여 언론의 자유의 본질적인 한 부분으로 볼 경우, 자연히 언론의 자유와 반론권을 대비시켜 기본권의 상충의 문제로 논리를 전개해 나가는 헌법재판소의 설시는 그 타당성의 기반을 상실한다. 즉 반론권에 관한 인격권과 언론의 자유는 기본권 상충이라는 시각은 이제 언론의 자유의 실현이라는 측면에서 반론권과 언론기관의 보도의 자유라는 동일한 기본권 내부의 문제로 이해할 수 있게 된다"(성낙인, 1997b: 304-305).

여기서는 시대 변화에 따라 재이해되는 표현의 자유의 의의를 근거로 하여 반론권의 법적 위상과 가치를 적극적으로 정립하는 관점을 확인하게 되고, 이는 변화된 상황 속에서 개인의 피해구제라는 계기를 통해 이미 존재해 왔던 기본권의 발전된 면모를 천명하는 의의를 보여주는 장면으로 이해된다. 기술한 바와 같이 반론권의 본질을 인격권 및 사생활의 자유의 측면에만 집중하여 이해하는 견해가 언론기관이 일방적으로 일반 국민에게 의사를 전달한다는 종래의 구도를 전제로 하고 있다면, 성낙인 교수의 현대 정보사회의 변화된 현실을 배경으로 이해된 언론의 자유의 변용된 의의에 대한 이해는 국민이 직접 언론기관에 액세스하여 그 제공되는 정보에 대한 통제를 할 수 있음을 포함한다는 점을 분명히 하고 있다는 점에서, 일반 개개인이 정보의 수집·가공·전파 등의 활동에 있어 스스로 주체적인 위상을 보유한 존재로서 등장할 수 있게 되었다는 현실적 사정을 직접적으로 투영하고 있고, 규범적으로 개성 신장과 인격 발현이라는 인간의 존엄성 구현에 연결되는 언론·출판의 자유의 헌법적 의의를 한층 제고하고 있다.

### 3) 언론보도, 정보보호 및 정보공개의 조화로운 실현

이처럼 표현의 자유가 지니는 의의가 역사적 변천 속에서 변용, 확대되는 과정에 대한 충실한 이해는 현실적 사정의 변화라는 흐름에 대한 기민한 인식과 함께 그 적절한 수용과 대응의 긴요성에 대한 철저한 의식을 아울러 가능하게 함으로써 항상 동시에 고려해야 할 관련된 가치들에 대한 관심을 방기하지 않는다. '언론정보법'에서도 정보공개와 정보보호 및 언론보도의 관계에 대해 설명하면서 관련되는 가치들의 고른 조화와 실현을 강조하고 있다. 즉 "개인정보보호법상의 개인정보라는 사실만으로 국민의 알권리 충족이라는 차원에서 행하는 언론의 취재보도가 원천적으로 제한을 받아서는 안될 것이다"(성낙인, 1998b: 620). "하지만 어떠한 경우에도 언론보도는 특히 개인정보에 관한 한 정보화사회가 진전될수록 더욱 더 신중해야만 한다"(성낙인, 1998b: 621). 또한 "알권리의 제도화라고 할 수 있는 정보공개법의 제정이 자칫 언론의 취재보도를 법적으로 제한하는 제도적 장치의 역할을 하지 않을까 하는 우려도 제기되고 있다. 따라서 정보공개법의 엄격한 운용은 이러한 위험성을 배제할 수 없지만 정보공개법의 특성상 벌칙조항을 두지 않고 있음에 비추어 지나치게 우려할 사항은 아니라고 본다. 오히려 언론의 기획취재의 제도화를 위한 법적인 틀을 마련해줄 수 있을 것이다"(성낙인, 1998b: 622). 그리고 "국민의 알권리의 충족이라는 정보공개법과 개인의 사생활 비밀보호라는 개인정보보호법은 분명히 그 본질적 기능이 상반되는 사항임에 틀림"없으나 "공개와 비밀보호 사이의 규범조화적 운용은 앞으로의 정보법체계의 한국적 정착에 중요한 시금석이 되리라 믿는다. 한편으로 개인의 자유로운 인격발현을 보장하기 위한 사생활 비밀보호체계의 만전을 기해 나가면서, 다른 한편으로 주권자로서의 국민의 알권리를 실현시켜 나가야 하는 일응 상충되는 두 가지 목적을 조화롭게 실현시켜 나가야 한다"(성낙인, 1998b: 624).

다시 말해 '언론정보법'에서도 결론적으로 언론보도와 개인정보보호 및 정보공개 사이에 존재할 수 있는 가치 간의 긴장과 갈등에 대해 설명하면서, 항상 어느 한쪽에 대한 일방적인 강조나 선호에 기울게 됨으로써 야기되게 마련인 이론적 경직성이나 현실적인 부적절함을 효과적으로 회피하는 한편, 관련된 가치들의 조화로운 실현을 위해 법제적으로 또는 현실적으로 어떠한 점에 주의를 기울이고 어떠한 사항에 유념해야 할 것인지에 대해 서술하고 있다고 할 것이다.

### 4) 인터넷상 표현의 자유 규제에 대한 신중하고 균형 있는 접근

성낙인 교수는 "인터넷과 표현의 자유"에서 인터넷상 표현의 자유의 규제와 관련하여 인터넷 실명제에 대해 그 자체를 포기할 수는 없는 것이고 제도의 오·남용으로 인한 폐해를 최소화시키는 것이 건전한 인터넷 문화를 창출할 수 있는 방안으로 설명하고 있다(성낙인, 2009: 116). 다른 한편으로 역시 인터넷상에서의 표현의 자유와 관련한 규제로서 논의되었던 사이버모욕죄 신설에 대해서는 "한국 사회에서 인터넷에 유포된 정보에 지나치게 민감한 현실을 법적으로 제어하기 위한 노력으로" 보이나 "인터넷의 특성상 이를 근본적으로 법적 규제를 통하여 소기의 목적으로 달성하기란 불가능한 일"일 것으로 평가하고 있다(성낙인, 2009: 122).

인터넷이 광범위하게 보급되고, 여러 업무나 생활상의 활동이 인터넷에 기반을 두고 이루어지게 되면서 인터넷상에서의 부정적인 현상들이 관찰되게 되고 이에 대처하기 위해서는 일정한 규율과 통제가 요청되는 것이 자연스러운 흐름일 수 있다. 반면 인터넷이 종래 누려보지 못했던 여러 상황을 가능하게 해주는 매체로서의 속성을 고려할 때, 인터넷에서 발생하는 문제를 다루기 위해서는 이에 부합하는 형태의 다른 접근 방식이 기대된다는 관점 또한 존재한다. 헌법재판소에서는 일찍이 인터넷에 대하여 "가장 참여적인 시장"이고 "표현촉진적인 매체"로서 "진입장벽이 낮고, 표현의 쌍방향성이 보장되며, 그 이용에 적극적이고 계획적인 행동이 필요하다는 특성을 지"니기 때문에 "인터넷상의 표현에 대하여 질서위주의 사고만으로 규제하려고

할 경우 표현의 자유의 발전에 큰 장애를 초래할 수 있다"고 한 바 있다.[30)]

인터넷 실명제나 사이버모욕죄와 관련된 논의에서 우려되는 현상에 대한 통제에 집중한다면 그러한 규제의 필요성과 정당성을 크게 인식하게 되겠지만, 인터넷의 매체적 속성에 초점을 두고 일방적 규제가 야기할 수 있는 또 다른 부작용에 관심을 둔다면 관련된 규제 도입에 대해 부정적인 입장에 서게 될 것이다. 인터넷이 완전히 통제되거나 온전히 스스로 조화를 구현하는 공간이 될 수 없다면 어떤 적절한 수준과 방법에서의 규율이 요청된다고 할 것인데, 그것이 어떠한 내용으로 구성될 것인지는 구체적인 사안들에 대한 고려로부터 독립적인 문제라고 볼 수 없을 것이다.

이들 규제를 둘러싼 논의에서 성낙인 교수의 처방을 가능하게 하는 관점이 어떻게 구성될 수 있을 것인지를 살펴보는 것은 이러한 문제에서 어떠한 가치와 이익이 상충하고 있는지, 어떠한 관점을 취하고 어떻게 사안을 바라볼 때 규범적 이상과 현실적 사정의 간극을 줄이고 실질적이고 합리적으로 기본권 실현을 기대할 수 있을지에 대한 입체적인 시각을 파악하는 데 도움이 될 것이라고 본다. 이를 통해 사상의 자유시장이 구현될 수 있는 이상적 영역으로 여겨지는 인터넷 공간에서 표현의 자유를 실질적으로 보장하기 위해서는 어떠한 접근이 필요할 것인가에 대해 구체적인 제도와 관련한 성낙인 교수의 신중한 관점이 어떠한 맥락에서 그 의의가 인정될 수 있을 것인지에 대한 인식을 깊게 할 수 있을 것이라고 생각한다. 여기서는 인터넷 실명제와 관련한 헌법재판소 결정을 소재로 하여 이러한 문제에 대해 살펴보고자 한다.

### 헌법재판소 결정의 주요 내용

최근 헌법재판소에서는, 인터넷언론사는 선거운동기간 중 당해 홈페이지 게시판 등에 정당·후보자에 대한 지지·반대 등의 정보를 게시하는 경우 실명을 확인받는 기술적 조치를 하도록 하고, 행정안전부장관 및 신용정보업자는 실명인증자료를 관리하고 중앙선거관리위원회가 요구하는 경우 지체 없이 그 자료를 제출해야 하며, 실명확인을 위한 기술적 조치를 하지 아니하거나 실명인증의 표시가 없는 정보를 삭제하지 않는 경우 과태료를 부과하도록 정한 공직선거법 조항(이하 '심판대상조항'이라 한다)이 게시판 등 이용자의 익명표현의 자유 및 개인정보자기결정권과 인터넷언론사의 언론의 자유를 침해한다고 하였다.[31)] 헌법재판소는 공직선거법상 선거운동기간 중 인터넷언론사 홈페이지 게시판·대화방 등에서의 실명확인제도에 대해 이미

2010년과 2015년 두 차례에 걸쳐 해당 조항이 헌법에 위반되지 아니한다고 결정한 바 있다.[32)]

하나의 제도에 대한, 10여 년에 걸친 헌법재판소 결정의 변화는 이 사안에 관련되는 중요한 양 가치가 어떠한 것이고, 이러한 것들이 어떻게 인식되고 있는지에 대해 살펴볼 수 있는 좋은 자료라고 본다. 해당 헌법재판소 결정의 주요 내용은 다음과 같다. 먼저 헌법재판소는 "심판대상조항과 같이 인터넷홈페이지의 게시판 등에서 이루어지는 정치적 익명표현을 규제"하는 것은 결국 "인터넷이 형성한 '사상의 자유시장'에서의 다양한 의견 교환을 억제하는 것이고, 이로써 국민의 의사표현 자체가 위축될 수 있으며, 민주주의의 근간을 이루는 자유로운 여론 형성이 방해될 수 있다"고 본다. "적어도 선거운동기간 중에는 국민의 정치적 의사표현의 자유를 최대한 보장할 필요가 있는데도 심판대상조항은 정치적 의사표현을 자유롭게 할 수 있는 핵심적 기간이라 볼 수 있는 선거운동기간 중에 익명표현의 자유를 제한하고 있어 사실상 선거와 관련한 익명의 의사표현을 불가능하게 하고 있다." "허위사실이나 흑색선전이 유포될 경우 이를 치유하기가 사실상 불가능하여 선거결과를 왜곡할" 가능성은 "현행 선거법이 선거운동기간을 지나치게 짧게 규정함에 따른 문제이지, 익명표현의 자유를 허용함에 따라 발생하는 구체적 위험으로 볼 수는 없다."

그러나 이에 대한 반대의견에서는 "선거에 있어서 유권자에게 전달되는 정치적 정보나 의견이 허위 또는 왜곡되거나 균형을 잃은 경우에는, 유권자가 올바른 선택을 할 수 없게 되어 민의를 왜곡하는 결과를 초래하게 되므로 선거제도의 본래적 기능과 대의민주주의의 본질이 훼손될 수 있"으므로 "선거운동 등 정치적 표현의 자유가 선거의 공정성을 훼손할 경우에는 이를 제한하는 것이 헌법적으로 정당화될 수 있다"는 점을 강조하면서, "인터넷 공간에서의 정보 취득은 이용자의 적극적인 선택에 의하여 이루어지게 되므로, 이용자의 선호에 따른 차별적인 정보 취득이 가능하고, 자신의 신념에 부합하는 내용만을 선별하여 소비하고 그에 반하는 정보를 외면하는 현상이 나타날 수 있으며, 최근 발달한 여과 기술이나 맞춤형 알고리즘 기술로 인하여 이용자의 주체적인 선택 없이도 이미 이용자의 성향에 부합하는 정보만을 선별적으로 받게 되는 현상"에 따라 "선거에 있어 허위 또는 왜곡된 정보가 광범위하고 급속하게 전파될 위험"이 초래될 수 있고, "정치적 입장이 대립하는 유권자들의 집단의사가 양극화되어 허위 또는 왜곡된 정보가 토론 등의 자율적 방법으로 교정되기 어렵게" 될 수 있다는 점에 주목하고 있다.

**▮ 선거의 공정성과 표현의 자유의 조화로운 실현의 필요성**

결국 여기서 문제의 관건은 선거의 공정성과 정치적 의사표현의 자유를 어떻게 조화롭게 실현할 것인가라고 할 것이다. 종래 헌법재판소가 실명확인제도에 대해 헌법에 위반되지 않는다고 본 것이 전자의 가치를 무겁게 본 결과라고 한다면 같은 제도가 헌법에 위반된다고 본 최근의 결정은 후자의 중요성을 더 크게 인정한 결론이라고 할 것이다. 이렇게 관점이 달라지는 지점이 잘 드러나는 부분은 선거운동기간의 의미에 대한 인식의 차이라고 이해된다. 법정의견에서는 "적어도 선거운동기간 중에는 국민의 정치적 의사표현의 자유를 최대한 보장할 필요가 있"다고 하는 반면에, 반대의견에서는 이러한 점을 역시 긍정하면서도 선거운동기간은 "동시에 서로 다른 정치적 의견들 사이의 경쟁이 본격적으로 이루어지는 기간이므로, 선거의 공정성 확보가 더욱 절실한 기간이기도 하다"고 보고 있다.

이러한 상황은 실명확인제도가 인터넷 언론사의 홈페이지 게시판 등과 관련된 사안이라는 점에서 인터넷이라는 매체의 속성을 헌법적 관점에서 어떻게 이해할 것인가와도 연결되어 살펴볼 수 있다. 법정의견에서는 "인터넷이 제공한 '사상의 자유시장'에서 익명표현의 자유는 민주주의의 근간을 이루는 자유로운 여론 형성을 원활하게 한다는 점에서 최대한 보장되어야 하고, 따라서 익명적 의사표현을 통한 여론 형성 과정을 규제하는 입법의 경우에는 그 입법이 채택한 수단이 민주사회에서 여론 형성을 위한 다양한 의견과 정보의 자유로운 교환을 지나치게 억제하는 것은 아닌지 주의 깊게 살필 필요가 있다"고 하고 있는 반면에, 반대의견에서는 수많은 정보가 생성·전파·이용되고 있는 인터넷 공간이 허위 내지 불법정보의 횡행이나 편향된 정보 이용, 편견의 강화, 이성적이고 신중한 분석과 검증의 실종 등, 사상의 자유시장이라는 이상에 어울리지 않는 여러 불합리한 사정으로부터 결코 자유롭지 않다는 관점에서 일정한 규율을 통해 가능한 한 합리적이고 이성적인 선거 과정의 경험과 결과의 도출이 이루어질 수 있을 것이라는 기대를 정당하다고 보게 되는 것이다.

선거운동기간을 설정하고 실명확인조치를 취하는 것은, 치열한 경쟁의 와중에 정보의 진실성과 이용자 의사형성의 합리성이 왜곡되는 상황이 애초 인터넷 공간을 통해 기대되었던 사상의 자유시장의 실현을 불가능하거나 지난하게 만드는 요인이라는 판단에서, 이러한 부정적 사정의 발현을 효과적으로 저지하고 그 긍정적 가능성의 실질적 구현에 접근하기 위한 방안으로서 선거의 공정성 확보를 위하여 정당한 것으로 이해된다.

선거운동기간이 지나치게 짧게 규정되어 이러한 기간 중에는 정치적 의사표현의 자유가 최대한 보장될 필요가 있다고 보는 것은 일견 선거의 공정성 확보와 자유 보장의 양 가치를 조화롭게 고려한 것으로 여겨질 수 있으나, 여기서 정치적 의사표현의 자유의 최대한 보장이라는 관념은 그 효과에 있어 선거운동기간 설정의 취지와 그 방향을 달리하는 것으로서, 표현 그대로 제약된 조건에서나마 자유의 최대한 보장을 도모한다기보다는 그러한 자유의 실질적 보장을 위해 기도된 제도적 방안의 근거와 효용을 잠식하는 요소로서 기능하게 된다. 이를 통해 그러한 공정성 확보와 관련하여 고려되었던 여러 부정적 사정에 대한 우려와 이에 의거한 제도적 조치는 오히려 자유의 실질적 보장이 아니라 자유 자체에 대한 부당한 침해를 정당화하는 이유로서 전환되고, 관련된 소란스러운 부작용들은 결국 인터넷 공간의 자유 보장을 통해 자연적으로 치유되거나 저지될 수 있는 문제들로 이해된다.

법정의견에서 선거의 공정성 확보를 위해 제안하는 덜 제약적인 수단들이나 이미 존재하는 제재 수단들의 적절성에 대한 반대의견의 부정적 평가는, 전자의 관점이 선거와 관련된 규율을 통해 진실한 정보 유통과 온전한 의사형성이 가능하도록 하기 위한 제도적 접근의 일환으로 고안된 실명확인제도의 취지와 달리, 인터넷상의 자유 보장을 통한 문제의 장기적이고 자연스러운 치유와 이상적 상태로의 자율적인 복귀에 중점을 둔, 매체의 기술적 속성으로 인한 가능성에 대한 신뢰에 과도하게 의존하고 있어 유효한 처방의 마련에 성공하지 못하고 있다는 인식에 기반한 것으로 본다.

인터넷의 매체적 속성에 따른 직접적 효과 발현의 긍정적 가능성에 중점을 두는 이러한 시각에 입각한 관련 제도에 대한 관점은, 여기서 문제가 된 개별 제도에 관한 것으로서 그 의미와 효과가 한정되는 것이 아니라, 더 근본적인 차원에서 바라볼 때 선거의 공정성 확보를 목적으로 한 선거 관련 규율 전반에 관한 부정적인 판단과 연결되는 성질의 것으로서 함의가 크다고 본다. 그러나 이러한 설명은 인터넷 자체의 속성으로 인해 사상의 자유시장의 형성이 가능하고, 이에 대한 규제는 그러한 이상적 상황의 발현을 억지하거나 왜곡할 것이라는 우려를 담고 있는데, 여기서 이론적인 이상의 설명이나 가장 기본적인 차원에서의 기술적 특성에 대한 기대와,

실제로 다수 대중이 동시에 그러한 자유의 행사나 기술적 특성을 향유하는 사정이 복합적으로 형성해 내는 사회 현상에 대한 충분한 고려 사이에 적절한 교량이 형성되어 있는지에 대해서는 이를 확신할 수 없다고 할 것이다.

#### ▌인터넷상 표현의 자유 규제에 관한 입체적인 고려

선거의 공정성과 정치적 표현의 자유라는 양 가치 중 어느 하나만을 선택하고 다른 하나를 포기할 수 없는 것은 자명한 일이라고 할 것이고, 사안의 일면을 강조하고 한 방향으로 관철함으로써 관련된 가치들을 조화롭게 구현하기를 막연히 기대할 수는 없는 일이라고 할 것이다. 하나의 가치에 집중함으로써 다른 가치가 자연히 구현될 수 있다고 볼 수 있는 사실적 근거가 충분치 않은 상황에서 그러한 관점을 채택하게 된다면 이는 사실상 본래 추구하고자 했던 가치의 실현을 저해하는 결과에 이르게 될 수 있다는 점에서 면밀한 검토가 필요하다. 이러한 관점에서 볼 때 성낙인 교수의 인터넷 실명제에 관한 신중한 견해는 그의 학문 세계에서 늘 중시되는 균형과 조화라는 핵심에 입각하여 그 합리성과 정당성이 인정되는 것이라고 할 것이다.

그러므로 그의 법제적 처방이 인터넷상 표현의 자유 보장과 관련한 일정한 규율에 대한 긍정적 평가에 따른 것이라고 하여도, 이는 "표현의 자유의 발전에 큰 장애를 초래할 수 있"음을 감수하면서 "인터넷상의 표현에 대하여 질서위주의 사고만으로 규제하려고" 하는 시도와는 차원을 달리하는 것이라고 할 것이다. 앞서 언급한 사이버모욕죄에 대해서 그는 "특히 인터넷이 갖는 특성상 국내에 개설되는 인터넷이 아닌 외국에서 개설된 인터넷을 통하여 정보가 유통될 경우에 국내의 실정법이 적용될 수 없을 것이라는 점"(성낙인, 2009: 122-123)에 주목하고 있는데, 여기서는 바로 물리적인 시공간의 제약을 넘어 국경과 무관하게 정보의 전파와 교류가 이루어지는 인터넷이라는 매체의 속성에 기반한 평가가 이루어지고 있는 것이다.

성낙인 교수의 인터넷상 표현의 자유 규제에 대한 관점에서는 이와 같이 인터넷의 매체로서의 특성에 관한 인식을 전제로 그 부작용과 한계를 아울러 고려하고 있다는 점에서, 일방적인 자유의 강조나 다른 일방에서의 규제 선호로 흐르지 않으면서 문제되는 사안에 충실한 진단과 처방에 초점을 두는, 조화롭고 균형 있는 접근 방식이 확인되고 있다고 할 것이다.

### 5) 자유와 책임의 조화

성낙인 교수의 언론법 사상은 권력과 자유의 조화라는 맥락에서 그 핵심을 이해할 수 있다. 그의 연구는 그러한 학문적 관점을 효과적으로 관철시키기 위해서 무엇보다 현실적 사정의 변화를 기민하게 포착하여 정보의 흐름을 중심으로 한 자유와 책임의 조화의 문제로서 언론법 문제를 바라본다. 정보 흐름에 중점을 두고 바라볼 때 개인도 정보의 일방적 수용자라기보다는 정보와 관련한 적극적 권리의 주체로서 이해되고, 언론·출판의 자유도 그 실질적 의미가 인식된다. 그가 문제되는 사안과 관련된 제반 가치의 조화로운 구현을 늘 추구하고 있는 것은 언론보도와 정보보호 및 정보공개가 서로 관련되는 지점이나 인터넷 실명제나 사이버모욕죄 도입 논의와 같이 인터넷 공간에서 표현의 자유 보장과 관련하여 이슈가 되는 문제들에 대해서도 언제나 균형 잡힌, 신중한 관점에서 적절한 처방을 제시하고 있다는 점에서 확인된다.

## 5. 나가며

동당 성낙인 교수는 헌법학자이자 언론법학자로서 언론법의 여러 분야에 걸쳐 지속적으로 의미 있고 중요한 연구 성과를 축적해 오고 있다. 그의 연구는 학자로서의 이론적 탐구에 더하여 정부와 공공기관 등 다양한 부문에서 구체적인 업무를 다루는 경험을 통하여 풍부한 깊이와 입체감을 갖고 있는 것으로 이해된다.

그의 언론법 연구는 크게 나누어 선거, 언론중재, 정보공개 및 정보보호, 방송, 인터넷, 그리고 언론·출판의 자유 일반의 여러 영역에 걸쳐 확인된다. 이러한 제반 부문에 걸친 연구의 핵심을 관통하는 주요한 관점을 정리한다면 이는 무엇보다 권력과 자유의 조화를 위한 균형 있는 시각과 신중한 처방으로 표현할 수 있을 것이다. 언론법이 언론에 관한 법에 대한 학문을 일컫는 것이라면, 이는 헌법적으로 보장되는 언론·출판의 자유와 그러한 자유를 가능하게 하기 위한 일정한 국가권력에 의한 규율이라는, 서로 충돌할 수 있는 가치의 조화로운 구현을 주된 과제로 삼게 된다고 보는 것이다. 이러한 조화를 성공적으로 실현하기 위해서는 끊임없이 변화하는 사회현실의 실상을 고려한 유효한 법적 이해가 긴요하다. 이와 같은 맥락에서 그는 언론의 문제를 "정보의 흐름에 관계된 자유와 책임의 조화"에 관한 것으로 파악하면서 언론법과 정보법을 하나의 통합된 이론적 체계로서 이해하는 관점에 서게 된다. 이렇게 정보 흐름의 체계가 새로운 패러다임을 형성하는 정보화사회에서 개인은 더 이상 언론기관의 정보 전달을 일방적으로 수용하는 입장이 아니라 적극적인 권리의 주체로서 정보의 흐름에 참여하는 위상을 부여받게 되고, 언론·출판의 자유도 그 실질적인 의미와 가치를 인정받게 된다. 그는 언론보도와 정보공개 및 정보보호, 표현촉진적인 매체로서 인터넷의 특성의 고려와 표현의 자유 보장을 위한 실질적인 조치에 관한 판단에서도 역시 신중하고 균형 있는 접근을 통해 관련된 가치가 조화롭게 구현될 것을 추구한다.

바로 이러한 점들을 고려할 때 성낙인 교수의 언론법 연구는 그의 학문 세계를 관통하는 그 가치 그대로 균형과 조화를 위한 노력의 여정으로 묘사될 수 있을 것이다. 이러한 맥락에서 그의 연구 전반이 지니는 학문적 의의의 인식이 실질적이고 효과적으로 가능할 것이라고 보고, 이와 같은 학문적 관점과 태도는 언론법 연구의 구체적인 다양한 이슈와 더 근본적인 원리의 탐구에 이르기까지 한결같이 중시되고 고려되어야 할 핵심적인 가치와 비중을 지니는 것이라고 생각한다.

| 미주 |

* 이 글은 한국언론법학회에서 2021.7.20. 개최한 '언론법학자의 생애와 사상 대담·토론회'에서 발표한 내용을 토대로 「언론과 법」 제20권 제2호에 게재된 원고를 수정·보완한 것입니다.

1) 성낙인 교수의 학문적 여정에 대해서는 성낙인(2018b), 「헌법학 논집」, 법문사, xxv-xxviii 참조; 주요연구업적 목록으로는 같은 책, xxxiii-xlviii 참조; 성낙인 교수의 삶과 학문에 대한 대담 자료로 성낙인(2019), 성낙인 교수 퇴임기념 대담, 「헌법과 국가정체성」, 박영사, 413-447 참조.

2) 성낙인 교수의 다양한 활동에 대해서는 성낙인(2018b), 「헌법학 논집」, 법문사, xxviii-xxxii 참조.

3) 성낙인(2002a), 選擧法과 言論, 「서울대학교 법학」, 제43권 제3호, 229-264.

4) 성낙인·권건보(2006), 선거방송심의제도의 헌법적 검토, 「서울대학교 법학」, 제47권 제1호, 155-214.

5) 성낙인(2007b), 공직선거법상 대통령선거와 언론보도, 「언론과 법」, 제6권 제2호,

209-252.

6) 성낙인(2007a), 「공직선거법과 선거방송심의」, 나남.
7) 성낙인(1996), 韓國과 프랑스의 言論의 自由의 限界에 관한 比較硏究 - 反論權을 中心으로 -, 「헌법학연구」, 제2집, 308-338.
8) 성낙인(1997a), 언론의 사회적 책임과 언론중재, 「법과 사회」, 제14호, 6-37.
9) 성낙인(1997b), 言論表現에 의한 國民의 權利侵害에 대한 救濟制度 - 韓國의 言論仲裁委員會 등에 관하여 -, 「세계헌법연구」, 제2호, 283-327.
10) 성낙인(1997c), 情報公開法의 制定과 運用方向, 「공법연구」, 제25집 제4호, 178-214.
11) 성낙인(2001a), 情報公開法의 施行과 問題點에 관한 考察, 「서울대학교 법학」, 제42권 제3호, 47-81.
12) 성낙인(2000), 정보공개와 개인정보(사생활비밀) 보호, 「한일법학」, 제19집, 185-270.
13) 성낙인(1991), 情報公開法의 制定方向: 프랑스 情報公開法制를 中心으로, 「사회과학연구」(영남대학교 사회과학연구소), 제11집 제1권, 19-58.
14) 성낙인(1998a), 美國의 電子情報自由法(EFOIA)과 運用 現況, 「미국헌법연구」, 제9호, 65-98.
15) 성낙인(1999), 프라이버시와 個人情報保護를 위한 立法政策的 課題, 「영남법학」, 제5권 제1·2호, 21-60.
16) 성낙인(2001b), 通信에서의 基本權保護, 「공법연구」, 제30집 제2호, 33-67.
17) 성낙인(2004), 情報保護와 人權, 「서울대학교 법학」, 제45권 제1호, 101-142.
18) 성낙인(1998c), 정보화사회의 방송의 자유와 책임 - 새로운 방송법질서의 정립을 위하여 -, 「영남법학」, 제4권 제1·2호, 65-92.
19) 성낙인(2009), 인터넷과 표현의 자유, 「언론과 법」, 제8권 제1호, 99-128.
20) 성낙인(2003), 인터넷매체의 법적 지위에 관한 연구, 「한국언론학술논총」, 커뮤니케이션북스, 93-146; 성낙인(2018b), 「헌법학 논집」, 법문사, 1521-1557.
21) 성낙인(2002b), 인터넷과 선거운동, 「인터넷법연구」, 제1호, 289-322.
22) 성낙인(2002c), 인터넷시대의 선거운동, 「JURIST」, 통권 385호, 16-21.
23) 성낙인·허진성(2010), 인터넷 실명제에 관한 연구, 「세계헌법연구」, 제16권 3호, 265-288.
24) 성낙인(2020), 사회변동과 표현의 자유, 「공법학연구」, 제21권 제2호, 3-61.
25) 성낙인(2018a), 디지털 시대 헌법상 표현의 자유 개념, 「미디어와 인격권」, 제4권 제2호, 1-45.
26) 성낙인(2012), 콘텐츠산업육성과 콘텐츠 분쟁조정제도에 관한 연구, 「세계헌법연구」, 제18권 3호, 139-161.

27) 성낙인(1998b), 「언론정보법」, 나남출판.
28) 성낙인(2021), 「헌법학」, 법문사, 7.
29) 헌재 1991. 9. 16. 89헌마165.
30) 헌재 2002. 6. 27. 99헌마480.
31) 헌재 2021. 1. 26. 2018헌마456.
32) 헌재 2010. 2. 25. 2008헌마324등; 헌재 2015. 7. 30. 2012헌마734등.

| 제4장 _ **참고문헌** |


성낙인(2021), 「헌법학」, 법문사.

_____(2020), 사회변동과 표현의 자유, 「공법학연구」, 제21권 제2호, 3-61.

_____(2019), 성낙인 교수 퇴임기념 대담, 「헌법과 국가정체성」, 박영사, 413-447.

_____(2018a), 디지털 시대 헌법상 표현의 자유 개념, 「미디어와 인격권」, 제4권 제2호, 1-45.

_____(2018b), 「헌법학 논집」, 법문사.

_____(2012), 콘텐츠산업육성과 콘텐츠 분쟁조정제도에 관한 연구, 「세계헌법연구」, 제18권 3호, 139-161.

_____·허진성(2010), 인터넷 실명제에 관한 연구, 「세계헌법연구」, 제16권 3호, 265-288.

_____(2009), 인터넷과 표현의 자유, 「언론과 법」, 제8권 제1호, 99-128.

_____(2007a), 「공직선거법과 선거방송심의」, 나남.

_____(2007b), 공직선거법상 대통령선거와 언론보도, 「언론과 법」, 제6권 제2호, 209-252.

_____·권건보(2006), 선거방송심의제도의 헌법적 검토, 「서울대학교 법학」, 제47권 제1호, 155-214.

_____(2004), 情報保護와 人權, 「서울대학교 법학」, 제45권 제1호, 101-142.

_____(2003), 인터넷매체의 법적 지위에 관한 연구, 「한국언론학술논총」, 커뮤니케이션북스, 93-146, 성낙인(2018), 「헌법학 논집」, 법문사, 1521-1557.

_____(2002a), 選擧法과 言論, 「서울대학교 법학」, 제43권 제3호, 229-264.

_____(2002b), 인터넷과 선거운동, 「인터넷법연구」, 제1호, 289-322.

_____(2002c), 인터넷시대의 선거운동, 「JURIST」, 통권 385호, 16-21.

_____(2001a), 情報公開法의 施行과 問題點에 관한 考察, 「서울대학교 법학」, 제42권 제3호, 47-81.

_____(2001b), 通信에서의 基本權保護, 「공법연구」, 제30집 제2호, 33-67.

_____(2000), 정보공개와 개인정보(사생활비밀) 보호, 「한일법학」, 제19집, 185-270.

_____(1999), 프라이버시와 個人情報保護를 위한 立法政策的 課題, 「영남법학」, 제5권 제1·2호, 21-60.

_____(1998a), 美國의 電子情報自由法(EFOIA)과 運用 現況, 「미국헌법연구」, 제9호, 65-98.

_____(1998b), 「언론정보법」, 나남출판.

_____(1998c), 정보화사회의 방송의 자유와 책임 - 새로운 방송법질서의 정립을 위하여 -, 「영남법학」, 제4권 제1·2호. 65-92.

_____(1997a), 언론의 사회적 책임과 언론중재, 「법과 사회」, 제14호, 6-37.

_____(1997b), 言論表現에 의한 國民의 權利侵害에 대한 救濟制度 - 韓國의 言論仲裁委員會 등에 관하여 -, 「세계헌법연구」, 제2호, 283-327.

_____(1997c), 情報公開法의 制定과 運用方向, 「공법연구」, 제25집 제4호, 178-214.

_____(1996), 韓國과 프랑스의 言論의 自由의 限界에 관한 比較研究 - 反論權을 中心으로 -, 「헌법학연구」, 제2집, 308-338.

_____(1991), 情報公開法의 制定方向: 프랑스 情報公開法制를 中心으로, 「사회과학연구」(영남대학교 사회과학연구소), 제11집 제1권, 19-58.

| 제4장 _ **부록** |

2014년 8월 5일 서울대학교 제26대 총장 취임식

2017년 10월 17일 서울 장충동 장충아레나에서 열린 '제18회 세계지식포럼' 개막식에 참석한 프랑수아 올랑드 전 프랑스 대통령과 단상에서 단독으로 대담

2015년 5월 30일 서울대학교 국제협력본부 'SNU in World Program' 발대식

## 제 5 장

# 미디어법의 세계화에 기여한 염규호 수정헌법 제1조 석좌교수

### 1. 들어가며

오리건대 염규호 교수는 학문적 업적과 연구 성과 측면에서 매우 탁월하고 독특한 위치를 차지한다. 미국 이민 1세대로서 미디어법을 연구하여 영예로운 '조나단 마샬 수정헌법 제1조 석좌교수(Jonathan Marshall First Amendment Chair)'에 임명되었고, 미국에서 가장 큰 언론학회인 저널리즘커뮤니케이션학회(AEJMC: Association for Education in Journalism and Mass Communication)의 학회장으로 선출되었다는 것은 눈에 띄는 성과일 것이다. 2021년에는 언론학 분야에서 국제적으로 규모가 제일 큰 인터내셔널커뮤니케이션학회(ICA: International Communication Association) 위원(fellow)으로 선출되었는데, 이 또한 염 교수가 국제적 명성을 얻은 학자임을 보여주는 업적이다.

그러나 이러한 성과로써 염 교수를 설명하기는 매우 부족하다. 염 교수의 학문적 업적을 들여다보면 그 깊이와 성과는 실로 크고 방대하기 때문이다. 염규호 교수는 미디어법 분야에서 수백 편의 논문과 책, 북 리뷰, 언론 기고문 등을 작성하였으며, 당대의 세계적 언론법학자와 교류하였고 동시에 여러 국제학회에서 활발하게 활동하며 수많은 언론학자들의 멘토로서 지원을 아끼지 않았다. 한국 언론법을 해외에 알리기 위해 부단하게 노력했으며 미국의 수정헌법 제1조의 정신을 다른 국가에 알리고 표현의 자유 및 언론의 자유가 세계적으로 더욱 보호받을 수 있도록 학술활동을 통해 끊임없이 노력했다. 평생을 미디어법 연구와 학회 활동에 헌신해온 염 교수 열정과 노력은 110여 페이지에 달하는 그의 영문 이력서(resume)만 보더라도 짐작해볼 수 있다.

이 글에서는 염규호 교수의 학문적 업적뿐만 아니라 그의 인간적 삶과 생애도 함께 간략하게나마 조명해보고자 한다. 염 교수의 삶은 쉼 없는 노력과 열정의 연속이었으며 유년기 시절부터의 학업에 대한 열망과 표현의 자유에 대한 갈망이 그의 학자로서 삶의 원동력이 되었기 때문이다. 따라서 염 교수가 학자로서 출발하게 된 생애를 살펴본 뒤, 그의 학문적 업적을 한국법에 관한 연구와 미국법에 관한 연구로 나누어 분석한다.

## 2. 연구자로서의 출발과 생애

### 1) 학업에 대한 열정으로 길을 개척하다

전라북도 고창에서 태어나 평범한 유년시절을 보냈던 염규호 교수는 중학교 진학을 앞두고 인생의 큰 어려움에 부딪혔다.[1)] 아들이 집안 농사일을 도와야 한다며 부친께서 진학을 반대하신 것이다. 경제적 어려움이 진학 반대의 이유는 아니었다. 주변의 친지와 많은 이웃 아이들이 당시 그러했듯이, 선친은 아들이 농사짓는 법을 배워 집안에 보탬이 되기를 바라셨다.

중학교 진학을 포기한 염 교수의 일상은 고되었다. 그러나 정작 본인에게 가장 힘들었던 것은 논밭을 메고 가축을 먹일 풀을 베고 산에서 땔감용 나무를 줍고 보리 타작을 하는 그러한 육체적 노동이 아니었다고 회고했다. 중학교에 진학한 친구들의 등하교 길을 마주하는 순간이 가장 힘든 순간이었다. 공부에 대한 미련으로 밤마다 지친 몸을 쉽게 눕히지 못하고 6학년 때 보던 책을 뒤적이기도 하였다. 결국 중학교 입학시험이라도 보게 해달라고 부모님께 매일같이 간청하였고, 책을 쥐고 있던 모습을 안타깝게 여긴 부모님의 허락을 얻게 되었다.

힘들게 얻은 기회였던 만큼 염 교수는 졸업한 초등학교를 다시 찾아가 후배들과 함께 6학년 2학기 수업을 들으며 입학시험을 준비했다.[2)] 초등학교를 두 번 다니는 어려움 속에 입학시험에 합격하여 중학교에 진학한 염 교수는 그 누구보다 열심히 공부했다. 그리고 중학교에서 접한 「미국 25시」라는 책은 그의 인생의 방향을 바꾸는데 일조했다. 한국 고학생의 유학 경험담을 담은 「미국 25시」를 읽으며 염 교수도 미국에서 공부해보고 싶다는 소망을 품게 된 것이다.

염규호 교수의 은사이자 학문적 아버지인 해리 스톤사이퍼 교수와 함께 찍은 사진 © 염규호

1970년대 혹독한 독재시절의 경험을 통해 염 교수는 자연스럽게 표현의 자유와 언론 자유의 중요성을 깨닫게 되었다. 대학 시절 격렬한 학생 시위에 참여한 뒤 육군 신병훈련소로 보내졌고 제대 후 미국에서 자유롭게 공부할 계획을 세우게 되었다. 영문학을 전공했던 염 교수는 미국 신문과 타임지, 뉴스위크지 등 영문 매거진을 즐겨 읽었고 학문으로서 저널리즘에 자연스럽게 관심을 갖게 되었다. 또한 미국 대학원 지원서에 '표현의 자유와 민주주의의 관계에 대해 미국에서 공부해보고 싶다'고 썼을 만큼 표현의 자유도 갈망하고 있었다.

서든 일리노이 대학(Southern Illinois University) 저널리즘스쿨 대학원에 진학한 염 교수를 언론법의 세계로 이끌어준 분은 고(故) 해리 스톤사이퍼(Harry W. Stonecipher) 교수이다. 염 교수의 석사 및 박사과정을 지도한 스톤사이퍼 교수는 엄격한 스승이자 뛰어난 학자, 자상한 아버지와 같은 역할을 하며 염 교수의 학문적 성취를 이끌어내고 미국에서 언론법학자로 자리 잡을 수 있도록 도움을 주었다. 염 교수는 공부를 하다 모르는 것이 있으면 한밤중에 지도교수님 집으로 찾아갈 정도로 학업에 열정을 보였고, 스톤사이퍼 교수는 몇 시간씩 염 교수의 페이퍼에 대해 논평하고 지도했다. 스톤사이퍼 교수는 염 교수의 열의를 높이 평가하여 본인의 자서전에 "나의 학생 중 최고이자 가장 똑똑한 학생, 가장 열심히 하는 학생 중 한 명은 염규호였다"라고 기술하였다.

박사논문 주제를 고민하던 염 교수에게 스톤사이퍼 교수는 한국 언론법에 대해 연구할 것을 제안했다. 당시 한국 언론법에 대해 영문으로 소개된 자료는 극히 드물었던 만큼 한국의 법 관련 자료를 분석하여 이를 세계에 알리도록 권유한 것이다. 미국에서 한국에 대한 자료를 얻기가 매우 어려웠던 1983년에 염 교수는 힘들게 30쪽 분량의 한국법에 대한 페이퍼를 썼고 이를 읽어본 지도교수는 충분히 박사논문 주제가 될 수 있다고 평가했다. 여름방학을 맞아 잠시 귀국한 염 교수는 팽원순 교수의 도움을 받아 법원 도서관과 한국언론연구원(現 한국언론진흥재단의 전신)에서 살다시피 하면서 자료를 조사했다. 염 교수의 한국법 연구에 있어서 여러 학자와 법률가, 언론인들의 도움도 언급하지 않을 수 없다. 언론중재위원회 위원장을 역임한 박용상 변호사를 비롯하여 언론인권센터 이사장을 역임한 안상운 변호사, 언론인 출신 한종호 강원창조경제혁신센터장은 염 교수의 연구에 지속적인 도움과 깊이 있는 조언을 아끼지 않았다. 일일이 언급할 수 없지만 여러 한국 언론법학자와 법률가들에게도 염 교수는 평소 감사의 마음을 표하곤 하였다.

여름방학 동안 가족들과 재회하는 기쁨도 미룬 채 염 교수는 도서관에서 판결문과 관련 자료를 찾으면서 스톤사이퍼 교수에게 매주 작성한 논문을 우체국 우편으로 부쳤다. 지도교수에게 우편으로 보낸 페이퍼 분량만 270쪽에 달했다고 한다. 이러한 노력 끝에 1985년 6월 염 교수는 '한국의 언론 자유, 1945-1983: 정치사회적, 법적 관점(Freedom of the Press in South Korea, 1945-1983: A Sociopolitical and Legal Perspective)'이라는 논문으로 박사학위를 취득했다.[3] 학위논문 헌정사에 '스톤사이퍼 교수는 지도교수 이상의 가르침을 주었으며 그로부터 언론 자유란 법적이고 정치적인 개념임을 배울 수 있었고 학자로서 완벽함을 추구하는 자세 및 인간으로서의 삶의 자세를 배웠다'고 염 교수는 기록했다. 해리 스톤사이퍼 교수를 '모든 면에서 잊을 수 없는 아버지와 같은 멘토이자 항상 지혜와 격려의 말을 전했던 은인'으로 기억하며 그의 이름을 본떠서 첫 아들의 이름을 해리라고 지었다. 2013년에는 스톤사이퍼 교수의 첫 박사학위 제자인 더글러스 앤더슨(Douglas Anderson) 펜실베니아대 학장과 함께 기금을 조성하여 'AEJMC Harry W. Stonecipher Award'라는 언론법 연구상을 제정하여 스톤사이퍼 교수에게 영원한 감사를 표했다.

### 2) 교육자이자 언론법학자로서의 길을 걷다

박사학위 취득 후 염 교수는 저널리즘스쿨 교수로서 본격적인 교육자의 길을 걷게 되었다. 1985년 로라스 칼리지(Loras College)에서 강의를 시작하여 마이애미대학(University of Miami)을 거쳐, 1991년부터 11년 동안 애리조나 주립대학(Arizona State University)의 월터 크롱카이트 저널리즘·매스커뮤니케이션 스쿨

(Walter Cronkite School of Journalism and Mass Communication)에서 교수로 재직하였다.

2002년부터는 오리건 주(州) 유진(Eugene)에 위치한 오리건 대학교(University of Oregon) 저널리즘·커뮤니케이션스쿨(School of Journalism & Communication)에서 교편을 잡았다. '수정헌법 제1조 석좌교수 (First Amendment Chair)'라는 직함은 뛰어난 언론인이자 수정헌법 제1조 옹호자였던 조나단 마셜(Jonathan Marshall)을 기리기 위해 만들어진 자리이다. 조나단 마셜은 모교인 오리건대에 수정헌법 제1조 교수직을 만들도록 상당한 기금을 내었고 염 교수는 2002년 이 직위에 첫 번째로 임명되었다. 이 직함을 갖는 교수는 수정헌법 제1조와 관련된 강의와 연구, 공공 서비스 분야에서 활발하게 활동할 수 있도록 지원을 받게 된다. 염 교수는 오리건대에서 커뮤니케이션법(Communication Law), 비교미디어법(Comparative Media Law), 디지털 프리덤(Digital Freedom), 전략적 커뮤니케이션법(Strategic Communication Law) 등 다양한 과목을 학부와 대학원에서 가르치고 있다.

오리건대 연구실에서 염 교수가 저자로 참여한 커뮤니케이션법 교재를 펼쳐 보이고 있다. © 염규호

언론법학자로서 확고한 지위를 갖게 된 후에도 염 교수는 배움의 자세로 꾸준히 정진하였다. 특히 안식년 기간에는 로스쿨에 진학하여 법에 대한 체계적인 지식을 쌓아갔는데, 1998년 예일대(Yale University) 로스쿨에서 M.S.L.(Master of Studies in Law) 학위를 취득했다. 또한 2005년 안식년에는 옥스퍼드대(Oxford University) 로스쿨에서 '표현의 자유 법학에서 미국 예외론?: 미국 헌법과 유럽인권조약의 비교(American Exceptionalism in Free Speech Jurisprudence?: A Comparison of the U.S. Constitution with the European Convention on Human Rights)'라는 논문으로 M.St.(Master of Studies) 학위를 취득했다.

염 교수는 연구와 강의뿐만 아니라 여러 학회 활동에도 적극적이었다. 미국의 대표적 언론학회인 저널리즘매스컴학회(AEJMC: Association for Education in Journalism and Mass Communication)와 인터내셔널커뮤니케이션학회(ICA: International Communication Association) 등 다양한 학회에 매년 참석하여 논문을 발표했으며 전 세계 학자들과 교류를 넓혔다. 2012년에는 저널리즘매스컴학회(AEJMC) 회장직에 입후보하여 선거를 거쳐 당선되었는데, 아시아인으로서 저널리즘매스컴학회(AEJMC) 회장직에 당선된 것은 학회 역사상 염 교수가 두 번째였다.

재미언론학자협회(KACA: Korean American Communication Association) 활동에도 적극적이었다. 재미언론학자들의 동료이자 선배로서 다른 연구자들에게 진심어린 조언을 제공하고 후배들이 학자로서 성장할 수 있도록 자신의 경험을 나눠주는데 시간을 아끼지 않았다. 염 교수가 'KACA 뉴스레터'를 직접 만들었던 당시에는 배우자인 고(故) 이복임 여사가 일일이 종이봉투에 뉴스레터를 넣어 우체국을 방문하여 미국 전역의 한국 유학생에게 부쳤다고 한다. 염 교수와 대학 시절 캠퍼스 커플이었던 이 여사는 미국에서 고학생으로 공부하던 염 교수를 전폭적으로 지원했으며 세심하게 생활을 보살피고 두 아들 해리(Harry)와 유진(Eugene)을 훌륭하게 키워냈다. 염 교수가 학술대회에 참석할 때면 이 여사는 항상 동행하여 발표장에 그림자처럼 앉아계시곤 하였는데, 뒷자리에서 조용하고 진지한 모습으로 학술발표를 경청하시던 모습을 필자는 생생히 기억한다. 매해 추수감사절에는 한국 유학생들을 집으로 초대하여 커다란 칠면조 구이와 따뜻한 펌킨 파이를 나눠주시던 이 여사의 다정한 모습도 잊을 수 없다. 인생의 동반자이자 학문적 벗으로서 염 교수와 40여 년을 함께 한 이 여사는 안타깝게도 2019년 8월 3일 지병으로 영면하셨다.

염 교수는 2018년 한국 법률가대회에 참석하여 '한국 표현의 자유: 국제적 기준에 부합하는가?(Freedom of Expression in Korea: Measuring up to International Law?)'[4]라는 논문을 발표했다. 이 대회에 참석하게 된 것은 권오곤 한국법학원장과의 인연 때문이다.[5] 1991년 염 교수가 연구 자료를 찾기 위해 서울을 방문했던 시절부터 인연이 있었던 권오곤 원장은 구(舊)유고슬라비아 국제형사재판소(ICTY)에서 약 15년간 재판관 및 부소장으로 근무하였다. 지속적인 교류를 통해 염 교수의 비교법 연구에 도움을 준 권 원장은 2007년 오리건대를 방문하여 로스쿨에서 국제형사재판과 언론의 자유에 대해 발표한 바 있다.

한국법률가대회에서 발표한 논문으로 염 교수는 2019년 한국언론법학회가 수여하는 제18회 철우(哲宇)언론법상을 수상하였다. 미국에서 많은 상을 받았지만 고국에서 영예로운 철우언론법상을 수상하게 된 것을 염 교수는 매우 감사하게 여겼다. 재미(在美) 학자로서 고국에서 학문적 업적을 인정받은 것은 염 교수의 학자로서의 생애에서 길이 기억될 순간이 되었기 때문이다.

## 3. 세계화를 위한 학문적 열의와 업적

### 1) 한국 언론법의 세계화에 기여하다

염 규호 교수가 한국 언론법에 대해 발표한 영어 논문과 저서는 그 분량과 내용의 퀄리티 측면에서 압도적이다. 불모지와 다름없었던 한국 언론법에 대해 1980년대 중반부터 치열하게 연구하고 그 연구 결과를 방대한 분량의 논문과 저서로 발표했다. 한국법에 대해 염 교수가 집필한 논문과 저서 및 북챕터는 언론이나 잡지에 발표한 기고문을 제외하더라도 40여 편에 달한다.

한국 언론법에 대한 본격적 연구는 박사학위 논문으로부터 시작되었다. 1985년 박사학위를 취득한 염 교수의 학위논문[6]은 해방 이후 한국 언론법 40년사에 대한 총괄적 분석이다. 이 논문은 한국에서 언론의 자유가 발전한 과정을 탐색하면서 입법부와 사법부가 언론 자유 개념을 어떻게 해석하고 적용했는지, 정부의 언론 자유 제한에 대해 언론과 시민들은 어떻게 대응했는지를 분석했다. 특히 한국에서 언론 자유는 헌법적 권리로서 규정되어 있지만 실제로는 허울 좋은 껍데기에 불과하다는 것을 비판적으로 고찰하였다.

염 교수의 박사학위 논문은 그 내용이 심화 및 보완되어 1996년 「한국 언론법(*Press Law in South Korea*)」[7]이라는 단행본으로 출판되었다. 이 책은 현재까지도 한국의 언론법을 총망라하여 영문으로 다룬 유일한 저서이다. 440여 페이지에 달하는 이 책은 한국의 사법체계, 정치와 언론체계, 헌법과 언론 자유, 정기간행물과 방송법, 반론권, 명예훼손, 프라이버시, 국가 안보, 저작권, 음란 등 표현의 자유와 관련된 많은 주제에 대해 꼼꼼하게 정리하고 분석하였다. 이 책이 발간된 지 25년이 지났지만 아직도 한국 언론법의 여러 분야를 이처럼 상세하게 설명한 영어서적은 없을 정도로 그 학술적 가치는 뛰어나다.

박사학위 취득 후 염규호 교수는 더욱 한국법에 대한 연구와 저술활동에 매진했다. 1986년부터 1991년까지 발행된 다수의 논문들은 1987년 민주화를 기점으로 한국 언론법제가 어떻게 변화해갔는지 그 과정을 관찰하는데 집중하였으며, 이상적 개념으로서의 언론 자유와 현실에서의 간극을 발견하고 이를 좁혀나갈 수 있도록 제언하였다.[8] 특히 노태우 정권이 들어선 이후 새로 제정된 언론법과 개혁에 초점을 맞춘 비판적 연구들은 당시 한국에서 발행되기에는 민감한 내용을 담기도 하였다.

염 교수의 언론법 연구 스펙트럼은 그 폭이 넓어서 표현의 자유와 언론의 자유를 공시적, 통시적으로 조감하였다. 가령, 1991년 발표된 논문은 언론 자유의 역사에 대한 연구이다.[9] 1945년 8월 15일부터 1948년 8월 15일 대한민국 정부 수립 때까지의 미군정(美軍政) 시대에 초점을 맞추어 권위주의적 체제에 익숙했던 한국인들이 미군정을 겪으며 자유주의적 언론 자유의 개념을 처음으로 경험하게 되었고, 시민들이 언론자유가 일상적 삶의 한 부분임을 깨닫게 된 시기적 계기가 되었다고 분석했다. 북한 언론법에 대한 논문도 발표했는데, 북한에서도 언론의 자유는 헌법적 권리로 규정되어 있으나 그 현실과는 커다란 괴리가 있음을 지적하였다.[10]

표현의 자유와 명예가 충돌할 때 그 균형점을 어디에 맞추는지를 살펴보면 한 국가에서 표현의 자유가 어느 정도로 보장되는지 알 수 있다. 따라서 명예훼손법은 한 국가에서 표현의 자유 보장정도에 대한 척도가 될 수 있다. 이러한 측면에서 염 교수는 한국 명예훼손법에 대해 지속적 연구를 수행하였다. 1985년 발표한 논문 '한국의 명예훼손법(The Libel Law of the Republic of Korea)'을 기점으로 30여 년 간 한국 명예훼손법의 발전과정을 분석하고 추적해가는 비교법적 관찰자의 역할을 수행한 것이다. 1980년대에는 한국의 명예훼손법이 언론의 자유를 제한하는 수단으로 남용되는 현상을 비판적으로 고찰하였으며,[11] 1990년대에 들어서 명예훼손법을 의식한 한국 언론들이 피해자의 인격권 보호에 주의를 기울이기 시작했으며 법원도 명예와 언론 자유를 균형 맞추기 위해 노력하고 있다고 보았다.[12] 2004년 발행한 논문에서는 한국과 미국의 명예훼손법의 차이점을 비교하면서 한국은 언론 자유보다는 명예권을 보호하는데 치중되어 있지만 점차 공인과 사인을 구분하는 등 언론 자유를 강조하는 판결이 늘어나고 있음을 조명하였다.[13]

대법원과 헌법재판소 등 한국 사법체계에 대한 연구를 통해 한국의 법과 제도를 해외에 알리는데도 염 교수는 적극적이었다. 1993년 발행한 논문에서는 대법원의 체계와 재판절차를 소개하고 주요 판례분석을 통해 한국에서 표현의 자유가 정립되어가는 과정을 연구했다.[14] 1994년 스탠포드 국제법 저널(*Stanford Journal of International Law*)에 발표한 논문 '한국의 언론 자유와 사법 심사(Press Freedom and Judicial Review in South Korea)'는 1988년부터 1992년 사이에 내려진 헌법재판소 결정을 비판적으로 검토한 뒤, 한국의 민주주의가 확립되는데 있어서 사법독립과 자유로운 언론이 '상승(synergistic) 효과'를 일으켰다고 평가했다.[15] 이 논문의 후속으로서 2002년 같은 저널에서 발행한 논문 '표현의 자유와 법: 한국에서의 권리와 책임(Freedom of Expression and the Law: Rights and Responsibilities in South Korea)'은 알권리 및 인격권 침해의 면책사유로서의 공익 등에 대한 판례를 살펴보고, 미국의 언론 자유에 관한 판결들은 한국에 좋은 선례가 될 수 있지만 한국은 효과적으로 작동될 수 있는 자체적인 언론 자유 모델을 개발해야 한다고 제안했다.[16] 2001년 한국법 저널(*Journal of Korean Law*)에 발표한 '헌법재판소와 표현의 자유(The Constitutional Court and Freedom of Expression)'[17]는 판례분석을 통해 표현의 자유가 두터이 보장되는 사법체계 확립에 헌법재판소가 크게 기여했다고 평가했다. 다만 국가보안법과 관련된 판결을 분석한 결과, 냉전체제의 틀 속에서 표현의 자유보다는 국가안보를 우선시하는 한계가 있다고 판단했다.

표현의 자유 측면에서 저작권에 대해서도 고찰하였다. 1999년 발표한 한국 저작권법에 대한 논문 '한국의 저작권법(Copyright Law in the Republic of Korea)'은 한국의 빠른 사회적, 문화적 변화가 저작권 발전에 크게 기여했으며 시민들도 사법절차를 통해 자신의 저작권을 보호받기 위해 더욱 적극적으로 변모하고 있다고 평했다.[18]

이처럼 염규호 교수의 한국 언론법 연구는 특정 주제에 제한되지 않고 표현의 자유와 연관 있는 다양한 주제를 탐색적으로 분석해갔다는 점에서 그 범위가 매우 넓다. 특정 주제에 대해 연구를 행한 뒤 시간차를 두고 후속연구를 진행하여 그간의 판례와 법규의 변화를 다시 분석하는 것도 주목할 만한 연구방식이다.

한국의 정보공개법과 제도에 대해서도 시간차를 둔 후속연구를 진행하였다. 2010년 발표한 정부공개에 대한 논문은 한국이 「공공기관의 정보공개에 관한 법률(약칭 정보공개법)」을 비교법적 측면에서 높이 평가하였다.[19] 미국의 정보자유법(FOIA: Freedom of Information Act)은 의회와 연방법원에는 적용되지 않는 반면, 한국의 정보공개법은 입법·사법·행정 3부에 모두 적용된다는 점에서 우월한 측면이 있으며 이러한 정보공개법이 한국 정부를 더욱 투명하게 만들었다고 보았다. 다만, 정보공개청구에서 비공개 조항의 과다한 적용을 경계했으며 사법부는 정보공개

거부결정을 더욱 엄정하게 내려야 한다고 제언했다. 2017년 후속 연구인 '한국의 정부 정보에 대한 접근: 열린 사회 원칙으로서 투명성 증가(Access to Government Information in South Korea: The Rise of Transparency as an Open Society Principle)'[20]는 한국에서 정보공개제도가 성공적으로 정착했으며, 법원은 더욱 적극적으로 정보공개거부처분의 사유를 심사하는 한편 정보의 자유와 방송매체의 자유가 충돌할 때는 언론의 자유를 우위에 두고 있다고 분석했다.

반론권에 대해 연구한 1993년 논문은 한국의 반론권이 독일법의 개념을 차용했다는 점에 주목한 비교법 연구이다.[21] 한국과 독일은 사실적 진술에 대한 반론권을 제공한다는 점에서 유사하지만 한국에서는 반론권이 언론중재과정에서 활용될 수 있다는 점에서 차이가 있으며, 한국에서 반론권은 상대적으로 새로운 개념임에도 불구하고 도입 이후 언론에 의한 피해구제에 활발하게 활용되고 있음을 긍정적으로 평가했다. 이 논문을 바탕으로 2008년 비교법 연구 '반론권과 언론의 자유: 국제적, 비교법적 관점(The Right of Reply and Freedom of the Press: An International and Comparative Perspective)'을 통해 반론권이 각국에서 다양한 형태로 발전하고 있는 양상을 분석하고 반론권이 '사상의 자유시장(marketplace of ideas)' 발전에 기여하는 한편 언론과 그 피해자에게 대등한 무기를 제공함으로써 결과적으로는 언론 자유 발전에 기여하고 있다고 평했다.[22] 또한 반론권이 뉴스 미디어에 위축효과를 가져온다는 것은 거의 입증되지 않았다고 보았다.

다양한 해외서적에 한국 언론법에 대해 소개하는 챕터도 집필하였다. 「세계의 미디어·광고·엔터테인먼트법(*Media, Advertising, & Entertainment Law Throughout the World*)」에서는 한국의 역사와 법체계에 대한 설명을 바탕으로 언론법, 광고법, 엔터테인먼트법, 예술법 등 다양한 분야의 법에 대해 한국의 여러 변호사들과 함께 집필했다.[23] 세계 50개 국가의 명예훼손법과 프라이버시법에 대한 저명한 비교법 서적인 「카터-럭 명예훼손과 프라이버시(*Carter-Ruck on Defamation and Privacy*)」의 한국 챕터에서는 한국의 명예훼손 및 프라이버시 관련법과 판례를 소개하고 한국 법원의 독자적인 법리 수립과정을 설명했다.[24] 전 세계 언론인과 법률가들이 참고할 수 있도록 20여 개 국가의 명예훼손법과 프라이버시법에 대한 구체적인 법과 자료를 제공하는 「국제 명예훼손과 프라이버시 핸드북: 언론인, 발행인, 웹마스터, 법률가를 위한 글로벌 참고서(*International Libel and Privacy Handbook:*

*A Global Reference for Journalists, Publishers, Webmasters, and Lawyers*)」에도 한국 미디어 법제와 판례에 대해 상세하게 기술하였다.[25] 케임브리지대 출판사에서 발행한 「사법부와 저널리스트: 글로벌 관점(*Justices and Journalists: The Global Perspective*)」[26]은 미국, 캐나다, 독일, 노르웨이, 인도네시아 등 12개국의 법원과 언론의 관계에 대해 분석한 비교법 서적이다. 염 교수는 한국에 대한 챕터 '한국의 사법 커뮤니케이션: 열린 시스템으로 향하는가?(Judicial Communication in South Korea: Moving toward a More Open System?)'에서 지난 30년간 법원과 언론의 커뮤니케이션을 짚어보고 법원의 세계화 노력을 높이 평가했으나 더욱 투명하고 공개된 절차 개선이 필요하다고 보았다.

### 2) 수정헌법 제1조의 세계화에 기여하다

미국의 수정헌법 제1조(First Amendment)는 미국 역사에서 표현의 자유와 언론의 자유를 공고히 지켜내는 방패이자 그 자유의 방향을 제시하는 등대와도 같은 역할을 해왔다. 수정헌법 제1조의 의미를 혁명적으로 다룬 것이 미국 연방대법원의 기념비적 사건인 1964년 뉴욕 타임즈 대 설리번(*New York Times Co. v. Sullivan*, 376 U.S. 254) 판결이다. 이 판결문을 작성한 윌리엄 브레넌(William J. Brennan) 연방대법관은 "공적인 토의는 정치적 의무이다. 이는 미국 정부의 본질적 원칙이어야 하며 이러한 토의는 정부나 공직자에 관한 격렬하고 신랄하며 때로는 불쾌할 정도의 날카로운 공격이 포함되는 것으로서 결코 억제되어서는 아니 되며, 활발하게 최대한 광범위하게 허용되어야 한다"고 판시한 바 있다.

설리번 사건에서 연방대법원은 '오류가 있는 표현은 자유로운 토론을 위해 필수불가결'하며 표현의 자유에 '숨 쉴 공간(breathing space)'을 마련하기 위해 오류가 있는 표현도 보호되어야 함을 강조했다. 따라서 공직자가 명예훼손 소송에서 승소하기 위해서는 언론의 보도가 '현실적 악의(actual malice)' 즉, 그 내용이 '허위임을 알았거나 또는 허위 여부에 대하여 부주의하게 무시하여' 발행되었음을 증명해야 한다고 판결했다. 원고인 공직자가 언론의 '현실적 악의'를 입증하기란 실질적으로 매우 어려우며 단순한 언론의 실수나 태만으로 인한 보도에 대해 공직자는 명예훼손 소송에서 승소할 수 없게 되었다. 따라서 '현실적 악의' 원칙은 언론의 자유를 굳건히 지켜내기 위한 방패로서 활용되었고 이 원칙은 공직자뿐만 아니라 공적 인물(public figure)에게도 적용되어 차츰 그 범위를 넓혀갔다.

2014년 설리번 판결 50주년을 맞아 염 교수는 「언론중재」에 특별 기고를 하였다. 미국 헌법 역사상 가장 중요한 10대 판결 중 하나로 손꼽히는 설리번 판결의 의미에 대해 염 교수는 다음과 같이 설명한다.

> 설리번 사건을 명예훼손법적 관점에서만 본다면 이 사건의 중요성을 제대로 이해하지 못하게 된다. 물론 현실적 악의 원칙 등 새로운 대폭적인 변형을 명예훼손법에 가져다준 것은 사실이다. 그러나 연방대법원, 특히 Brennan 판사가 설리번 사건을 단순한 명예훼손으로 보았다면 타임스의 상고를 기각했을 것이고 허위적인 명예훼손적 언사는 수정헌법 제1조의 보호를 받지 않는다는 전통적 헌법해석을 적용했을 것이다. (중략) 이미 시사한 것처럼 Brennan 판사는 설리번의 명예훼손 소송을 일개의 언론사에 대한 소송이 아니라 소송을 통해서 정부에 대한 비판을 이른바 선동적인 명예훼손죄(seditious libel)로 처벌하려는 것이라는 점을 간파했던 것이다. 바로 이것이 수정헌법 제1조의 '핵심적인 의미', 즉 민주주의는 정부를 비판할 수 있는 언론 표현의 자유 없이는 불가능하다는 것을 판결의 초점으로 하게 되었다. 설리번 판결은 미국 언론으로 하여금 보다 과감하게 남부의 인종차별과 민권운동을 보도할 수 있게 했다. 결과적으로 미국 흑인 등의 참정권이 확대되었으며 설리번 사건은 미 언론의 탐사보도를 보다 현실화했다.[27)]

염 교수는 비교법적 연구방법을 사용하여 설리번 판결과 '현실적 악의' 원칙의 함의를 분석하고 다른 국가에서는 이 원칙을 어떻게 받아들이는지 연구하였다. 2012년 논문 '미국 명예훼손법에서의 현실적 악의: 세계적으로는 소수 원칙인가?("Actual Malice" in U.S. Defamation Law: The Minority of One Doctrine in the World?)' 및 2014년 논문 '뉴욕 타임즈 대 설리반의 현실적 악의: 글로벌 시대 표현의 자유의 시금석(The "Actual Malice" of New York Times Co. v. Sullivan: A Free Speech Touchstone in a Global Century)'에서는 필리핀, 아르헨티나, 헝가리, 인도, 타이완, 한국 등의 명예훼손 판결 비교를 통해 설리번 판결이 여러 국가에 직접적 또는 간접적으로 긍정적인 영향을 끼쳤으며 국제적으로도 표현의 자유가 기본적 인권으로서 두터이 보호받는데 기여했다고 평가했다.[28)]

언론 자유를 보다 두텁게 보호하기위해 염 교수는 '중립보도특권(neutral

reportage privilege)'에도 관심을 가졌다. '중립보도특권'이란 공익사항에 관한 토론이나 논쟁의 당사자가 행한 명예훼손적 주장을 중립적으로 보도한 경우 전파자의 명예훼손 책임을 면책시키는 법리다. 1977년 미국 연방항소법원에서 처음으로 중립보도특권이 인정된 지 10년이 지난 뒤인 1988년 논문[29]에서 중립보도특권이 적용된 판례를 분석하였으며, 그 후 다시 10년 뒤인 2009년 논문에서는 그 사이의 법률적 경과를 되짚어 보았다.[30] 그 결과 미국 법원은 중립보도특권 채택에 더욱 소극적인 모습을 보이고 있었다. 사회적으로 중요한 이슈에 대해 대중의 관심을 높이고 그 이슈에 대한 토론을 활성화하기 위해서라도 법원은 더욱 적극적으로 중립보도특권을 인정해야 한다고 이 논문에서 주장했다.

염규호 교수는 언론법에서 '비교법적 연구방법(comparative legal research method)'의 중요성을 강조해왔다. 비교법 연구를 통해 한 국가와 다른 국가의 유사점과 차이점을 찾아나가면서 서로 개선해야 할 부분과 배울 점을 발견하는 방식으로 의미 있는 결과를 도출할 수 있기 때문이다. 더구나 저명한 미국 헌법학자 로드니 스몰라(Redney A. Smolla) 교수가 말했듯이,[31] '미국은 최선의 해답을 항상 찾지는 못했더라도 수정헌법 제1조 하에서 표현을 탄압하기보다는 공개하는 것이 더 낫다는 극단적인 실험'을 지속해왔기에 미국 언론법은 국제적으로 훌륭한 비교연구의 대상이 될 수 있었다.

비교법적 연구방법을 활용하여 염 교수는 명예훼손뿐만이 아니라 다양한 주제의 탐색적 연구를 수행했다. 특히 미국의 언론법제가 놓치고 있거나 부족한 부분이 있을 때는 비교연구를 통해 보완할 점을 구체적으로 제시하였다. 예를 들어, 미국의 주(州) 법원은 재판중계를 폭넓게 허용하고 있지만 연방대법원은 재판중계에 부정적 입장을 취하고 있다. 2012년 논문 '21세기 법정에서의 카메라: 해외로부터 미국 연방대법원[의 배울 점]?(Cameras in the Courtroom in the Twenty-First Century: The U.S. Supreme Court from the Abroad?)'은 영국과 캐나다 대법원 및 브라질 법정의 카메라 허용의 장단점을 분석하면서 미국 연방대법원도 영상시대에 재판중계를 허용할 것을 촉구했다.[32] 2009년에 발행한 '상업적 표현과 자유 표현: 미국과 유럽 비교(Commercial Speech and Free Expression: The United States and Europe Compared)'는 미국과 유럽인권재판소(European Court of Human Rights)의 상업적 표현에 대한 법리를 비교분석했다.[33]

구(舊)유고슬라비아 국제형사재판소(ICTY)의 랜달(Randal) 케이스(Prosecutor v. Brdjanin, 2002)는 오히려 미국에게 더욱 강력한 언론의 자유 보호 필요성을 일깨워주는 사건이다. 논문 '언론인 면책특권에 대한 국제 비교법: 미국 언론을 위한 랜달 케이스의 교훈(International and Comparative Law on the Journalist's Privilege: The Randal Case as a Lesson for the American Press)'[34]은 이 사건을 재조명하면서 미국 법원이 표현의 자유를 정보를 보낼 권리에 한정하여 해석하고 있으나 표현의 자유란 언론을 통해 시민들이 정보를 받을 권리까지 포함하는 것이며 이러한 측면에서 언론인의 면책특권 확대를 위한 재해석이 필요하다고 강조했다. 이 논문을 작성할 당시 국제형사재판소 재판관이었던 권오곤 한국언론법학원장은 관련 자료를 제공하는 등 큰 도움을 주기도 하였다.

영국의 명예훼손법이 발전하는 과정을 지속적으로 살펴보면서 설리번 판결이 다른 국가에 미치는 긍정적 영향도 분석하였다. 2006년 영국의 자밀 판결(Jameel v. Wall Street Journal Europe, 2006)이 레이놀즈 판결(Reynolds v. Times Newspapers Ltd, 1999)에서의 '책임감 있는 저널리즘(responsible journalism)' 기준을 개선하고 점차 언론의 자유를 보호하는 방향으로 발전하고 있음을 언급하면서 영국 명예훼손법이 언론의 자유를 보호하는 전향적 판결을 내리고 있다고 염 교수는 진단했다.[35]

인터넷 시대에 들어서면서 염 교수는 디지털 표현의 자유에도 학문적 관심을 기울였다. 2004년 발간한 논문에서는 프랑스 법원의 야후(Yahoo!) 판결을 분석하여 디지털 시대에도 국경을 넘나드는 유해한 표현에 대해 국가는 여전히 통제력을 유지할 수 있으며 기술 발전과 함께 전통적인 법도 인터넷 커뮤니케이션에 적용될 것이라고 예측했다.[36] 2016년 발표한 논문 '유럽연합 법률에서의 잊힐 권리: 데이터 보호는 표현의 자유와 균형이 맞는가?(The Right to be Forgotten in European Union Law: Data Protection Balanced with Free Speech?)'[37]는 유럽사법재판소(European Court of Justice)의 '구글 스페인' 판결[38]을 계기로 촉발된 '잊힐 권리'의 법제화 흐름을 분석하고 개인의 데이터 보호를 위한 권리가 표현의 자유를 잠식하지 않도록 균형을 맞출 것을 강조했다.

'가짜뉴스(fake news)'가 전 세계적 이슈가 되면서 비교법적 측면에서 연구한 논문 '법적 관점에서의 가짜 뉴스: 미국과 한국 비교연구(Fake News from a Legal

Perspective: The United States and South Korea Compared)'[39]도 발표했다. 미국과 한국의 가짜뉴스 관련 법제를 비교한 이 연구는 가짜뉴스라는 용어는 명확하게 개념을 정의하기도 어려우며 가짜뉴스라는 현상이 실제로 사회에 어떤 영향을 미치는지 명확하지도 않다는 점을 지적했다. 특히 거짓된 표현이라고 하여 바로 수정헌법 제1조의 보호 범위 밖으로 배제되는 것이 아닌 만큼 미국에서 가짜뉴스를 법으로 규제하는 것은 현실적으로 어려울 것이라고 예측했다. 반면, 한국에서는 표현의 자유가 미국처럼 우월한 지위를 갖지 않는 만큼 가짜뉴스 규제 법안이 잇달아 발의되고 있지만 가짜뉴스 현상과 영향에 대한 면밀한 탐구가 선행되어야 할 것이라고 제시했다.

염 교수의 논문은 미국 법원뿐만 아니라 세계 각국의 법원에서 인용되었다. 가령, 언론인 면책특권에 대한 논문은 2010년 캐나다 대법원 판결에 인용되었다.[40] '명예훼손 소송 투어(libel tourism)' 현상에 대한 논문은 2002년 호주 대법원 판결에서 인용되었고,[41] 법정에서의 카메라 촬영에 대한 논문은 2017년 남아프리카 공화국 대법원 판결[42] 및 2015년 필리핀 대법원 판결[43]에 인용되었다. 터키 법관은 잊힐 권리에 대한 염 교수의 비교법 논문을 터키어로 번역하기도 하였다.[44] 이러한 사례는 염 교수의 학문적 영향력이 국경을 초월하여 표현의 자유의 중요성을 세계적으로 일깨우는데 크게 기여했음을 보여준다. 한국의 언론법 연구자들도 국내에 머무를 것이 아니라 세계를 지향하여 나아가야 할 것이다.

## 4. 나가며

미디어법 연구의 세계화를 선도해온 염 교수는 영어로 된 한국 언론법 연구가 부족한 것을 항상 안타까워했다. 한국의 커뮤니케이션 연구를 총망라하여 분야별 참고문헌(bibliography)을 정리한 서적인 「한국의 커뮤니케이션, 미디어, 문화(*Korean Communication, Media and Culture*)」에서 염 교수는 디지털 강국으로서 한국이 '매력적인 표현의 자유 실험실(fascinating free speech laboratory)'이 될 수 있음에도 불구하고 한국의 법과 판례를 세계에 알리려는 노력이 다른 국가에 비해 상대적으로 적다는 사실을 안타까워했다.[45] 이 책에 실린 커뮤니케이션법(Communication Law) 챕터는 영문으로 작성된 언론법 관련 총 76편의 논문과 책의 목록과 내용요약을 싣고 있는데 언론법 연구자들에게 큰 자산이 될 만하다.

2018년 발행된 서적 「한국의 커뮤니케이션, 디지털 미디어, 대중문화: 현재 연구와 미래 전망(*Communication, Digital Media, and Popular Culture in Korea: Contemporary Research and Future Prospect*)」은 한국 커뮤니케이션 연구의 전 분야를 조망하고 미래의 연구방향을 제시하는 책이다. 이 책의 커뮤니케이션법 챕터에서 염 교수는 영어로 작성된 한국 언론법 연구 전수를 분석하고 기존 연구방식에 대한 비판적 시각을 제공하였다(74쪽, 필자 번역).[46]

> 커뮤니케이션법은 한국에서 연구자와 정책입안자, 법률가들이 점점 관심을 갖는 영역이다. 개인과 사회가 직면한 이슈들이 더욱 복잡해지면서, 커뮤니케이션 연구자들은 법 전공이든 아니든 간에 이러한 복잡한 이슈를 어떻게 적절하게 개념화시킬 수 있을 것인지 고민하지 않을 수 없다. 한국의 수많은 커뮤니케이션/비(非)커뮤니케이션 학자들이 커뮤니케이션법에 대한 연구결과를 발표해왔다. 그러나 한국 연구자들은 자신의 연구 성과를 영어로 된 책이나 학술지 논문, 북 챕터 또는 다른 형태로 글로벌 커뮤니티와 공유하려는데 노력을 덜 기울이는 것 같다. (중략) 한국의 강화된 위상 덕택에 한국의 커뮤니케이션법은 중요한 토픽이 되고 있다. 민주주의가 공고하게 작동하고 있는 한국의 표현의 자유 경험은 다른 국가에 유용할 것이며, 한국은 비교법 연구자들에게도 매우 매력적인 국가이다. 그러나 한국의 커뮤니케이션법 연구는 글로벌한 측면과 비교법적 측면에서 더욱 발전해야 한다. 연구대상 국가들도 더욱 다양화될 필요가 있다. 상당수 연구들이 한국법을 미국법과만 비교하고 있기 때문이다.

이처럼 커뮤니케이션 기술이 발달할수록 새로운 문제는 끊임없이 발생할 것이며, 디지털 기술이 발달한 한국은 다른 국가에 유용한 가이드라인을 제공할 것이라고 보았다. 미디어법 연구의 방법론적 문제점도 염 교수는 지적하였는데 영어로 발행된 언론법 연구 대부분이 기술적이고 기록지향적(descriptive and documented) 방식을 사용하고 있는 만큼 언론법 연구의 구체성과 실효성을 위해 실증적 연구방법 도입의 필요성도 강조했다.

한국의 언론법이 세계에 알려질 수 있도록 그리고 다른 국가의 경험을 거울삼아 우리의 언론법제가 발전할 수 있도록, 염 교수는 한국의 언론법학자들에게 한발 더 앞으로 내딛으라고 조언하고 있다. 지난 35여 년 동안 미디어법 세계화에 헌신해

온 염 교수의 학문적 통찰과 조언은 앞으로도 연구자들에게 큰 울림으로 다가올 것이다.

| 미주 |

1) 염규호 교수의 유년시절에 대한 진술은 모교인 고창초등학교에 졸업생으로서 기념축사를 위해 작성한 'How Being a 6th Grader Twice Got Me into Middle School(중학 진학을 위해 6학년을 2번 다니고)'라는 글에서 인용했다.
2) 염 교수의 유년시절과 학문적 진솔함에 대해서는 2018년 이승선 교수도 신문에 기고하였다. 이승선(2018), 세계 석학 염규호 교수, 초등학교 6학년 두 번 다니다, 중도일보(11월 13일). http://www.joongdo.co.kr/web/view.php?key=20181113010004978(검색일 2021년 10월 30일).
3) Youm, K. H. Alumni, Southern Illinois University, College of Arts and Media, https://mcma.siu.edu/people/alumni/youm.html(검색일 2021년 10월 30일).
4) Youm K. H.(2019), Freedom of Expression in Korea: Measuring up to International Law? 「저스티스」, 170권 2호, 204-240.
5) 제11차 한국법률가대회 참가 차 서울을 방문한 당시에 법률저널과 인터뷰를 가졌다. 김주미(2018), 언론법의 세계적 권위자, 미국 오리건 대학 염규호 교수, 법률저널, http://www.lec.co.kr/news/articleView.html?idxno=49046(검색일 2021년 10월 30일).
6) Youm, K. H.(1985), Freedom of the Press in South Korea,1945-1983: A Sociopolitical and Legal Perspective. PhD diss., Southern Illinois University at Carbondale, 1985, ProQuest Dissertations and Theses(8610614)(검색일 2021년 10월 30일).
7) Youm, K. H.(1996), *Press Law in South Korea*. Iowa State University Press.
8) Youm, K. H.(1986), Press Law in the Republic of Korea, *New York Law School Law Review*, 6(3), 667-702; Youm, K. H.(1986), Press Freedom under Constraints: The Case of South Korea, *Asian Survey*, 26(8), 868-882; Youm, K. H.(1987), Judicial Interpretation of Press Freedom in South Korea, *Boston College Third World Law Journal*, 7(2), 133-159; Youm, K. H.(1989), Press Freedom in 'Democratic' South Korea: Moving from Authoritarian to Libertarian? *International Communication Gazette*, 43(1), 53-71; Youm, K.

H. & Salwen, M. B.(1990), A Free Press in South Korea: Temporary Phenomenon or Permanent Fixture? *Asian Survey*, 30(3), 312-325; Youm, K. H.(1991), Current Development South Korea: Press Laws in Transition, *Columbia Human Rights Law Review*, 22, 401-435.

9) Youm, K. H.(1991), Press Policy of the U.S. Military Government in Korea: A Case of Failed 'Libertarian' Press Theory? *American Journalism*, 8(2-3), 160-177.

10) Youm, K. H.(1991), Press Laws in North Korea, *Asian Journal of Communication*, 2(1), 70-86.

11) Youm, K. H.(1985), The Libel Law of the Republic of Korea, *International Communication Gazette*, 35(3), 183-196; Youm, K. H.(1990), Libel Laws and Freedom of the Press: South Korea and Japan Reexamined, *Boston University International Law Journal*, 8, 53-83.

12) Youm, K. H.(1992), Libel Law and the Press in South Korea: An Update, *Maryland Series in Contemporary Asian Studies*, 1992(3), 1-23; Youm, K. H.(1994), Libel Law and the Press: U.S. and South Korea Compared, *UCLA Pacific Basin Law Journal*, 13(2), 231-264.

13) Youm, K. H.(2004), Defamation law and the Internet in South Korea, *Media & Arts Law Review*, 9, 141-141.

14) Youm, K. H.(1993), Freedom of Expression and the Supreme Court: The Case of the Republic of Korea, *Free Speech Yearbook*, 31(1), 151-73.

15) Youm, K. H.(1994), Press Freedom and Judicial Review in South Korea, *Stanford Journal of International Law*, 30(1), 1-40.

16) Youm, K. H.(2002), Freedom of Expression and the Law: Rights and Responsibilities in South Korea. *Stanford Journal of International Law*, 38(1), 123-152.

17) Youm, K. H.(2001), The Constitutional Court and Freedom of Expression, *Journal of Korean Law*, 1(2), 37-70.

18) Youm, K. H.(1999), Copyright Law in the Republic of Korea, *UCLA Pacific Basin Law Journal*, 17(2-3), 276-300.

19) Youm, K. H.(2010), Access to Information and Freedom of Expression: The Case of South Korea Since 1996, Available at SSRN: https://ssrn.com/abstract=2067875(검색일 2021년 10월 30일).

20) Youm, K. H., Lee I., & Park, A.(2018), Access to Government Information in South Korea: The Rise of Transparency as an Open Society Principle, *Journal of International Media & Entertainment Law*, 7(2), 179-202.

21) Youm, K. H.(1993), Right of Reply under Korean Press Law: A Statutory and Judicial Perspective, *American Journal of Comparative Law*, 41(1), 49-71.

22) Youm, K. H.(2008), The Right of Reply and Freedom of the Press: An International and Comparative Perspective, *George Washington Law Review*, 76, 1017-1064.

23) Youm, K. H. et al.(2016), Korea. In *Media, Advertising, & Entertainment Law Throughout the World*, edited by Ulmer, A. B. 1109-1180, Thomson Reuters.

24) Park, A. & Youm, K. H.(2010), International Defamation and Privacy: Korea, In *Carter-Ruck on Defamation and Privacy*, edited by Mullis, A. & Doley, C., 6th ed, 1343-1349. LexisNexis.

25) Youm, K. H., Kim, M., & Park A.(2016), Korea, In *International Libel and Privacy Handbook: A Global Reference for Journalists, Publishers, Webmasters, and Lawyers*, edited by Glasser, C. J. Jr., LexisNexis.

26) Park, A. & Youm, K. H.(2017), Judicial Communication in South Korea: Moving Toward a More Open System? In *Justices and Journalists: The Global Perspective*, edited by Davis, R. & Taras, D., 184-208, Cambridge University Press.

27) 염규호(2014), 설리번 판결 50주년과 언론의 자유: 제1 수정헌법의 국제적인 영향, 「언론중재」, 통권 134호, 56-69.

28) Youm, K. H.(2012), 'Actual Malice' in U.S. Defamation Law: The Minority of One Doctrine in the World? *Journal of International Media & Entertainment Law* 4, 1-30; Youm, K. H.(2014), The "Actual Malice" of *New York Times Co. v. Sullivan*: A Free Speech Touchstone in a Global Century, *Communication Law and Policy*, 19(2), 185-210.

29) Youm, K. H.(1988), Ten Years of 'Neutral Reportage' Doctrine: U.S. Approach to Defamatory Republication, *Journal of Media Law and Practice* 9, 23-35.

30) Russomanno, J. A. & Youm, K. H.(1998), "Neutral reportage" and its second decade: A marketplace perspective, *Communication Law and Policy*, 3(3),

439-477.

31) Smolla, R. A.(1992), Free Speech in an Open Society, Vintage Books.

32) Youm, K. H.(2012), Cameras in the Courtroom in the Twenty-First Century: The U.S. Supreme Court Learning from Abroad? *Brigham Young University Law Review*, 2012(6), 1989-2032.

33) Johnson, B. E. H. & Youm, K. H.(2009), Commercial Speech and Freedom of Expression: The United States and Europe Compared, *Journal of International Media and Entertainment Law*, 2(2), 159-198.

34) Youm, K. H.(2006), International and Comparative Law on the Journalist's Privilege: The Randal Case as a Lesson for the American Press, *Journal of International Media and Entertainment Law*, 1(1): 1-56.

35) Youm, K. H.(2008), Liberalizing British Defamation Law: A Case of Importing the First Amendment? *Communication Law and Policy*, 13(4), 415-445.

36) Youm, K. H.(2004), First Amendment v. International Law on Internet Speech: Yahoo!'s Challenge to French Court Judgment, *Journal of Communication Research*, 40, 5-53.

37) Youm, K. H. & Park, A.(2016), The 'Right to Be Forgotten' in EU Law: Data Protection Balanced with Free Speech?" *Journalism & Mass Communication Quarterly* 93: 1-23.

38) Google Spain SL, Google Inc. v. Agencia Española de Protección de Datos (AEPD), Mario Costeja González. Case C-131/12, Court of Justice of the European Union (Grand Chamber). (2014, May 13).

39) Park, A. & Youm, K.(2019), Fake News from a Legal Perspective: The United States and South Korea Compared, *Southwestern Journal of International Law*, 25, 100-119.

40) 캐나다 대법원은 *Reginav. National Post* (May 7, 2010) 사건에서 2006년 논문 International and Comparative Law on the Journalist's Privilege: The *Randal* Case as a Lesson for the American Press을 인용했다.

41) 오스트레일리아 고등법원은 *Dow Jones and Co. v. Gutnick*, 2002 WL 31743880 (HCA), [2002] HCA 56 (Dec. 10, 2002) 사건에서 1994년 논문 Suing American Media in Foreign Courts: Doing an End-Run Around Libel Law?을 인용했다.

42) 남아프리카공화국 대법원은 *Van Breda v. Media 24 Ltd.*(2017) 사건에서 2012년

논문 Cameras in the Courtroom in the Twenty-First Century: The U.S. Supreme Court Learning from Abroad?를 인용했다.

43) 필리핀 대법원은 A.M. No.10-11-5-SC (Re: Petition for Radio and Television Coverage of the Multiple Murder Cases Against Maguindanao Governor Zaldy Ampatuan, et al. (Jan. 13, 2015) 사건에서 2012년 논문 Cameras in the Courtroom in the Twenty-First Century: The U.S. Supreme Court Learning from Abroad?을 직접 인용하였다.

44) 2021년 터키 법관 Caner Guruhan은 논문 The 'Right to Be Forgotten' in EU Law: Data Protection Balanced with Free Speech?을 터키어로 직접 번역하였다.

45) Youm K. H., Sang Y., & Park, A.(2018), Communication Law. In *Korean Communication, Media and Culture*, edited by Kyu Ho Youm and Nojin Kwak, 11-40. Lexington Books.

46) Youm K. H., Sang Y., & Park, A.(2018), Communication Law in Korea: A Topic for Global Research. In *Communication, Digital Media, and Popular Culture in Korea: Contemporary Research and Future Prospect*. Edited by Jin D. Y. & Kwak N. 59-80. Lexington Books.

## | 제5장 _ **참고문헌** |

염규호(2014), 설리번 판결 50주년과 언론의 자유: 제1 수정헌법의 국제적인 영향, 「언론중재」, 통권 134호, 56-69.

Johnson, B. E. H. & Youm, K. H.(2009), Commercial Speech and Freedom of Expression: The United States and Europe Compared, *Journal of International Media and Entertainment Law*, 2(2), 159-198.

Park, A. & Youm, K. H.(2010), International Defamation and Privacy: Korea. In *Carter-Ruck on Defamation and Privacy*, edited by Mullis, A. & Doley, C., 6th ed, 1343-1349. LexisNexis.

_____(2017), Judicial Communication in South Korea: Moving Toward a More Open System? In *Justices and Journalists: The Global Perspective*, edited by Richard Davis and David Taras, 184-208, Cambridge University Press.

_____(2019), Fake News from a Legal Perspective: The United States and South Korea Compared. *Southwestern Journal of International Law*, 25, 100-119.

Russomanno, J. A. & Youm, K. H.(1998), "Neutral reportage" and its second decade: A marketplace perspective, *Communication Law and Policy*, 3(3), 439-477.

Smolla, R. A.(1992), Free Speech in an Open Society, Vintage Books.

Youm, K. H.(1985), Freedom of the Press in South Korea, 1945-1983: A Sociopolitical and Legal Perspective, PhD diss., Southern Illinois University at Carbondale, 1985, ProQuest Dissertations and Theses(8610614)(검색일 2021년 10월 30일).

Youm, K. H.(1985), The Libel Law of the Republic of Korea, *International Communication Gazette*, 35(3), 183-196.

_____(1986), Press Law in the Republic of Korea, *New York Law School Law Review*, 6(3), 667-702.

_____(1986), Press Freedom under Constraints: The Case of South Korea, *Asian Survey*, 26(8), 868-882.

_____(1987), Judicial Interpretation of Press Freedom in South Korea, *Boston College Third World Law Journal*, 7(2), 133-159.

_____(1988), Ten Years of 'Neutral Reportage' Doctrine: U.S. Approach to Defamatory Republication, *Journal of Media Law and Practice* 9, 23-35.

_____(1989), Press Freedom in 'Democratic' South Korea: Moving from Authoritarian to Libertarian? *International Communication Gazette*, 43(1), 53-71.

Youm, K. H. & Salwen, M. B.(1990), A Free Press in South Korea: Temporary Phenomenon or Permanent Fixture? *Asian Survey*, 30(3), 312-325.

_____(1990), Libel Laws and Freedom of the Press: South Korea and Japan Reexamined. *Boston University International Law Journal*, 8, 53-83.

_____(1991), Current Development South Korea: Press Laws in Transition, *Columbia Human Rights Law Review*, 22, 401-435.

_____(1991), Press Policy of the U.S. Military Government in Korea: A Case of Failed 'Libertarian' Press Theory? *American Journalism*, 8(2-3), 160-177.

_____(1991), Press Laws in North Korea, *Asian Journal of Communication*, 2(1), 70-86.

_____(1992), Libel Law and the Press in South Korea: An Update, *Maryland Series in Contemporary Asian Studies*, 1992(3), 1-23.

_____(1993), Freedom of Expression and the Supreme Court: The Case of the

Republic of Korea, *Free Speech Yearbook*, 31(1), 151-73.

_____(1993), Right of Reply under Korean Press Law: A Statutory and Judicial Perspective, *American Journal of Comparative Law*, 41(1), 49-71.

_____(1994), Press Freedom and Judicial Review in South Korea, *Stanford Journal of International Law*, 30(1), 1-40.

_____(1994), Libel Law and the Press: U.S. and South Korea Compared, *UCLA Pacific Basin Law Journal*, 13(2), 231-264.

_____(1996), *Press Law in South Korea*, Iowa State University Press.

_____(1999), Copyright Law in the Republic of Korea, UCLA *Pacific Basin Law Journal*, 17(2-3), 276-300.

_____(2001), The Constitutional Court and Freedom of Expression, *Journal of Korean Law*, 1(2), 37-70.

_____(2002), Freedom of Expression and the Law: Rights and Responsibilities in South Korea, *Stanford Journal of International Law*, 38(1), 123-152.

_____(2004), Defamation law and the Internet in South Korea, *Media & Arts Law Review*, 9, 141-141.

_____(2004), First Amendment v. International Law on Internet Speech: Yahoo!'s Challenge to French Court Judgment, *Journal of Communication Research*, 40, 5-53.

_____(2006), International and Comparative Law on the Journalist's Privilege: The Randal Case as a Lesson for the American Press, *Journal of International Media and Entertainment Law*, 1(1): 1-56.

_____(2008), Liberalizing British Defamation Law: A Case of Importing the First Amendment? *Communication Law and Policy*, 13(4), 415-445.

_____(2008), The Right of Reply and Freedom of the Press: An International and Comparative Perspective, *George Washington Law Review*, 76, 1017-1064.

_____(2010), Access to Information and Freedom of Expression: The Case of South Korea Since 1996, Available at SSRN: https://ssrn.com/abstract=2067875.

_____(2012), 'Actual Malice' in U.S. Defamation Law: The Minority of One Doctrine in the World? *Journal of International Media & Entertainment Law* 4, 1-30.

_____(2012), Cameras in the Courtroom in the Twenty-First Century: The U.S. Supreme Court Learning from Abroad? *Brigham Young University Law Review*, 2012(6), 1989-2032.

_____(2014), The "Actual Malice" of *New York Times Co. v. Sullivan*: A Free Speech Touchstone in a Global Century, *Communication Law and Policy*, 19(2), 185-210.

Youm, K. H., Kim, M., & Park A.(2016), Korea. In *International Libel and Privacy Handbook: A Global Reference for Journalists, Publishers, Webmasters, and Lawyers*, edited by Glasser, C. J. Jr., LexisNexis.

Youm, K. H. et al.(2016), Korea. In *Media, Advertising, & Entertainment Law Throughout the World*, edited by Ulmer, A. B. 1109-1180, Thomson Reuters.

Youm, K. H. & Park, A.(2016), The 'Right to Be Forgotten' in EU Law: Data Protection Balanced with Free Speech?" *Journalism & Mass Communication Quarterly* 93: 1-23.

Youm K. H., Sang Y., & Park, A.(2018), Communication Law in Korea: A Topic for Global Research. In *Communication, Digital Media, and Popular Culture in Korea: Contemporary Research and Future Prospect*, Edited by Jin D. Y. & Kwak N. 59-80, Lexington Books.

Youm, K. H., Lee I., & Park, A.(2018), Access to Government Information in South Korea: The Rise of Transparency as an Open Society Principle, *Journal of International Media & Entertainment Law*, 7(2), 179-202.

Youm K. H., Sang Y., & Park, A.(2018), Communication Law, In *Korean Communication, Media and Culture*, edited by Youm, K. H. and Kwak, N. 11-40, Lexington Books.

Youm K. H.(2019), Freedom of Expression in Korea: Measuring up to International Law? 「저스티스」, 170권 2호, 204-240.

# 제 6 장

# 우현(愚賢) 원우현의 생애와 철우사상: 사랑이 지배하는 언론법

## 1. 들어가며

2021년은 사단법인 한국언론법학회(이하 '언론법학회'라고 한다)가 창립된 지 20주년이 되는 해다. 지난 20년간 우리나라 언론법 연구에 언론법학회가 이바지해온 비중은 결코 적지 않다.

오랜 기간 언론법학은 법학과 언론학 모두에서 하나의 독립된 학문적 영역으로 인식되지 못하고, 저널리즘의 하부 영역 정도로 인식되어 왔다. 이것은 언론법학이 언론학과 법학이라는 두 개의 이질적인 학문 영역이 서로 교차, 융합하는 지점에 위치하고 있기 때문일 것이다. 언론법학회 창립 이전에도 언론학과 법학 분야의 연구자들에 의해 언론법 연구가 이루어지고 있기는 했지만 그야말로 "개별 영역에서 각개 약진하던 '관계자'들의 언론법적 관심"에 불과했다(이승선, 2014: 2). 이랬던 언론법 연구에 언론법학회라는 공동 학술연구의 장이 마련된 이후 비로소 학술적 융합 내지 성장이 효과적으로 이루어졌다고 볼 수 있다.

언론법학회가 언론법 연구에 기여한 바를 좀 더 상술하면 다음과 같다. 2010년 한국연구재단 등재학술지로 선정된 〈언론과 법〉을 학회가 설립된 2002년부터 발간해오고 있다. 창간호부터 가장 최신호인 제20권 제2호까지 총 44권의 학술지에

도합 568편의 논문이 수록되었다.[1)] 언론학자, 법학자는 물론이고 다양한 분야에서 실무를 담당하고 있는 현업 언론인과 법조인들이 언론법과 윤리, 언론 관련 제도·정책에 대한 논문을 활발히 게재해오고 있다. 학술적으로나 실무적으로 시의성 있는 주제를 선정, 매년 꾸준히 학술세미나를 개최해오고 있으며 다른 학회 내지 법원 내 판사들로 이루어진 언론법연구회라든가 각종 언론유관기관, 법학전문대학원 등과 공동세미나를 개최함으로써 언론법 연구의 저변 확대도 꾀하고 있다. 무엇보다, 〈철우언론법상〉을 제정, 언론법 연구 분야에서 우수한 학술적 성과를 낸 연구자와 언론자유 확대에 크게 기여한 것으로 인정되는 법원 판례를 엄선해 매년 상을 수여하고 있다. 현 시점에서 언론법이 하나의 독립된 학문영역으로 자리를 잡았다는 것과 언론법학회가 대표적인 언론법 연구단체라는 것을 부인할 사람은 이제 더 이상 없으리라고 본다.

우리나라 언론법 연구의 성장과 언론법학회의 학술적 기여의 자취를 따라가다 보면 반드시 만나게 되는 한 사람이 있다. 바로 이 글에서 다루고자 하는 인물인 우현(愚賢)[2)] 원우현 고려대 명예교수다. 원우현 교수는 책에 비유하자면 '백과사전'과 같은 존재다. 1977년 1월 미국 보스톤대학에서 언론학 석·박사학위를 받은 이후 30년 넘게 대학 강단에서 언론학을 가르쳤기 때문에 언론학자라 불러야 마땅하겠지만, 그 학술적 관심과 연구 대상은 전통적인 언론학 이외에도 자유언론과 테크놀로지, 정보사회와 뉴미디어, 방송제도와 법제, PR과 광고, 대중문화 등 온갖 다양한 분야를 넘나든다.

원 교수는 대학에서 법학사를, 대학원에서는 언론학 석·박사를 취득하였기에 일찍이 언론법이라는 학문 분야를 다원리적으로 접근할 수 있는 최적의 학문적 소양을 갖췄다고 볼 수 있다. 원 교수 스스로 "언론학을 규범적 관점에서 접근하는 데 익숙"하다고 밝힌 바 있다(원우현, 2019: 174). 이와 동시에, 언론법학회를 창립한 주역이자 〈철우언론법상〉 재원 마련을 위해 사재를 쾌척, 상을 제정한 장본인이기도 하다. 이처럼 언론법 연구를 선도해온 학자로서, 또 언론법학회 창립 및 〈철우언론법상〉 제정을 통해 지난 20년간 우리나라 언론법 연구의 토대를 반석 위에 올려놓는데 지대한 공헌을 해왔다는 점에서 그의 지나온 삶의 이력을 살펴볼 이유는 차고도 넘친다.

원 교수의 생애를 따라가다 보면 언론법 연구는 그에게 하나의 운명과도 같은 것이었음을 인정하지 않을 수 없다. 언론법 연구의 출발점은 언론의 자유다. 다시 말해, "언론의 자유와 법적인 규제 사이의 긴장과 균형을 이해"하며 "언론 자유와 관련된 법적인 보호와 제약을 인지"하는 것이 언론법 연구의 핵심이다(염규호, 1998: 19-20). 언론자유에 대한 원 교수의 신념은 그 어느 누구보다도 확고하며, 이러한 점 하나만으로도 원 교수를 훌륭한 언론법학자로 평가할 수 있다. 특히, 그의 언론 자유에 대한 신념은 단지 학문적 영역 안에서만 머물지 않고 스스로 옳다고 믿는 바를 따라 실천에 옮겼다는 점에서 실천적 언론법학자라 부를 만하다.

이 글의 목적은 언론법학자로서 원 교수의 생애와 사상, 업적을 조명하는 것이다. 이를 위해 먼저는 원 교수의 생애 전반에 걸친 언론법과의 몇 차례 조우 과정을 살펴볼 것이다. 그 후 원 교수 언론법 사상의 핵심인 '철우사상'의 구체적인 의미를 탐구해보고 그의 주요 업적 중 하나인 언론법학회 창립 및 발전 과정을 살펴보고자 한다. 언론법 연구 이외의 다른 분야에서의 저술 및 왕성한 사회활동에 대해서는 별도의 장에서 따로 정리했다.

## 2. 생애 – 언론법과의 운명적 만남

### 1) 출생과 성장 – 언론법과의 첫 번째 조우

원우현 교수는 1942년 8월 31일 서울시 종로구 삼청동에서 6남매 중 장남으로 태어났다. 부친 일양(一陽) 원치승은 경기고와 연희전문학교 상과를 나오셨고, 모친 황숙희는 평창초등학교와 숙명여고, 경성여자사범학교 졸업 후 초등학교 교사로 재직한 바 있으며 평생 교회 권사로서 나누는 삶을 몸소 실천하며 사셨다.[3)]

초등학교 시절, 원 교수는 1·4후퇴로 피난 갔다 귀경하는 동안 그 당시 누구나가 그러했듯 여러 우여곡절을 겪었다. 피난지 호곡리에서는 무학으로 소일했고 그 후 네 번 전학을 다니며 불안정한 시절을 보낸 것으로 그는 기억한다. 경복(景福)중학교 입학을 계기로 다시금 자신에게 맞는 편안하고 효능 있는 의복을 입고 다니는 것 마냥 안정감을 되찾게 되었다. 이후 경복중고에서 보낸 6년을 "미래의 삶의 기초를 다지는 데 비옥한 자양분"이 되었다고 기억할 만큼 원 교수에게 정신적으로 풍요롭고 행복한 시간이었다(원우현, 2013: 270).

원 교수가 서울대 법과대학에 입학한지 얼마 지나지 않아 5·16 군사 쿠데타가 일어났다. 경제적으로는 빈궁하고 정치적으로도 불안정한 시국으로 대학 분위기 또한 어수선했다. 한국 현대사의 격변기였던 당시, 원 교수에게도 잊을 수 없는 한 가지 사건이 일어난다.

원 교수가 새로운 대학 문화에 적응해가며 법학 공부에도 흥미를 느껴갈 무렵, 헌법개론 시간에 집회 및 결사의 자유, 언론의 자유가 자유민주주의의 핵심적 가치라는 한태연 교수의 열강을 듣고 귀가해보니 사복 입은 수사요원들이 그의 집 대문을 지키고 있었다. 당시 〈주간정론〉이라는 정론지 사장 겸 주필이었던 원 교수 부친은 의열단 단장을 지낸 유석현 선생, 경무대 비서를 지낸 윤석오 선생 등과 더불어 '이주당'을 창당한 주역 중 한 사람이었다. '이주당'은 '이주주의'를 현실에서 구현하겠다는 기치를 내걸고 출범한 정당이었다. 냉전 시대였던 당시, 세계는 자유민주주의 유심론과 공산주의 유물론으로 양분되어 있었고 우리나라 역시 남북한이 비무장지대를 사이에 두고 휴전선에서 대치하고 있는 상황이었다. 이러한 한반도의 특수한 정치적 상황에 정반합의 원리를 적용, 양극의 이념을 이주로 통합하고 나아가 세계 질서를 재편하여 우리나라를 세계 중심 국가로 끌어올린다는 것을 표방하고 나선 이주당 창당을 계기로 원 교수 부친이 반공법 위반 혐의로 압수수색을 당한 것이다.

이때의 경험은 원 교수 생애에서 언론법을 생각하지 않을 수 없는 첫 번째 계기가 되었다. 헌법에 보장된 언론·출판의 자유, 집회·결사의 자유가 그 당시 현실에서 짓밟히는 장면을 원 교수 자신의 눈으로 생생히 목격한 것이다. 이때의 경험 때문이었을까. 결과적으로 원 교수는 일반적인 법대생들이 가는 것과는 전혀 다른 진로를 선택하기에 이른다.

> "서울대 법대 풍토는 전통적으로 고시 합격을 목표로 청춘을 잊고 매진하는 분위기였다. 초기엔 나도 그 대열에 휩쓸려 지내면서 합격선을 넘볼 수 있을 정도로 수험 준비에 집중했다. 그러나 시간이 흐르면서 고시 위주의 학교생활이 무의미하게 느껴지고 틀에 짜인 인생을 한 번 빗겨 더 넓은 세계로 뛰어들고 싶었다."(원우현, 2013: 95)

### 2) 서울대 신문연구소 시절-언론법과의 두 번째 조우

원 교수는 법대 재학 시절 이미 미국 유학을 결심한다. 이에 대학 졸업 및 군

제대 무렵이었던 1966년 9월 서울대학교 신문연구소에 4기생으로 입학했다. 연구소에서 들었던 강의 중에서 서울대학교 법과대학 김철수 교수의 '언론과 헌법학' 강의를 비롯한 저널리즘 강의가 생소하면서 흥미로웠던 것으로 그는 기억한다. 특별히 풀브라이트(Fullbright) 교환교수로 와있던 에드워드 베이커 교수(미국 미시간대)의 저널리즘 수업이 인상 깊었다고 한다.

영어로 진행되는 강의였기 때문에 수강생들이 대부분 수강 철회를 했다. 하지만 원 교수 자신은 조교를 맡고 있던 터라 수강을 빠지지 않고 해야만 했다고 한다. 눈과 귀에 익숙하지 않은 영어 강의인데다가 강의 내용이나 방식 또한 미국 대학 그대로였기 때문에 벅차고 당황스러웠다. 하지만 그 덕분에 예습과 복습을 철저히 하고 맨 앞줄에서 수업을 듣게 됨에 따라 베이커 교수로부터 Tutorial teaching lesson을 받는 특혜를 누렸다고 한다. 이를 계기로 원 교수는 언론법과의 두 번째 만남을 갖게 된다.

미국의 저널리즘 역사를 주로 다루었던 베이커 교수의 수업에서는 자연스럽게 미국 수정헌법 제1조에 따른 언론자유의 우월적 지위 역시 다루어졌다. 20세기 전반에 걸쳐 사상의 자유시장 원리를 고수하고자 예외적인 상황에서의 표현의 자유 제한마저도 신중을 기하기 위해 '사전 억제 이론', '명백하고도 현존하는 위험의 원칙', '막연하면 무효이론' 등과 같은 다양한 판단 기준을 개발해온 미국의 언론법제를 이 수업에서 배웠다. 원 교수에게는 신선한 충격 그 자체였다. 법대 학부 시절 경험한 바 있는 한국의 억압적인 정치 상황 및 언론자유의 현실과 대조되며 언론자유가 우월적 지위를 가져야 할 이유에 대해 진지하게 고민해보는 기회가 되었다.

### 3) 유학과 대학교수 임용

1969년 원 교수는 미국 유학길에 올랐다. 미국 동부에 위치한 보스톤대학 신문방송대학원(당시 명칭 Boston University School of Public Relations and Communication) 언론학 석사과정에 입학했다. 보스톤대학 신문방송대학원은 새로운 분야의 전공을 도입하는 데에 인색한 동부의 보수적인 학풍을 깨고, 1947년 뉴잉글랜드 지역에서는 최초로 설립된 언론학 전문대학원이다. 이곳에서 원 교수는 커뮤니케이션 이론이 단순히 신문·방송의 현상을 기술하거나 설명하는 것이 아닌 "대중사회의 대중문화를 이해하는데 중심 주제와 영역"이라는 사실을 발견했다고 한다(원우현, 2013: 104). 1971년 석사학위를 취득했고, 이어서 같은 대학원 매스컴 박사 과정에 진학, 1977년 1월 언론학 박사학위를 취득했다.

박사 과정 중이었던 1973년 9월, 원 교수는 귀국 후 경희대학교 정경대학 신문방송학과 조교수에 임용되었다. 당시 원 교수의 수업을 들은 한 제자는 30대 초반의 젊은 교수이자 미국에서 이제 막 최신 학문을 공부하고 귀국한 그의 강의에는 열정과 자신감이 넘쳤다고 회고한다(최병목, 2013: 55). 3년 후인 1976년 9월, 고려대학교 정경대학 신문방송학과로 자리를 옮겼다.

### 4) 자유언론을 위한 실천과 시련

원 교수가 경희대 신문방송학과 조교수로 재직하고 있던 1970년대 중반, 우리나라 언론계는 유신정권 치하에서 큰 시련을 겪고 있었다. 기자 해직으로까지 이어진 '동아일보 광고탄압사태'[4]가 대표적이다. 이에 원 교수를 비롯한 서울 소재 7개 대학 12명의 교수들이 실명으로 1975년 2월 10일자 〈동아일보〉 7면 하단에 '언론의 자유 없이 진정한 학문의 자유가 없다고 믿는 우리 신문학과 교수들은 자유언론을 실천하는 동아와 뜻을 같이 한다'는 광고를 게재했다.

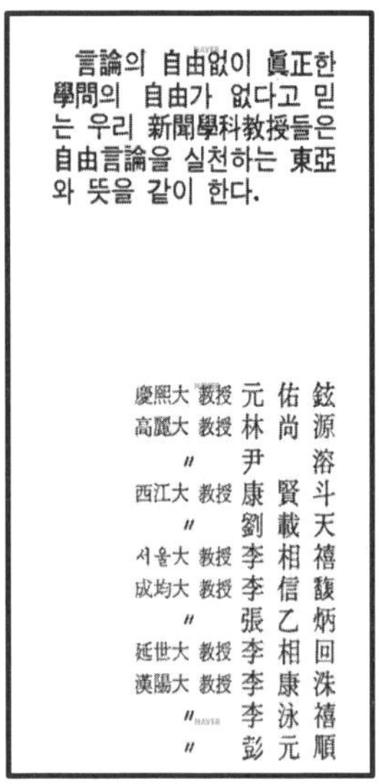


1975.2.10.자 〈동아일보〉 7면 하단 게재 광고

당시 광고를 낸 교수 명단 첫 번째 줄 이름이 바로 원 교수였다. 이에 〈동아일보〉 사회면 톱으로 대서특필된 것은 물론 그 당시 시청률이 높았던 〈동아방송〉에서 뉴스 시간마다 "경희대 원우현 교수 외 12인은…"으로 시작하는 앵커멘트를 내보냈다(원우현, 2013: 71). 이 일로 주변에서 많은 이들이 그의 앞날을 걱정하는 반응을 보였다고 한다. 당시의 상황에 대해 원 교수는 "(내가) 선두에 나섰다기보다는 가나다 순으로 학교 이름을 명기하다 보니 경희대 원우현이 타이틀이 되다시피 한 것"이라고 해명하며 "정의에 불타는 혈기보다는 유학 중 터득한 합리적인 사고와 시민정신을 거스르는 사회현상을 단순히 고발하는 싶은 심정에서 도전한 것"이라고 담담히 회고한다(원우현,

2013: 71).

이와 유사한 일이 한 번 더 있었다. 12·12사태 이후 신군부가 통치하던 시절, 무기명 비밀투표로 선출하는 고려대 정경대학 교수협의회 회장에 신임교수였던 원 교수가 뽑혔다. 물론, 이 일이 가져올 고초를 원 교수는 알 리 없었다.

이른바 '서울의 봄'으로 일컬어지는 1980년 5월, 학생들은 4·19 묘지나 서울역 방향으로 시위대열에 나서곤 했다. 그 때마다 원 교수는 협의회 회장으로서 학생 보호 차원에서 동행할 책임이 있었다. 이로 인해 원 교수는 당국의 지명수배 명단에 오르게 되었다. 나중에 알게 된 사실이지만, 학생 시위를 선동하고 부추긴 혐의에 더해 서울역 근처에서 발생한 명지대 출신 전경 사망사건에 연루되었다는 혐의까지 받았다고 한다. 이로 인해 "새벽 무렵 잠복하고 있던 합동수사 요원들이 들이닥쳐" 원 교수를 연행했고 어디에 있는 건물인지도 모르는 합동수사본부에 열흘 넘게 갇혀 자신이 왜 수사를 받고 있는지 영문도 모른 채 계엄사 합수부 요원들로부터 심문을 받게 되었다. 당시를 원 교수는 "고려대 재직 시절, 가장 힘들었던 순간"으로 꼽는다 (원우현, 2013: 76).

> "한 수사관이 긴장된 분위기를 조성하며 심문을 진행하면 또 다른 험상궂은 수사관이 불쑥 간헐적으로 들어와 책상에 걸터앉으며 거친 말투를 내뱉으면서 필자를 몰아치고는 돌연 사라지는 방식으로 혼쭐을 내곤 하던 기억이 어렴풋하다."(원우현, 2013: 81)

이때의 일을 포함해 과거 법과대학 시절의 경험까지 몇 번의 특별했던 사건과 경험들이 원 교수로 하여금 언론자유의 진정한 의미와 가치를 마음 깊이 새기게 만들었을 것이라고 능히 짐작하게 한다.

## 3. 사상 – 사랑이 지배하는 언론법

앞의 장에서 원 교수의 생애를 살펴본 것에 이어 이 장에서는 언론법학자로서의 사상의 요체인 '철우사상'과 그가 우리나라 언론법 연구에 기여한 핵심적 성과에 관해 살펴보고자 한다.

### 1) 철우(哲宇)사상

언론법학자로서의 원 교수의 사상을 한 단어로 요약한다면 '철우(哲宇)'일 것이다. '철우'를 원 교수의 호로 많이들 오해한다. 그러나 철우는 '철우방원(哲宇芳元)'의 첫 두 글자로 '철리(哲理)가 지배하는 우주'를 의미한다. 〈철우언론법상〉 제정 당시 원 교수는 '철우'에 담긴 의미에 관해 다음과 같이 밝힌 바 있다.

> "지난 나의 삶에서 마음속 깊이 자리 잡고 있는 결코 잊지 못할 소외된 이웃들이 있다. 일생동안 한 마디도 하지 않고 침묵으로 행복과 평강을 이심전심으로 전해도 아무도 대변해주지 않는, 그런 표현이 부족한 이웃까지 배려하여 표현의 자유나 언론의 자유를 회복시켜주길 염원했다. 특히 기독인으로서 부족한 자들을 채워서 강하고 여유롭게 만드시는 주님의 놀라운 섭리를 하루하루 깨닫게 해주는 사랑의 법이 최우선이라는 뜻에서 이 상을 제정하게 되었다."(원우현, 2019: 174-175)

원 교수가 생각하는 '이 우주를 지배하는 철리'란 구체적으로 무엇을 의미할까. 원 교수의 설명에 따르면, 그것은 곧 '사랑' 내지 '사랑의 법'이다. 원 교수가 꿈꾸는 세상은 '사랑이 지배하는 우주' '사랑에 지배받는 세상'임을 알 수 있다.

사랑이 어떻게 학문적 연구주제와 연결될 수 있는지 다소 의문을 가질 수 있다. 하지만 원 교수에게 있어서 사랑이야말로 인간의 존엄성을 향유, 실현할 수 있는 유일한 수단이자 방법이다.

> "이 책의 기저에는, 정보기술로 인한 컴퓨터 매개 커뮤니케이션, 사이버 공간, 가상현실 등의 이름으로 디지털 세계가 무한대로 펼쳐지는 상황일수록 인간(人間)이 〈사람 사이의 커뮤니케이션〉으로 인하여 그 존엄성을 향유할 수 있다는 평범한 진리를 확인하는 데에 초점을 맞추려는 흐름이 있음을 감지할 수도 있을 것이다.
>
> 정보기술의 첨단인 인터넷 시대에도 철리(哲理)를 각 사람 마음에 품고 하늘의 섭리대로 운행되는 세상을 만들어 간다면 정보기술의 과학성과 인간의 심성이 어우러진 좋은 세상(哲宇)을 기대할 수 있을 것이다."(원우현, 2002: i-ii)

헌법을 비롯한 모든 실정법이 지향하는 궁극적인 가치는 '인간의 존엄성'이며 사람 사이의 커뮤니케이션을 통해 향유할 수 있는 최고의 가치 또한 '인간의 존엄성'

이라고 볼 수 있다. 그런 점에서 기술의 진보는 인간의 존엄을 파괴하는 것이 아닌, 보호하고 향유하는 방향으로 이루어져야 한다는 것이 원 교수의 확고한 신념이다. 그렇다면 그의 관점에서 이 또한 '철리가 지배하는 세상' 곧 '철우'가 되는 것이다.

### 2) 철우사상과 액세스(access)권

원 교수가 말하는 학문적 이념으로서의 '사랑'을 보다 자세히 들여다보면, 표현의 자유 내지 말할 자유를 상실한, 그래서 말할 수 없고 표현할 권리를 누리지 못하는 사회적 약자들이 존재하고 있음을 알 수 있다. 원 교수는 이러한 사회적 약자들이 자신의 의사를 자유롭게 말하고 표현할 권리를 회복할 수 있기를 그야말로 '염원'했다. 무엇보다, 언론이 이러한 사회적 약자들의 목소리를 대변할 수 있어야 한다고 생각했다.

이런 측면에서 원 교수는 미디어 액세스권에 대한 학문적 관심 속에서 관련 논문을 여러 편 저술했다. 다시 말해, 그의 '철우사상'이 학문적 성과 측면에서는 액세스(access)권 연구로 구체화된 것이다. 「매스 미디어와 문화 발전」(1984년) 속에 수록된 논문 '악세스권의 현대적 의의와 그 행사', 「한국미디어문화비평」(1987년) 수록 논문인 '개헌과 언론조항', '의견광고론' 등이 여기에 해당한다.

> "헌법이 보장하는 언론의 자유가 본래의 가치와 기능을 수행하기 위해서는 수용자는 소극적으로 매스 미디어에 의하여 전달받기만 할 것이 아니라 적극적으로 정부 정보에의 악세스권(정부 정보청구권)에 의하여 실현되는 국민의 알권리, 의견 광고 및 반론권을 실현 내용으로 하는 매스 미디어에의 악세스권의 보장을 전부 포함하는 전체적인 법적 보장을 받아야 한다. 이러한 의미에서 볼 때, 현대적 의미에서 언론자유는 이와 같이 포괄적·통합적인 언론자유의 보장을 의미하고 있다."(원우현, 1984: 237)

매스미디어에 대한 공중의 접근권, 다시 말해 액세스권 연구의 의의 내지 배경에 대한 원 교수의 설명이다. 우리나라는 아시아 최초로 정보공개제도를 입법한 나라지만 그 시기는 1990년대 후반이었다. 헌법재판소에서 언론의 자유를 근거로 국민의 알권리를 인정한 것이 1989년이었고, 청주시의회에서 우리나라 지자체 최초로 행정정보공개조례를 제정한 것이 1991년이었으니 정보공개청구권이 제도화되기 한

참 전부터 이미 원 교수는 언론의 자유를 실질적으로 구현하기 위한 알권리 내지 정보공개청구권 법제화에 대한 학문적 관심을 기울였던 것이다.

원 교수가 생각한 액세스권은 크게 세 종류로 세분화할 수 있다. 첫째는 반론권이다. 당시 우리나라에는 언론기본법을 통해 일종의 반론권 제도라 할 수 있는 '정정보도청구권'[5]과 이를 실현하기 위한 '언론중재위원회'가 도입된 상태였다. 원 교수는 언론기본법상의 반론권 제도가 갖는 의의와 한계에 대해 다음과 같이 설명하였다.

> "우리나라 언론기본법상 반론권제도라 할 수 있는 정정보도권제도는 개인의 인격적 법익침해에 대한 구제수단이라는 데 본질이 있고 여론의 다양성 확보라는 새로운 현대적 차원의 반론권은 제도화되지 못하고 있다. '사실적 주장'에 의한 피해에 대해서만 정정보도청구를 인정하고 있으며, 논평이나 비평 등의 의견 내지 가치판단에 관한 사항에 대해서는 반론권을 인정하지 못하고 있다. 이는 이 제도가 본질적으로 개인의 인격적 범위의 침해를 구제하기 위한 것이며 여론의 다양성을 보장하기 위한 법규로 볼 수만은 없다는 해석이 가능해진다."(원우현, 1987: 143)

원 교수의 관점에서 언론보도로 인해 피해를 입은 개인의 인격권 침해에 대한 구제도 물론 중요하지만 여론의 다양성 확보 내지 민주주의의 발전을 위한 보다 넓은 의미의 반론권도 중요했다. 특히, 국민 개개인이 자유롭게 자신의 정치적 견해를 표현할 수 있는 자유가 보장되어야 한다고 주장하며 이러한 권리를 '정치적 의견형성권'이라고 명명했다(원우현, 1987: 144).

두 번째 액세스권은 '의견광고'다. 한국적 현실에서 원 교수의 '의견광고론'은 매우 독창적이다. 의견광고는 상품이나 서비스의 판매 촉진을 위해 주로 기업이 광고주가 되는 '상업광고'와 대비되는 개념으로서 "광고료를 지불한 주체의 어떤 쟁점에 대한 자기 의사가 광고면에 개진되어 나타나는 광고"를 의미한다(원우현, 1987: 300). 원 교수는 사회적 쟁점에 대한 구성원들의 시각이 다르고, 서로 의견이 엇갈리는 상황 속에서 언론은 일종의 '조정자'로서 역할을 해야 한다고 보았다. 이때 조정자로서의 언론은 기사와 광고라는 두 개의 수단을 활용할 수 있는데 후자에 해당하는 것이 바로 '의견광고'다. 따라서 의견광고는 "이른바 접근권을 실현시키는 방법인 신문이나 방송에 대한 반론권, 신문에 대한 투서, 방송의 시청자 참가프로그램, 매스 미디어에 대한 비판·항의·요구 등과 더불어 국민의 알권리를 종합적이고 구체적인 권리로 보장받는 데 중요한 구실"을 한다(원우현, 1987: 300).[6] 심지어, 〈뉴욕 타임스〉를 예로 들어 언론사의 입장이나 논조와 상이한 기관, 주체의 의견광고라도 받아들여야 한다고 보았다.

액세스권을 강조하다 보면 필연적으로 미디어의 자유, 다시 말해 언론기관의 자유와 충돌하는 문제가 발생하기 마련이다. 이에 관한 원 교수의 이론적 토대는 미디어 경영진과 수용자의 접근권의 조화를 주장하는 '조화 이론'이다. 즉, 언론자유의 우월적 지위 보장에 있어서 가장 존중되어야 할 것은 "수용자의 권리이지, 방송 경영층의 권리가 아니"라고 본 것이다(원우현, 1984: 240).

> "종래 우리는 언론의 자유라는 것을 늘상 미디어 중심으로 생각해 왔지만 접근권의 입장은 이제 언론자유의 개념을 언론자유의 본래의 향유주체여야 할 시민의 권리도 당연히 포함하는 것으로 재구성하도록 요청하고 있는 것이다."(원우현, 1987: 44)

이러한 주장이 가능했던 것은 언론의 자유의 우월적 지위에 대한 새로운 이해, 즉 "정부나 사적 면허권자에 의해서 사상의 시장을 독점하도록 장려하는 것이 아니고 오히려 진리가 결국 장악하는 자유공개 시장을 유지하는 것이야말로 수정헌법 제1조의 목적"이라고 본 데서 기인한다(원우현, 1984: 241). 이상적인 '사상의 자유시장'은 현실에서 더 이상 존재하지 않으며 따라서 "새로운 표현의 광장을 얻기 위해서는 법적인 개입이 요청된다"는 주장까지도 했다(원우현, 1987: 44).

원 교수는 정보사회의 도래와 더불어 제기되는 새로운 정보유통질서 형성에 있어서도 '액세스권'을 매우 중요한 정책적 고려요소로 보았다. 「한국미디어문화비평」(1987년)에 수록된 세 편의 논문 '정보사회의 특성과 정보유통질서에 관한 고찰', '뉴미디어 정책요인결정과 케이블 텔레비전 설정방향', '정보기술도입과 문화발전'이 여기에 해당한다. 이 논문들은 주로 정보사회와 뉴미디어, 유선방송(케이블 텔레비전) 기술발전이 미디어에 미치는 영향을 주로 다루고 있지만 액세스권을 정보유통질서 형성의 정책적 고려요소로 보고 있다. 그래서 "정보화사회에서 출현할 것으로 예측되는 종합다매체정보체계(hybrid multimedia information systems)[7]는 그 재원이 사용자가 될 것이기 때문에 저소득층은 정보 서비스를 구입하지 못하게 되고 그 결과 새로운 기술이 주는 혜택을 못 받게 될 것"을 우려하며 정보량에 따른 사회계층화의 문제를 예견한 바 있다(원우현, 1987: 85).

### 3) 언론법학회 설립과 〈철우언론법상〉 제정

언론법학자로서 원 교수가 이룬 여러 업적들 가운데 언론법학회 설립과 철우언론법상 제정을 논하지 않을 수 없다.

언론법학회가 설립되기 이전, 다른 학문 분야에 비해 언론법 연구자들이 자신의 연구 역량을 펼칠 수 있는 토대가 부실한 측면이 없지 않았다. 언론학 분야의 일부 학자들에 의해 언론법 연구의 명맥이 유지되고 있거나 법학 내에서 일부 헌법학자들을 중심으로 언론법 연구가 진행되는 수준이었다.

원 교수에게 언론법 연구는 일생의 과업과도 같았다. 앞에서 서술한 바와 같이 학부 시절의 전공과 경험, 그리고 미국 유학 시절 언론학으로 석·박사 학위를 취득한 이력으로 인해 다원리적 학문인 언론법 연구를 위한 학문적 토대가 튼튼했던 것은 물론, 평소 그의 언론법에 대한 애정과 관심이 지대했다. 이에 언론학이나 법학 분야의 변방을 지키는 데에 그치고 있는 언론법학의 위치를 끌어올려 언론학자와 법학자가 공동으로 연구하는 장을 마련하고자 언론법학회 설립에 발을 벗고 나섰다. 원 교수는 언론법학회 창립 과정에 대해서 다음과 같이 회고한다.

> "사단법인으로 등록하기 전에 발기인 대회를 열고 2002년 2월 8일 한국언론법학회 창립선언문을 공포하였습니다. 이로써 진정한 언론자유의 창달과 언론 민주화의 구현, 언론문화 및 수용자 주권 증진을 목적으로 하는 학회 창립의 뜻을 대내외에 천명했습니다.
> 학회의 이미지 구축과 사단법인 등록을 위하여 각 분야의 저명한 전문가를 초청하고자 노력했습니다. 예상외로 각 분야의 저명한 언론학자, 법학자, 정책연구자, 그리고 윤리연구자가 창립 취지에 공감하여 발기인으로 참여해주었고 덕분에 건실한 진용을 갖추었습니다. 언론학계에서는 원우현, 김진홍, 유일상, 박지동, 이구현, 이창근, 김영석 교수가, 법학계에서는 박용상, 권영설, 성낙인, 한위수, 박선영, 이인호, 양삼승, 안상운, 김성수, 이재상 교수가, 윤리·정책학에서는 정정길, 김득중, 김상배, 이성백 교수 등이 발기인으로 동참했습니다. 이들의 참여 덕분에 학회 창립의 기반을 시작부터 견고히 할 수 있었습니다."

학회 설립 이후, 원 교수는 한 걸음 더 나아가 학회가 설립된 그 해 6월 3일

〈철우언론법상〉을 제정하기에 이른다. 〈철우언론법상〉 제정의 의미에 관해 김진홍(2007: 334-335)은 "원우현 교수의 사상적 집합인 '철우(哲宇)정신'을 구현하려는 데 목적을 두고 있"으며 "언론법학회의 위상과 브랜드 가치를 신장시키는 데 크게 기여했다"고 보았다. 원 교수는 상 제정 당시는 물론이고 최근까지 기금 마련을 위해 거액의 사재를 쾌척한 바 있다(김진홍, 2007: 335). 학회 설립이 뜻을 같이 한 여러 학자들 공동의 작업이었다면 철우언론법상 제정은 오롯이 원 교수 개인의 헌신과 공로라고 보아야 한다. 〈철우언론법상〉 제정의 보다 구체적인 배경과 이유에 대해 원 교수는 다음과 같이 진술한다.

> "다원리적 학문인 언론법학의 특성상, 상이한 분야의 전문가들이 학회의 깃발 아래 모였지만 서로 다르고 생소한 면도 적지 않았습니다. 여러 분야의 전문가들이 원활하게 상호소통하고 응집하게 할 계기가 필요했습니다. 고심 끝에 언론법 분야의 학문적 성과와 대법원, 헌법재판소 판결을 총괄적으로 돌아보면서 그 학문적 수월성을 부각시키어 수상의 명예와 뜻을 기리는 학회 고유의 언론법상을 제정한다면 그 시상을 계기로 서로 소통하고 격려하고 존중하면서 각자의 학문적 시각에서 공통의 언론법 영역을 탐구하는 기반을 공고히 할 수 있을 것이라는 결론에 이르렀습니다. 학회 발기인들 사이에서도 즉시 시행하자는 쪽으로 공감대가 형성되었습니다. 그 결과, 그 해부터 즉시 시행하게 되었습니다."

〈철우언론법상〉 제정 과정을 살펴보다보면, 신중하게 생각하되 필요하다는 판단이 서면 과감하게 실행에 옮기는 원 교수 평소의 성향이 잘 드러난다. 학회 설립과는 다르게 상 제정의 일에는 막대한 재원이 필요한 일이므로 결심만으로 되지 않는다. 평소 나눔을 실천해온 원 교수의 면모가 〈철우언론법상〉 제정에서도 여실히 효력을 발휘했다.

> "철우언론법상을 시행, 운영함에 있어서 엄정한 심사절차를 밟지 않을 수 없었습니다. 심사 과정에서 다원리적인 언론법의 지향점과 응집력이 발휘되었고, 언론법 특유의 축세와 향연의 장이 마련되었다고 봅니다.
>
> 판례 부문 시상의 의미가 각별합니다. 언론 관련 판례에 시상하는 것은 철우언론법상이 국내외적으로 최초가 아닐까 싶습니다. 주지하다시피, 매년 대법원과 헌법재판소에

서 언론 관계 쟁점에 관한 의미 있는 판례를 선고, 축적함으로써 한국적 언론법 체계와 이론을 구축하는데 크게 기여하고 있습니다. 지난날 국내 언론법 강의는 미국 수정헌법 제1조를 근거로 언론자유의 우월적 지위를 보장하는 판례를 가설적 기반으로 해왔다고 볼 수 있습니다. 예컨대, 사상의 자유시장 원리가 작동하지 않는 예외적인 상황에서의 표현의 자유 제한을 정당화하는 20세기 전반기 미 연방대법원의 판단 기준에 불과한 '사전 억제 이론(prior restraint doctrine)', '명백하고도 현존하는 위험의 원칙(The rule of clear and present danger)', '막연하면 무효이론(The Void-for Vagueness Doctrine)' 등을 우리나라 언론법 교과서에서 차용해온 것입니다. 지난 20년 동안 여러 국내 판례들이 철우언론법상 수상을 했고 이들 판례들은 한국적 상황에서의 언론법적 쟁점과 법사회학적 배경에서 탄생한 것들이라 하겠습니다. 철우언론법상 수상 판례들이 언론법의 한국적 특성을 고양하는데 크나큰 기여를 하고 있다 평가되고 있습니다."

지난 20년간 〈철우언론법상〉은 국내는 물론이고 국외의 탁월한 언론법 연구자들에게까지 상을 수여해왔다. 이처럼 〈철우언론법상〉 제정과 언론법학회 창립으로 언론법 연구를 위한 튼튼한 학술적 기반이 마련되었다. 이와 같은 결과에 원 교수의 공로가 지대했음을 다시금 기억하지 않을 수 없다.

## 4. 업적 - 저술 및 각종 사회활동

앞에서 원 교수를 책에 비유하자면 '백과사전'과 같다고 밝힌 바 있다. 이 장에서는 언론법학자로서의 면모 외에 언론학자로서, 왕성한 사회활동가이자 탁월한 행정가로서의 면모에 대해 살펴보고자 한다. 무엇보다, 은퇴 후인 70대 중반의 나이에 낯선 몽골 땅으로 가서 3년간 몽골국제대학 부총장으로 헌신한 결과에 대해서 살펴보고자 한다.

### 1) 저술활동

원 교수는 대학 강단에 처음 서게 된 1970년대 중반 무렵부터 1980년대까지 젊은 학자로서 왕성한 저술 활동을 이어나갔다. 신문이나 잡지와 같은 각종 매체에 많은 기고를 했을 뿐만 아니라, 1982년부터 1988년까지는 한 해를 빼고 매년 단행본 한 권을 꾸준히 발간했다. 외국의 논문이나 서적을 번역해서 책으로 엮기도 했고, 여러 매체에서 청탁받아 기고한 논문과 에세이가 어느 정도 모아지면 체계를 잡아 묶어서 단행본으로 내곤 했다. 오늘날에 비해 학문적 토대가 빈약했던 당시의 상황을 생각하면 자신의 저술과 학문적 성취에 대해 얼마든지 자신만만할 수도 있었다. 하지만 원 교수는 "이래도 흡족하지 못하고 저래도 보충할 점이 많다"거나 "발표할 때마다 미흡하면서도 끝을 내야 했던 졸고"라고 스스로를 낮추었다(원우현, 1984: 15, 1987: 11).[8)]

원 교수 저술의 특징을 하나 꼽는다면, 학문적 관심이 늘 현실 속 쟁점에서 시작되었다는 것이다. 즉, "한국 매스 미디어의 쟁점을 붙들고 해답을 얻으려고 안간힘을 썼"으며 "현실적 쟁점이 주어질 때마다 학문적인 관심 영역을 응용하여 우리 사회 현실과 미디어 문화를 고찰"하고자 했다(원우현, 1987: 9, 10). 그 결과, 그의 문제의식은 구체적이었고 연구성과는 현실적이면서 실용적이다. 일례로, 1980년대 중반에 진행된 '유언비어 사례연구'를 들 수 있다.

이 연구는 1985년 가을부터 KBS 1-TV에서 방영된 공상과학 드라마 〈V〉와 관련하여 시청자들 사이에서 나돈 유언비어를 대상으로 진행되었다(원우현, 1987: 374-408). 당시 드라마가 폭발적인 인기를 끌자 특히 청소년들 사이에서 여러 유언비어가 나돌기 시작했고, 급기야 KBS 2-TV 〈오늘〉이라는 프로그램에서 유언비어의 진위 여부, 오늘날로 치면 '팩트체크'를 시도하기에 이르렀던 것이다. 이 한 가지 연구를 통해서도 원 교수에게는 지극히 구체적이고 현실적 주제를 '감수성이 예민한 청소년 집단이 비현실적인 이야기에 어떤 반응을 보이는가?'라는 학술적 연구문제로 응용할 수 있는 탁월한 능력이 있었음을 알 수 있다.

언론학 분야에서 원 교수의 주요 연구 성과로 꼽을 수 있는 두 가지를 선정해 간략하게나마 소개하고자 한다.

### ▮ 뉴미디어 연구

원 교수는 뉴미디어 패러다임을 국내에 전파한 일종의 '선구자'다(정윤식, 2013: 44). 1982년 하버드 옌칭연구소 방문교수로 선발되어 1년간 보스톤에 머물며 MIT Media Lab에서 진행된 세미나에 참여했다. 이것이 계기가 되어 1985년 이디엘 솔라 풀 교수의 명저 「자유언론의 테크놀로지」를 번역, 국내에서 출간했다. 국내에서 정보통신기술이 아직 보편화되기 전이었던 1980년대 초반, 원 교수는 정보통신기술의 발전이 커뮤니케이션과 미디어에 미칠 엄청난 영향력을 이미 간파하고 있었던 것이다. 이 외에도 「매스 미디어와 문화 발전」에 수록되어 있는 1편의 논문 '위성방송의 문화규범적 논쟁과 그 대책'과 「한국미디어문화비평」에 수록되어 있는 '정보사회' 관련 3편의 논문들, 즉 '정보사회의 특성과 정보유통질서에 관한 고찰', '뉴미디어 정책요인결정과 케이블 텔레비전 설정방향', '정보기술도입과 문화발전'을 통해 뉴미디어에 대한 의미 있는 연구성과를 내놓았다.

정년 퇴직이 얼마 남지 않은 시점에서도 원 교수의 뉴미디어에 대한 학술적 관심은 지속되어 2002년 「인터넷 커뮤니케이션」이라는 단행본을 공저로 낼 뿐만 아니라 2006년 개정판까지 냈다. 은퇴 후인 2010년에도 영문판 단행본 「Strategies in Public Relations; Korean Cases and Solutions」를 출간했고 이후 개정판을 냈다.

### 루머(rumour)[9] 연구

1980년대 원 교수는 '대중문화와 유언비어'(1984년), '우리나라 유언비어의 사례연구'(1987년) 등 루머 관련 다수의 논문과 단행본을 냈다. 특히, 원 교수 자신의 글을 포함하여 루머에 관한 대표적인 국내외 주요 논문 15편을 한 데 모아 펴낸 「유언비어론」(1982)을 주목해볼 만하다.

「유언비어론」에서 원 교수는 루머의 개념과 발생조건, 루머 형성 과정 연구에 대한 다양한 시각들(심리학, 정신분석학, 사회적 상호작용), 루머의 전파유형 그리고 루머에 대한 대처방안에 이르기까지 책의 구성에 있어서 체계를 잡고자 노력했다. 책을 펴낸 1980년대는 물론이고 최근까지도 루머와 관련해 이 정도로 체계적인 접근을 시도한 국내 연구자는 많지 않다. 책 서문에서 원 교수는 루머의 본질을 "무상한 인생과 대결하는 끊임없는 인간 노력의 중요한 한 측면"으로 정의했다(원우현, 1982: 3). 이와 동시에, "유언비어를 비난하거나 변호하는 것"이 아닌 "본질에 한발짝이라도 가까이 다가가려"는 자세야말로 연구자의 중요한 덕목임을 강조했다(원우현, 1982: 3).

학술적으로나 사회적으로 '유언비어'라는 용어는 더 이상 사용되고 있지 않다. 이것은 아마도 '유언비어'라는 단어가 정치권력에 의해 언론의 자유가 억압되던 시절을 떠올리게 하는, 일종의 불편한 언어로 사람들 뇌리에 각인되어 있기 때문일 것이다. 그러나 '유언비어'와 '루머'는 동의어로서 표현만 다를 뿐, 현재도 사회 내에 실존하고 있는 문제이며 다양한 분야에서 루머 연구가 현재진행형으로 되고 있다.

원우현 교수와 그가 저술한 단행본(사진 제공: 강민석 국민일보 선임기자)

그런 점에서 원 교수의 '유언비어론' 내지 루머 연구의 가치가 재조명될 필요가 있다고 생각한다.

1980년대에 '유언비어'가 사회적 화두였다면 2020년대인 지금은 '가짜뉴스'가 학문적·정책적 의제가 되고 있다. 최근 들어 '가짜뉴스'에 대한 다양한 연구성과가 나오고 있고 규제 중심의 정책적 방안들도 제안되고 있는 실정인데 이러한 상황이 유언비어에 대한 연구가 진행되었던 1980년대와 크게 다르지 않아 보인다. 학문적 검증이 필요한 주장일 수 있지만, 정보통신기술의 발전으로 과거 '유언비어'라는 용어로 지칭되었던 문제가 오늘날에 와서는 '가짜뉴스'라는 형태로 진화, 변형된 것일 수도 있다. 그런 점에서 "그 대책도 본질의 파악에서 출발되어야" 한다는 '유언비어론'에서의 원 교수의 주장을 현재의 정책 입안자들, 담당자들이 새겨들어야 하지 않을까 생각한다.

### 2) 사회활동

원 교수는 학술연구와 저술 외에도 다방면에서 왕성한 사회활동을 펼쳤다. 언론법학회 초대회장을 맡았으며, 한국언론학회 제17대 회장을 역임했다. 1992년부터 1994년 12월까지 한국PR협회 회장을 역임한 바 있고, 1993년 언론중재위원회 중재위원으로 위촉되었다. 1995년 10월부터 1999년 3월까지는 방송위원회(현 방송통신위원회) 상임부위원장을 역임했다. 1978년부터 2006년까지 30년 남짓 우리나라 최초이자 대표적인 광고상인 〈조선일보 광고대상〉 심사위원 내지 심사위원장을 맡았다. 2006년 한국사회과학협의회 2년 임기의 16대 회장을 맡았다. 이 외에도 고려대 언론대학원 원장을 두 차례 역임했으며, 서울고등법원 조정위원과 헌법재판소 자문위원(2001.4.30.~2007.3.)을 맡은 바 있다. 이 가운데서 한국사회과학협의회 회장으로 있는 동안 원 교수의 또 다른 진면목이 발휘되었다.

원 교수는 2006년 3월 17일 한국사회과학협의회 정기총회에서 회장으로 선출되었다(중앙일보, 2006.3.20). 정치, 경제, 경영, 문화, 교육, 심리, 언론 등 우리나라 사회과학분야 대표적인 학회들의 협의체인 한국사회과학협의회 회장을 언론학자가 맡은 것은 창립 이후 최초일 뿐만 아니라 현재까지도 유일하다. 원 교수가 협의회 회장을 맡게 된 그 무렵, 한국사회과학협의회는 초창기의 명성을 서서히 잃어가며 연구실적은 물론, 조직운영 측면에서 중흥이 필요했다고 한다. 이런 시점에 학회장을 맡은 원 교수는 재정 문제부터 연구실적, 운영 등 협의회 제반 상황을 점검하고 문제점을 하나씩 정비하고 해결해나갔다. 이 과정을 지켜본 백완기 교수(고려대 명예교수, 학술원 회원)는 원 교수에 대해 "한국사회과학협의회가 기존의 위상과 명성을 되찾는 데 결정적인 역할을 한 사람"이라고 평가한다(백완기, 2013: 16). 원 교수가 가진 학자적 면모 외에 행정가 내지 경영가로서의 탁월함을 엿볼 수 있는 장면이다.

원 교수는 2007년 9월 1일 고려대학교에서 정년퇴직함으로써 34년간의 교수생활을 마감했다. 정식 교수직에서 물러났을 뿐, 가르치는 일로부터 물러난 것은 아니었다. 그는 은퇴 후에도 여전히 학생들을 가르치고 후학을 양성하는 일에 힘을 쏟았다. 2008년 1월부터 2009년 2월까지 KDI 국제정책대학원 초빙교수로 재직하며 국내외 대학원생에게 영어로 'PR Strategy Cases and Solution' 강의를 했다. 2010년 하반기 한 학기 동안 고려대국제대학원에서 강의를 했다. 무엇보다, 2016년에는 몽골 울란바토르에 있는 몽골국제대학(Mongolia International University)[10] 부총장으로 부임, 미디어커뮤니케이션 학부(School of Media & Communication)와 국제미디어 연구원(International Institute for Media & Communication)을 신설하고 직접 강의까지 맡았다. 부총장으로서의 대외협력 업무는 물론이고, 국제미디어연구원(Internatioal Institute for Media and Communiation)을 창립하고 국제 세미나도 진행해야 하는 상황이었다. 또한 학과가 신설되었기 때문에 원 교수는 수업 커리큘럼을 짜고 수업 때 사용할 교과서 선택 같은 세부적인 일까지 모든 것을 손수 진행했다고 한다. 원 교수가 대학에서 은퇴한 지 이미 10년이 되었고 75세의 적지 않은 나이에 말도 통하지 않고, 모든 것이 낯선 몽골로 가고자 결단한 것이다. 당시의 심경을 원 교수는 「은퇴 후 쿼바디스[11]」라는 책에서 이렇게 쓰고 있다.

> "나의 삶은 이력이 보여주듯이 학문과 명예, 권위만을 위해서 살아온 삶이었다. 이런 저런 직함을 달고 많은 사회적 혜택을 누렸다. 아름다운 노년을 살아가기 위해서는 그동안의 모든 이력과 기득권을 내려놓는 것이 우선되어야 한다는 생각이 들었다"(원우현, 2019: 54).

몽골국제대학에서의 원 교수. 그의 생일을 맞아 교직원과 학생들이 깜짝 파티를 열었다.

원 교수는 사회적 공헌을 "자신의 이익을 다른 사람을 위해 쓰고, 사회를 위해 축복의 통로가 되는 삶을 사는 것"이라고 정의한다(원우현, 2019: 63). 이런 그에게 "학문과 경험을 풀어놓는 것이야말로 사회적 공헌"이었고 자신의 학문과 경험을 몽골국제대학에서 풀어놓고자 했다. 그 결과, 3년간 몽골국제대학에서의 생활을 "내

인생의 황혼기에 하나님께서 불어넣어 주신 새롭고 신선한 기운, 즉 생기와 같았다"고 회고한다(원우현, 2019: 63).

## 5. 나오며

이 글은 원우현 교수의 생애와 업적, 무엇보다 언론법학자로서 그가 국내 언론법 연구에 기여한 성과와 그의 언론법 사상의 요체인 '철우사상'의 실체를 살펴보고자 하는 명확한 목적 가운데 기술되었다. 백과사전과도 같은 원 교수의 생애와 업적 가운데 극히 일부분만 다룬 데에는 이러한 집필의 방향성과 목적이 있었음을 분명히 밝혀둔다.

원 교수의 생애와 사상을 정리하는 작업은 마치 이미 고전이 된, 도서관 서가에 꽂혀있는 오래 된 서적을 펼치는 일과도 같았다. 원 교수가 왕성한 학문적 활동을 펼친 시기는 1980년대였다. 당시의 학문적 논의와 성과를 오늘날의 시각으로 재조명하는 것은 충분히 의미와 가치가 있는 일이라 생각한다. '온고지신(溫故知新)'이라는 말처럼 수십 년 전의 글과 연구물 속에서 오늘날의 문제를 새롭게 바라볼 혜안을 얻을 수 있기 때문이다. 글을 마무리하며 원 교수라는 인물을 몇 가지로 요약, 정리해본다.

첫째, 원 교수는 국내에 뉴미디어 패러다임을 전파한 '선구자'다. 과학기술의 발전이 미디어에 미치는 영향을 역사적 사례를 통해 정리한 MIT 이디엘 솔라 풀 교수의 명저 「자유언론의 테크놀로지」를 번역, 국내에 출간했고 정보통신기술의 발전이 미디어에 미칠 엄청난 영향력을 간파하고 다수의 뉴미디어 관련 논문을 집필했다. 2000년대에는 「인터넷 커뮤니케이션」이라는 교과서를 공저로 집필한 바 있다.

둘째, 원 교수는 이론적인 면에서나 실천적인 면에서 투철한 '언론자유론자'다. 그는 현대 민주주의 국가에서 언론자유가 차지하는 의미를 잘 이해하고 있다. 이것은 1960년대부터 1980년대까지 한국의 정치적 현실을 온 몸으로 겪은 데에서 나오는 체험적 지식에 기반한다. 그는 언론자유가 억압받는 현실을 경험하면서 몸으로 언론자유의 가치를 체득해나갔을 뿐만 아니라 불의 앞에서 결코 비굴하거나 굴종하지 않는 삶을 살았다. 그의 언론자유에 대한 주장에 힘이 실리는 이유는 이러한 그의 삶과 체험에서 나온다. 언론자유론자지만, 그의 언론자유에는 우리 헌법의 최고 가치이자 세상을 지배하는 원리여야 할 '인간의 존엄'에 대한 깊은 숙고와 존중이 있다. 그래서 미디어나 미디어 경영진 중심의 언론자유가 아닌, “언론자유의 본래의 향유주체여야 할 시민의 권리”를 항상 염두에 두었다. 그런 점에서 그의 언론자유에 대한 학문적 관심은 액세스권으로 옮겨갔고, 이 권리가 갖는 현대적 의의를 세상에 전파했다.

셋째, 원 교수는 ‘언론법학자’로서 국내 언론법 연구를 중흥시키는 계기를 마련하는 데에 크게 기여했다. 그의 인생 여정을 따라가다 보면, 언론법과의 만남이 일종의 숙명처럼 느껴진다. 학부에서는 법학사를, 대학원에서는 언론학 석·박사를 취득한 원 교수는 다원리적 학문인 언론법 연구자로서의 학문적 소양을 튼튼히 갖추었다. 그뿐 아니라, 법과대학 재학 중의 체험과 서울대 신문연구소 시절 들었던 저널리즘 강의라는 두 번의 언론법과의 조우는 그를 언론법 연구의 길로 이끌었다고 볼 수 있다. 언론법학자로서의 원 교수는 특정 주제에 대한 연구 외에도 언론법학회 설립의 중심 역할을 했을 뿐만 아니라 철우언론법상 제정을 통해 국내 언론법 연구의 중요한 또 하나의 토대를 마련했다. 언론법학회 설립 20주년을 맞은 올해, 그의 언론법 연구에 대한 헌신과 공로를 기억할 필요가 있다고 생각한다.

마지막으로, 원 교수는 ‘이상주의자’다. 그의 언론법 사상의 핵심이 ‘철우사상’임을 앞에서 살펴보았다. 철우는 ‘사랑이 지배하는 우주’를 뜻한다. 그에게 있어 우주는 언론 그 자체이기도 하며, ‘정보화사회’ 나아가 오늘날 언론이 직면해 있는 ‘디지털정보환경’이기도 하다. 이 중에서도 ‘사랑하는 지배하는 언론’이야말로 그가 궁극적으로 지향하는 이상향일 것이다. 자칫 낭만적으로 들릴 수 있는 주제인 ‘사랑’을 언론법과 연결시킴으로써 말하고 표현할 자유를 누리지 못하는 사회적 약자들에게 미디어에 접근할 권리를 부여할 정당성을 ‘사랑’에서 찾는다. 이러한 원 교수의 주장은 무미건조한 학문의 사막을 걷다가 오아시스를 발견한 것 같은 큰 감동과 깨달음을 후학들에게 안겨준다.

원우현 교수의 생애와 사상에 대한 탐구를 빠져나오며, 그의 본명 우현(佑鉉)에서 한자만 바꾼 ‘우현(愚賢)’, 즉 ‘바보스런 현자’ 내지 ‘어릿똑똑’이라는 그의 별칭에서 원 교수 사상의 출발점이 된 소외된 자, 사회적 약자들을 향한 마음을 읽을 수 있었다. 이제 그의 ‘철우사상’과도 연결되어 있는 문구이자 지난 2019년 소천한 그의 모친이 남긴 책의 제목을 옮기는 것으로 글을 마무리하고자 한다. “남는 건 사랑뿐일세”

| 미주 |

1) https://www.dbpia.co.kr/journal/publicationDetail?publicationId=PLCT00002141/ (검색일: 2021년 9월 15일)
2) 원 교수에게는 본래 호가 없으나 본래 이름인 '우현(佑鉉)'의 한자만 바꾼, '어리석은 지혜자' 혹은 '어릿똑똑', '바보스런 현자'라는 의미의 '우현(愚賢)'이 그의 별칭이 되었다. 즉, '우현'은 일종의 모순어법, 옥시모론이다. 여기에는 감동적인 사연이 있다. 원 교수가 장로로 있는 교회(온누리교회)에서 주최한 '한국어말하기대회'에서 심사위원을 맡은 원 교수가 몽골에서 온 한 참가자의 실수를 재치 있는 심사평으로 위로하자, 이 장면을 본 다른 심사위원이 원 교수 안에 공존하는 두 가지 대조적인 면모(자신은 눈물을 글썽이면서도 다른 사람은 웃게 함, 높아짐과 낮아짐, 냉철한 두뇌와 따뜻한 가슴)가 마치 '바보스런 현자'와 같다고 해서 붙인 것이다. '철우'를 원 교수의 호로 오해하는 일이 없기를 바란다.
3) 원 교수는 그의 자서전 「꿈꾸어야 청춘이다」에서 자신의 삶을 6가지로 정리했는데 그중에 하나로 '나누는 삶(Life is diverse): 더불어 함께 사는 법'를 꼽았다. 그 역시 교회 장로이자 독실한 기독교신자로 평생 나눔을 실천하며 살아온 데에는 모친의 영향이 지대했음을 짐작해볼 수 있다.
4) 1974년 10월 24일 동아일보사 기자들의 '자유언론 실천 선언' 이후 중앙정보부의 압박에 의해 당시 동아일보, 동아방송, 신동아와 계약한 광고주들이 그 해 연말 무렵부터 대거 광고를 해약하거나 중단했던 사건을 가리킨다. 이로 인해 동아일보는 한동안 광고면을 백지 그대로 제작했고 사회 각계각층으로부터 격려와 지원을 받게 된다. https://terms.naver.com/entry.naver?docId=3389348&cid=62027&categoryId=62027/(검색일: 2021년 9월 30일).
5) 법률(언론기본법)상 명칭이 '정정보도청구권'으로 되어 있었을 뿐, 그 실질적인 성격은 원보도의 내용이 허위일 것을 전제로 하지 않는다는 점에서 '반론보도청구권'에 가까웠다. 이러한 명칭과 실질의 불일치가 한동안 계속되다가 1995년 12월 30일 정기간행물의등록등에관한법률 개정에 의해서 비로소 '반론보도청구권'으로 바로잡혔다. 이 글에서는 언론기본법에 처음 도입되었던 '정정보도청구권'을 반론권 제도라 간주하고 기술했다.
6) 이와 관련하여 원 교수 생애의 한 장면이 오버랩된다. 생애 관련 장에서 이미 살펴본 바 있지만, 1970년대 중반 언론계가 유신정권 하에서 탄압을 받고 있던 당시 초임 교수 신분이었던 원 교수는 자유언론을 실천하는 동아일보에 실명으로 의견광고를 게재한 바 있다. 의견광고가 액세스권 실현의 한 방편이라는 그의 학문적 견해는 단지 추상적 이론이 아닌, 경험적 실재였다.

7) 'hybrid multimedia information systems'가 「한국미디어문화비평」(1987년)에는 '종합정보모체'로 번역, 표기되어 있으나 원 교수의 요청에 의해 '종합다매체정보체계'로 새로 번역, 표기하였다.

8) 원 교수가 펴낸 주요 단행본들을 열거하면, 다음과 같다.

| 국경 없는 세계 | 1974년 | 을유문화사 | 역서 |
|---|---|---|---|
| 설득 커뮤니케이션 | 1979년 | 전예원 | 역서(공역) |
| 유언비어론 | 1982년 | 청람 | 편저 |
| 매스 미디어와 문화 발전 | 1984년 | 범우사 | 저서 |
| 자유언론의 테크놀로지 | 1985년 | 전예원 | 역서 |
| 여론선전론 | 1986년 | 법문사 | 저서 |
| 한국미디어 문화비평 | 1987년 | 범우사 | 저서 |
| 현대미디어 이론 | 1988년 | 나남 | 저서 |
| 여론홍보론 | 2000년 | 법문사 | 공저 |
| 인터넷커뮤니케이션 | 2002년 | 박영사 | 공저 |
| 세계의 언론학 교육 | 2003년 | 삼영서관 | 공저 |
| Strategies in Public Relations: Korean Cases and Solutions | 2010년 | 커뮤니케이션북스 | 저서 |

9) '루머(rumour)'와 '유언비어(流言蜚語)'는 의미상 동의어이며 같은 현상 내지 문제를 다룬다고 볼 수 있다. '유언비어'라는 표현을 사용하지 않을 뿐, 현재도 '루머'에 대한 학문적 연구는 다각도로 진행 중이다. 원 교수의 루머 연구가 진행되었던 1980년대 우리 사회에서 '루머'라는 말 대신 '유언비어'라는 말이 통용되었음을 알 수 있는 대목이다. 이 글에서는 현 시대에 맞게 원 교수의 책이나 글에서 사용된 '유언비어' 대신 '루머'를 사용한다.

10) 2002년 울란바토르에 설립된 몽골국제대학은 국제적 지도자 양성이라는 목표아래 몽골, 러시아, 중국 소수민족, 중앙아시아 지역 학생들이 재학 중인 사립대학이다. 모든 강의는 영어로 진행되고, 교수진의 60% 이상이 한국, 미국, 캐나나, 영국, 인도, 중국 등 세계 10여개 나라에서 온 외국인들로 구성되어 있다.

11) '어디로 가시니까?'라는 의미의 라틴어다. 기독교 소설의 제목으로 알려진 말인데, 예수님의 제자 베드로가 박해를 피해 로마를 빠져나가는 도중, 로마로 향해 들어가는 예수님을 만났을 때 "주여, 어디로 가십니까?" 하고 던진 질문으로 유명하다. 여기서 착안한 원 교수는 은퇴 이후 자신의 진로에 대해 쓴 자서전 제목으로 〈은퇴 후 쿼바디스〉를 붙였다.

## | 제6장 _ 참고문헌 |

김진홍(2007), 운명적 만남과 우주적 창조, 「언론과 법」, 제6권 제1호, 333-335.

백완기(2013), 언덕을 지닌 사람, 원우현 편, 「꿈꾸어야 청춘이다」, 누벨끌레, 14-17.

이승선(2014), 언론법제 연구의 최근 동향: 2011-2013년 학술 논문을 중심으로, 「언론과 법」, 제13권 제1호, 1-28.

이영복(2013), 원우현 장로, '옥시모론'에 담긴 감동, 원우현 편, 「꿈꾸어야 청춘이다」, 누벨끌레, 18-21.

염규호(1998), 미국대학의 언론법 교육현황, 「언론중재」, 통권 68호, 17-26.

원우현(2013), 「꿈꾸어야 청춘이다」, 누벨끌레.

_____(2019), 「은퇴 후 쿼바디스」, 다비다.

_____(1987), 「한국미디어문화비평」, 나남.

_____(1984), 「매스 미디어와 문화 발전」, 범우.

_____(1982), 「유언비어론」, 청람.

_____(2002), 「인터넷 커뮤니케이션」, 박영사.

_____(2021), 「테너 이인범과 순교자」, 도훈.

정윤식(2013), 사려 깊은 멀티플레이어, 원우현 편, 「꿈꾸어야 청춘이다」, 누벨끌레, 36-46.

최병목(2013), 청년 교수의 유쾌한 열강, 원우현 편, 「꿈꾸어야 청춘이다」, 누벨끌레, 55-62.

Ithiel De Sola Pool(1982), *Technologies of Freedom*. 원우현(역)(1985), 「자유언론의 테크놀로지」, 전혜원.

황숙희(2018), 「남는 건 사랑뿐일세」, 다비다.

중앙일보(2006), 원우현 고려대 교수 한국사회과학협회장에(3월 20일). https://www.joongang.co.kr/article/2235778#home(검색일: 2021년 9월 30일).

https://www.dbpia.co.kr/journal/publicationDetail?publicationId=PLCT00002141/(검색일: 2021년 9월 15일).

https://terms.naver.com/entry.naver?docId=3389348&cid=62027&categoryId=62027/(검색일: 2021년 9월 30일).

# 제 7 장

# 故 平人 팽원순 교수의 언론법제 연구와 교육 재조명

## 1. 들어가며

> 특히 권력에 대한 관계에 있어서는, 언론이 돈벌이에만 급급하게 되면 그만큼 약점이 많아지게 되고 약점이 많아지면 정치권력이나 금권에 얕보이게 되고 그렇게 되면 그들에 대한 감시자나 비판자로서의 구실을 할 수 없게 될 것이다. 국민의 신뢰를 잃은 신문은 국민의 지지기반을 잃게 되어 언론기관으로서의 지위나 특권을 주장할 수 있는 근거를 상실하게 될 것이다. 신문이 제구실을 하지 못하는 것은 권력에 의한 억압 때문인 경우도 있지만 상업주의와 영리에로의 지나친 경사로 인한 신문 자체의 변질에도 그 중요한 원인이 있다는 것을 우리는 분명히 알아야 할 것이다.[1)]

위 문장은 글이 작성된 34년 전은 물론이고 오늘날에도 언론법제 영역에서 여전히 많이 논란이 되고 있는 현상에 대한 것이다. 그런데 위 문장은 본 연구에서 탐사하고자 하는 고 평인 팽원순 교수님(이하 팽 교수라 칭함)께서 늘 견지해 오신 언론자유와 언론윤리에 대한 신념과 철학을 잘 설명하고 있다. 팽 교수는 이처럼 사회적·현실적 상황을 비판적이고 발전적으로 분석하고 미래를 제안하신 것으로 알려져 있는데 본 연구의 목적은 언론학을 전공한 언론법 연구자로서 그리고 교육자로서의 팽 교수에 대해서 재조명하고자 하는 것이다.

사실 선학(先學)을 재조명하기 위해서는 대상이 되는 인물에 대해 철저한 고증을 거쳐 제대로 평가가 이루어져야 하는데 접근 방법이나 목적이 다양할 뿐만 아니라 자칫 잘못된 평가를 하거나 또는 과포장의 평가를 하게 될 위험 또한 존재하기 때문에 조심스러울 수밖에 없다. 이러한 점을 염두에 두고 본 연구는 생애적 관점에서 에피소드를 중심으로 선학을 재조명하기보다는 상당한 기간 동안 잊혀져왔던 팽 교수의 학문분야에 대한 학술적, 교육적 측면에서 기여한 점을 기존 자료들을 중심으로 밝히고자 하였다.

2019년 한국언론연구회는 한국언론학회와 공동으로 「한국 언론학 설계자들」이라는 책을 출간했다.[2] 여기에서는 한국 언론학을 독립된 학문으로서 정착시키는 데 크게 기여한 원로 연구자와 언론현장 종사자 14인을 생애와 에피소드를 중심으로 소개하였다. 책 제목에서도 알 수 있듯이 언론학이 한국 사회에서 독립된 학문 분야로 자리매김하는데 이들이 전체적인 학술 공동체의 설립과 운영 구상에서부터 관련된 교육을 위한 세부적 커리큘럼 마련에까지 중요한 역할을 했다는 점에서 언론학의 독자적인 학문적 위상을 갖추도록 한 초기 인물들로서 평가받게 되었다. 이들 중에 초기 언론법제 분야의 성립과 발전에 기여한 인물로서 평가받는 고 장용 교수(이후 장 교수)가 포함되었다.[3]

그러나 학문의 기초는 여러 사람에 의해서 만들어진다는 지적처럼(한국언론학회, 2015) 「한국 언론학 설계자들」에서 고찰이 이루어지지 않았으나 충분히 학문적 설계에 참여한 사람으로 평가될 수 있는 연구자들이 있다. 그중에서도 꼭 포함되어야 할 사람이 바로 팽 교수이다. 비록 팽 교수가 「한국 언론학 설계자들」에 포함되지는 않았지만 실제로 팽 교수는 언론법제 분야의 설계자일 뿐만 아니라 오늘날과 같은 학문적 발전의 길로 견인하는 교량 역할을 한 학자라고 해도 과언이 아니다. 그런데 아쉽게도 기존의 언론법제 발달사 연구에 있어서 팽 교수가 간간히 언급이 되긴 했으나 팽 교수에 대해 집중적인 재평가 작업은 아직 이루어지지 않았다. 팽 교수에 대해 재평가 또는 재조명이 늦어진 이유는 아마도 시대적으로 같은 분야의 학자로 인식되는 선배 연구자인 장 교수의 그늘에 가려서 주목을 받지 못한 때문이라 판단된다. 그러나 장 교수가 언론학의 설계자 역할을 했다면 팽 교수는 오늘날 한국 언론법제 분야의 연구와 교육의 발전으로 인도하는 다리 역할을 했다는 점에서 설계자보다 더 비중 있는 평가가 가능할 듯하다.

이러한 평가는 여러 가지 측면에서 가능하다. 무엇보다 팽 교수는 늘 독립적인 학문분야로서의 언론법제를 강조하였을 뿐만 아니라 본인 스스로 본격적인 연구와 교육을 시작했고 우리나라 최초의 언론법제 개론서를 출간하였으며 한국의 언론법제를 해외에 알리는 적극적인 학술활동을 펼쳤다(카와다케, 1996). 언론학 영역에서 언론법제 분야는 연구와 교육의 중요성에 대해서는 일찍부터 인식되어 왔으나 실제적인 연구나 체계적인 교육이 상당기간 이루어지지 않은 채 답보상태에 있었다(팽원순, 1980a; 이재진, 2007, 2015; 유의선, 2009; 조연하, 2019). 지금도 그런 경향이 없지 않은데 학문으로서 언론법제라고 하면 왠지 어렵고 딱딱하고 재미없는 분야라고 생각하는 경향과 언론법제에 대한 독자적인 연구방법론의 부재로 연구나 교육에 주목을 많이 받지 못했다.

언론법제 분야는 본질적으로 법률자체의 규정이나 성격에 대한 치열한 논의를 다루기보다는 법이 적용되는 상황에서의 문제점과 해결책을 다룬다(이재진, 2007). 이러한 이유 때문에 법학을 전공한 사람들이 언론법제 영역에 접근하는 방법과 언론학 전공자가 언론법제 영역에 접근하는 방법이 사뭇 다를 수밖에 없다(문재완, 2008). 이러한 차이는 미국식의 언론법제 분야의 연구와 교육이 우리나라 학계와 대학에 유입되면서 발생한 측면도 있다. 즉 법에 대한 해석의 중요성은 어느 쪽 접근법이나 모두 중요한 출발점이라고 할 수 있지만 그 방법론적 측면에서 문제를 해결하려는 접근 방법이 상이한 탓이라는 것이다.

결국 언론학과 법학의 상생과 교류가 어우러져 언론법제 연구가 이루어지는 것이 매우 중요하다고 인식된다. 이러한 노력들이 2002년 창립된 한국언론법학회(초대회장 원우현)를 중심으로 지난 20년 이상 지속되어 왔다. 또한 창립 60년이 넘은 한국언론학회 산하의 언론법제윤리연구회나, 한국방송학회 산하의 방송법제연구회의 역할도 결코 적지 않았으며 법학은 물론이고 행정학이나 정치학 분야도 참여하는 정보법학회도 언론법제 분야의 발전에 기여했다고 하겠다. 언론법제분야로 학위를 하거나 한국이나 미국 또는 여타 국가에서 언론법제 연구자나 학자로 살아가는 사람들이 다수 있다. 이처럼 현재 언론학 뷰야에서 어ㄴ 다른 분야에 비헤 그게 뒤처지지 않는 발전된 모습을 보이고 있는데, 이러한 발전으로 이끄는 교량(橋梁) 역할을 팽 교수가 했다는 점을 제대로 밝히는 것이 후학의 중요한 의무라고 생각된다.[4]

전술한대로 본 연구에서는 — 많이 늦은 감이 있기는 하지만 — 학문발전에 교량적 역할을 한 팽 교수의 연구와 교육에서의 업적을 입체적으로 재조명하고 그 함의와 시사점을 도출하고자 한다. 비록 그의 학문적, 교육적 업적을 객관적이고 명확하게 평가할 수 있는 객관적 지표가 존재하지는 않지만 그의 저술 및 교육 활동에서 일관되고 지속적으로 이루어진 업적을 여러 시각에서 면밀하게 분석하고자 하였다. 사실 팽 교수의 호인 평인(平人)에서도 알 수 있듯이 그는 크게 자신의 명성을 세상에 알리려고 애쓰던 사람이기보다는 연구와 교육 그리고 학술활동을 묵묵히 실행해 나가는 사람에 가까웠다. 그러나 그의 연구와 교육이 가져온 영향은 결코 작지 않다고 생각한다. 평인의 결코 평범하지 않았던 학문적, 교육적 재평가의 장을 마련하는 것이 이 글의 평범한 의미라고 할 수 있을 것이다.

## 2. 연구자로서의 팽원순 교수

### 1) 연구 활동에 대한 탐색

팽 교수가 가장 활발히 연구 활동을 펼쳤던 시기는 그가 한국신문학회(현 한국언론학회)의 제11대 회장(1984년)으로 활약하던 전후 시기(1983-1985년)로 추정된다. 연합통신 기자, 합동통신 편집국장 등 언론인으로 15년을 보내고 1970년에 한양대학교에 조교수로 부임한 후 팽 교수는 부드러운 품성과 덕망으로 다양한 분야의 많은 선후배 및 동료 학자들과 국내외적으로 교류하였으며 연구자로서 후학과 제자들의 모범이 되었다고 평가된다.[5] 학부에서 법학을 전공하였으며 언론 현업에서 통신사 기자를 거쳐 학교 강단에 서게 되어 그야말로 가장 이상적인 언론법 연구자의 면모를 갖춘 학자였다고 할 수 있다(조연하, 2019).[6]

팽 교수는 언론법제 영역을 언론과 법과의 관계를 통일적, 체계적으로 파악하고 설명하는 것으로 이해했다(팽원순, 1989a). 다시 말하자면 언론법제는 거시적이고 기능적으로는, 한 사회적 특수성을 배경으로 언론법이 어떻게 적용되는가를 분석하는 것이며, 미시적으로는, 언론의 자유와 법적 규제간의 마찰과 갈등을 규범조화적으로 해소해 내는 것이라 이해할 수 있다(차용범, 2005; 이승선, 2005, 2014; 이재진, 2007). 이러한 인식에 부합하는 팽 교수의 생애에 걸친 논문, 서적, 칼럼, 평론, 보고서, 발제문 등을 모두 찾아서 그중 언론법과 직·간접적으로 관련이 있다고 판단되는 내용을 살펴보고자 하였다.

우선 국회도서관 사이트(www.nanet.go.kr)에서 '팽원순'으로 검색을 실시하였다. 이를 통해서 팽 교수가 직접 저술하거나 그와 관련된 저술이 124건 검색되었다. 이들은 대개 1975년에서 1996년 사이에 발간된 것으로 나타났다. 이는 1996년 이후에는 팽 교수에 대한 연구가 나타나지 않았다는 것을 반증하는 것이며, 1993년 작고한 이후 상당히 오랜 동안 재조명 받지 못하고 잊히고 있었다는 뜻이기도 하다. 검색한 저술들을 면밀히 검토하여 언론법제와 직접 연관된다고 판단되는 저술 중 본인이 집필한 연구들만을 분석의 대상으로 선택하였다. 아울러 국회도서관 사이트에서는 찾을 수 없는 과거 저널(특히 언론학보)과 잡지를 찾기 위해 한양대학교 도서관과 커뮤니케이션연구센터(구 언론문화연구소)를 탐색하였다.

### 2) 열정적이고 다양한 연구 활동

#### ▌법학과 언론 현업을 배경으로 한 연구

이러한 탐색과정을 통해 무엇보다 팽 교수의 학위취득이 늦게 이루어진 것을 알 수 있었다. 팽 교수는 1970년에 한양대에 자리를 잡았으나 석, 박사학위는 교수로 부임한 이후에 취득하게 된다. 석사학위는 1977년 '不法行爲로서의 名譽毁損에 관한 연구: 매스콤에 의한 侵害를 중심으로'라는 제목으로 성균관대학교 대학원 법학과에서 취득했다. 여기서 팽 교수는 매스콤에 의한 명예훼손 현상을 대륙법, 영미법, 그리고 일본법과 비교하면서, 명예훼손의 구성요건, 불법행위로서의 구성요건, 면책사유, 구제방식에 있어서의 공통점과 차이점을 중심으로 종합적으로 분석하였다. 흥미로운 점은 이 논문에서 면책사유로서의 정당방위, 긴급피난 그리고 상대의 승낙(동의)을, 그리고 진실입증으로서의 취재원의 비닉, 구제방식으로서의 방해배제, 예방청구권을 다루고 있어 이는 명예훼손은 물론이고 당시에는 아직까지 구체적인 법개념이 정립되지 않은 프라이버시(사생활) 침해 현상도 같이 고찰하고 있다는 것이다. 이런 점에서 팽 교수의 논문은 당시로서는 상당히 앞서나간 연구라고 할 수 있다.[7)]

한편, 박사학위는 석사학위를 마친 5년 후인 1982년에 '韓國通信社의 構造的 特性에 관한 硏究: Gatekeeping 過程에 관한 考察을 中心으로'라는 제목으로 서울대학교 대학원 신문학과에서 취득했다. 여기서 팽 교수는 이 연구는 이론 및 사적 고찰과 경험적 연구방법을 복합적으로 이용해서 한국 통신사의 제도 내지 구조적 특성을 규명하고자 하였다. 이를 위해 외국과 한국 통신사의 발전과정에 관하여 사적 고찰을 시도하며 이와 아울러 통신사의 외신기사에 관한 내용분석, 그리고 통신사 외신부장들을 대상으로 한 의식조사 등을 동시에 수행하였다. 그의 논문은 당시까지 별다른 연구가 없었던 통신사에 대해서 실시한 최초의 체계적이고 실증적인 연구라고 할 수 있다. 팽 교수는 연합통신이 다룬 외신을 대상으로 하여 게이트키핑 과정이 정보통제 과정이며 그 정보통제로서의 취사선택이 조직으로서의 통신사의 성격에 따라 달라질 수 있다는 가설을 세우고 이에 대한 분석을 실시한 결과 당시 우리나라 유일의 국내통신사로 설립된 연합통신의 성격을 밝히기 위해 설정한 가설들이 대체로 검증된 것으로 나타났다고 밝혔다. 이 연구는 통신사에서 어떻게 정보통제가 가능할 수 있는가에 대한 의문을 적극적으로 밝히려고 했다는 점이 흥미롭다.

이처럼 팽 교수는 학부에서 법학(서울대)을 전공하였으나 법조인의 길을 걷지 않고 언론계에 투신하여 뉴스통신 기자로서 오랜 동안 활동한 후 교수로서 언론법제를 가르치면서 학위를 마치게 된다. 박사 학위 이후에 저술한 대표적인 연구인 「매스코뮤니케이션 법제이론」은 언론인으로 활약하던 때부터 품고 있던 언론자유에의 소신이 연구로서 표현되었다고 생각된다. 실제로 이 책을 통해 당시로는 1980년대 억압적 사회적 상황에 대한 비판적 견해를 언론자유 영역에서 풀어서 전달하려고 노력한 바가 크다고 사료된다. 특히 당시는 악법으로 간주되었던 언론기본법에 의해 언론이 다양한 측면에서 심하게 규제받고 있었던 상황이 작용했을 것이라 판단된다(한병구, 1983).[8)]

### 연구의 분량과 다양성

팽 교수는 생전 상당한 분량의 다양한 연구 업적을 남겼다. 그의 연구를 전체적으로 살펴보면, 비록 오늘날처럼 전문학술지 성격의 논문집(학술저널)이 거의 없었지만, 학문적 열정과 체계적인 시각에서 다양한 범위의 연구 문제와 주제를 다루었다고 판단된다. 특히 언론학자 중에서 언론법제를 연구하는 학자가 극히 적은 상황이었음을 고려한다면 팽 교수는 매우 적극적인 학술활동을 전개했다고 할 수 있다. 요약하면 팽 교수의 연구는 언론법제의 전 영역을 다루면서 특히 언론의 자유와 언론윤리에 중점을 두고 있는 것을 알 수 있다. 즉 언론에 대해서는 매우 높은 수준의 기자윤리/언론윤리의 준수를 요구하는 한편, 외부세력으로부터의 취재, 보도에의 압력에는 단호히 대처해야 한다는 의견이 모든 연구에 녹아있음을 알 수 있다. 언론은 자유를 누리는 만큼 보도는 분명한 사실 확인이 필요하며 사실이 아니었을 경우에 대한 손해배상과 반론 등 구제에 대한 방식도 마련돼야 한다고 피력한다.

아래 〈표 7-1〉과 〈표 7-2〉는 그의 저술 중에서 가장 핵심적이면서 학술적으로 저술된 연구들을 보여주고 있다.

〈표 7-1〉 저서

| 번호 | 제목 | 출판사 | 발행연도 | 비고/주제 |
|---|---|---|---|---|
| 1 | 比較新聞學 | 법문사 | 1975/1986 | 서정우·한병구와 공저/ 저널리즘 |
| 2 | 매스코뮤니케이션 法制理論 | 법문사 | 1984/1995 | 언론윤리법제 |
| 3 | 각국의 방송위원회 (또는 類似政策運營機構) 기능과 운용에 관한 비교연구 | 방송위원회 | 1988 | 14인 공저/ 전문보고서/언론법제 |
| 4 | 現代 新聞放送 報道論 | 범우사 | 1989 | 저널리즘/윤리법제 |
| 5 | 現代社會와 言論의 自由 | 나남 | 1989 | 화갑기념집 |
| 6 | 言論法制新論 | 나남 | 1989 | 언론윤리법제 |
| 7 | 韓國のマス·メディア | 電通 | 1991 | 저널리즘/윤리법제 |
| 8 | 현대의 기자상 : 감시자로서의 기능 아직도 미흡 자기폐쇄적인 체질 탈피도 시급 | 한국언론재단 | 1991 | 전문보고서/저널리즘 |
| 9 | 韓國言論法制論 | 법문사 | 1994 | 유고집/윤리법제 |

〈표 7-2〉 논문 및 비평/칼럼

| 번호 | 제목 | 저널/기관 | 발행연도 | 비고/주제 |
|---|---|---|---|---|
| 1 | Top 기사에 관한 연구: 한일양국 신문을 중심으로 | 논문집(7권) | 1973 | 저널리즘 |
| 2 | 미국에 있어서의 New Journalism 운동 | 크로노스(4호) | 1973 | 저널리즘 |
| 3 | 뉴 저널리즘이란 무엇인가 | 저널리즘(10호) | 1976 | 저널리즘 |
| 4 | New Journalism에 관한 연구 | 논문집(12권) | 1978 | 저널리즘 |

| | | | | |
|---|---|---|---|---|
| 5 | 廣告規制 에 관한 硏究 | 커뮤니케이션 연구(4호) | 1978 | 광고규제 |
| 6 | ACCESS권의 의의와 문제점 | 신문과 방송 (99호) | 1979 | 악세스권 |
| 7 | 廣告와 表現의 自由 | 신문연구(28호) | 1979 | 표현의 자유 |
| 8 | 뉴스원저작권에 관한 연구 | 성곡논총(11집) | 1980 | 저작권 |
| 9 | 언론법제·윤리연구 | 신문연구(30호) | 1980 | 언론윤리 |
| 10 | 광고와 표현의 자유에 관하여: 미국의 판례를 중심으로 | 언론학보(1권) | 1980 | 표현의 자유/광고규제 |
| 11 | 「매스 미디어」에 의한 명예훼손에 관한 연구 | 언론학보(2권) | 1981 | 명예훼손 |
| 12 | 事件報道와 人權: 犯罪報道와 眞實證明을 중심으로 | 관훈저널 (23권 1호) | 1982 | 명예훼손 |
| 13 | 反論權制度의 歷史的 展開 | 언론중재(3호) | 1982 | 언론중재제도 |
| 14 | 韓國政府와 通信社統合政策 | 신문학보(16호) | 1983 | 통신사정책 |
| 15 | TV저널리즘의 專門性 向上을 | 방송심의(19호) | 1983 | 저널리즘 |
| 16 | 事件報道와 言論人의 法的責任: 日本判例에 대한 考察을 中心으로 | 신문과 방송 (155호) | 1983 | 명예훼손(외국) |
| 17 | 情報源에 대한 接近權 | 관훈저널 (23권 2호) | 1983 | 표현의 자유/저널리즘 |
| 18 | 言論과 免責特權: 美國의 제한적 特權을 중심으로 | 언론중재(6호) | 1983 | 명예훼손 |
| 19 | 事件報道와 言論人의 法的 責任: 日本判例에 대한 考察을 중심 으로 | 언론중재(9호) | 1983 | 명예훼손(외국) |
| 20 | 정보결핍의 정보화사회 | 신동아(229호) | 1983 | 표현의 자유/알권리 |
| 21 | 방송과 시청자: 그 법적인 관계를 살핀다 | 방송연구(5호) | 1983 | 표현의 자유/저널리즘 |
| 22 | 言論과 免責特權: 美國의 제한적 特權을 중심으로 | 언론중재(6호) | 1983 | 표현의 자유/저널리즘 |
| 23 | 深層(探索) 보도프로그램의 개발과 문제점 | 방송연구(7호) | 1983 | 표현의 자유/저널리즘 |
| 24 | 방송위성법제에 관한 연구 | 언론학보(5권) | 1984 | 방송법 |

| | | | | |
|---|---|---|---|---|
| 25 | 眞實證明과 『相當理由』 | 신문과 방송(161호) | 1984 | 명예훼손 |
| 26 | 制限된 紙面에서도 變化追求 | 신문과 방송(168호) | 1984 | 저널리즘 |
| 27 | 社會告發저널리즘 의 역사적 고찰 | 방송연구(8호) | 1984 | 저널리즘 |
| 28 | 報道의 自由와 公正한 裁判: 判決前 報道와 公正裁判 | 언론중재(14호) | 1985 | 표현의 자유 |
| 29 | 韓國 大衆媒體의 淫亂實態와 그 規制現況: 表現의 自由 와 淫亂性 | 언론중재(17호) | 1985 | 표현의 자유 |
| 30 | 매스커뮤니케이션 법제의 성격과 영역 | 인하(21호) | 1985 | 표현의 자유 |
| 31 | 언론통제 정책이 낳은 초대형 신문들 | 광장(158호) | 1986 | 언론정책 |
| 32 | 美 軍政期의 한국 언론, 通信: 대부분 간판뿐인 泡沫通信社 | 신문과 방송 | 1986 | 언론정책 |
| 33 | 언론중재제의 성격과 문제 | 언론학보(7권) | 1986 | 언론중재제도 |
| 34 | 민주주의와 언론의 자유 | 언론학보(8권) | 1987 | 표현의 자유 |
| 35 | 한국 공영방송의 공정성에 관한 연구 | 언론학보(8권) | 1987 | 표현의 자유/언론정책<br>정수경/정대철 공저 |
| 36 | 새 언론관계법의 성격과 문제 | 신문과 방송(204호) | 1987 | 언론법/정보공개법 |
| 37 | 우리나라의 放送法制 | 방송연구(9호) | 1987 | 방송법 |
| 38 | 言論창달의 관점에서 | 관훈저널(28권 1호) | 1987 | 표현의 자유/언론정책/정보공개법 |
| 39 | 제5공화국의 言論政策 | 관훈저널(28권 2호) | 1987 | 표현의 자유/언론정책 |
| 40 | 獨裁는 地下言論을 낳는다 | 신동아(331권 4월) | 1987 | 표현의 자유 |
| 41 | 완전한 언론자유가 「國益」 | 월간조선(92권) | 1987 | 표현의 자유 |
| 42 | 기자단의 기능과 그 문제 | 관훈저널(29권 1호) | 1988 | 저널리즘 |
| 43 | 聯合通信의 문제와 改善 방향 | 저널리즘(겨울호) | 1988 | 언론정책 |

| | | | | |
|---|---|---|---|---|
| 44 | 출판 법제의 문제와 방향 | 출판문화<br>(268호) | 1988 | 출판법 |
| 45 | 취재원보호와 보도의 자유 | 언론학보(9권) | 1988 | 표현의 자유 |
| 46 | 미국의 광고규제와 법제 | 광고연구(3호) | 1989 | 광고규제 |
| 47 | New Press Laws in the Republic of Korea: A Legislative Process in Transition | 언론학보(10권) | 1990 | 표현의 자유/<br>명예훼손/염규호 공저 |
| 48 | 일본의 광고규제 제도 | 광고연구(17호) | 1992 | 광고규제 |
| 49 | 제보자의 사생활보도와 법 논리적 문제 | 언론중재<br>(13권 1호) | 1993 | 저널리즘 |

〈표 7-1〉과 〈표 7-2〉에서 볼 수 있듯이 그가 남긴 저술과 논문들을 살펴보면 오늘날 언론법제 분야를 구성하는 거의 모든 분야를 다루고 있음을 알 수 있다. 국회도서관 사이트에서 검색된 124편의 관련 저술 중에서 직·간접적으로 언론법제영역과 관련된 서적과 보고서 9편, 그리고 연구 논문 형식의 저술 49편을 분석대상으로 선정하였다. 〈표 7-1〉과 〈표 7-2〉에서 보는 바와 같이 이들 저서와 논문을 포함한 저술은 총 58편으로 나타나 상당히 언론법제 연구에 매진하였음을 알 수 있다.

우선 이들 연구를 주제(세부영역)별로 분류해보면 아래와 같다.[9]

① 표현의 자유/언론의 자유/취재보도의 자유/알권리/악세스권/정보공개법
② 언론사·언론인의 윤리
③ 광고법/광고법제/미국의 광고법제/일본의 광고법제
④ 음란물/음란한 표현 규제
⑤ 저널리즘 일반/취재원보호/기자단/심층보도
⑥ 뉴스저작권/뉴스원저작권
⑦ 방송, 위성방송, 케이블방송 법제
⑧ 명예훼손/면책사유/진실입증/미국의 명예훼손법
⑨ 언론정책/전기통신정책/시청자운영위
⑩ 언론중재제도/반론권제도

⑪ 언론법/방송법

⑫ 언론개혁

이러한 12개 주제는 언론법제 영역에서 지금도 꾸준히 많은 연구가 이루어지는 분야이지만(이승선, 2005; 이재진·이승선, 2008; 이승선·이재진, 2011)[10] 현재도 언론법제 전 영역에 걸쳐 연구를 하는 연구자가 드물다는 점을 고려한다면 팽 교수는 언론법제 분야 중 어느 한 영역에만 머무르지 않고 가장 자주 논의되는 언론자유론과 저널리즘[11] 분야로부터, 광고규제, 저작권, 언론중재제도, 명예훼손, 언론윤리 및 언론개혁에 이르기까지 언론법 분야 거의 전 영역에 걸쳐 의욕적인 연구 활동을 펼쳤다고 평가할 수 있다. 연구 중에서 초기 연구와 후기 연구에서 광고규제와 관련된 연구를 많이 수행한 것이 인상적이다.[12] 그러나 무엇보다 언론학과 법학이 가장 공동으로 논의하기가 용이한 표현의 자유/언론의 자유/알권리/저널리즘 연구가 많았다. 이는 저널리스트 출신인 팽 교수 평소의 언론의 자유와 책임에 대한 지론이 반영된 결과라고 판단된다.

시기별로 보면 1983년에서 1987년까지 5년 사이에 가장 많은 연구들이 나온 것으로 보인다. 서적 1편과 논문 28편으로 총 29편의 연구가 이 시기에 출간되었다. 〈표 7-1〉에서 보듯이 책은 1권이지만 팽 교수의 대표작이라 할 수 있는 「매스커뮤니케이션 법제이론」이 이 시기에 출간되었다. 이 시기는 전술한 바와 같이 제11대 신문학회장을 맡아 활발하게 학회활동을 이어나가던 시기와 겹친다. 또한 이 시기부터 신문관련법이나 저널리즘뿐만 아니라 방송관련법, 광고관련법, 저작권법 등으로 연구의 범위도 확대되는 모습을 엿볼 수 있다.

당시 팽 교수 외에 언론법제연구에 활발한 연구자가 거의 없었다는 점에서 언론법제 저술이 나온 것은 큰 의미를 지닌다. 당시에는 언론학 쪽에서는 최준 교수나 장용 교수가 언론법제와 관련된 글을 쓰기도 하였으나 교과서로도 쓸 수 있는 책의 출간은 아직 없었다(이강수, 1993). 장 교수의 「언론과 인권」이 주로 한미간의 헌법상 언론자유와 명예훼손법 및 그 판례를 중심으로 비교하는데 머무른 반면, 팽 교수의 책은 규제적 측면으로서의 법적 문제뿐만 아니라 언론측의 권리 등 언론법의 많은 분야에 걸쳐 포괄적으로 다루고 있다는 것이 특징이다. 구체적으로 「매스코뮤니케이션 법제이론」은 1980년대 들어 제5공화국의 헌법과 언론기본법 제정, 법정기구인 언론중재위원회의 창립 등으로 표현의 자유이론에 관한 논문들이 많이 발표되고 이 분야에 대한 관심이 높아지던 시기, 즉 언론과 법과의 관계를 체계적이고 과학적으로 파악하고자 하는 노력이 나타나던 때에 쓰여진 연구서이자 언론법제 소개서라고 평가할 수 있다. 다만, 책에서는 미국법과 일본법을 중심으로 소개하고 이를 우리나라 법에 치환해서 현행 언론법 체계의 성격과 문제점에 대해 소개하는 정도에 머무르고 있다. 왜냐하면 우리나라 명예훼손법 상의 특징이라고 할 수 있는 부분에 대해서는 법조문으로밖에 판단할 수밖에 없었고, 당시까지는 지금처럼 시금석이 될 만한 판결들이 나오지 않았기 때문이다.

다음으로 〈표 7-2〉에서 논문이 게재된 저널을 중심으로 살펴보면 「언론학보」에 8편을 게재하여 가장 많은 연구가 언론학보에서 논의되었음을 알 수 있다. 그 외에도 「신문연구」(관훈저널) 7편, 「언론중재」 6편, 「방송연구」 4편, 「광고연구」 2편, 「신문학보」(한국언론학보) 1편의 논문을 게재했고 논문의 성격이 다소 약한 「신문과 방송」에 6편의 글을 게재하였다. 이러한 점에서 볼 때 당시 언론학의 주요 연구자들이 한번쯤은 논문을 게재한 「언론학보」가 언론법제 연구 발전과 확장에 상당히 중요한 역할을 했다고 할 수 있다.[13] 그 외에도 「언론중재」, 「신문비평」, 「관훈저널」(구 신문연구)과 같이, 전문 학술 논문집은 아니지만 최대한 전문적 논의가 많이 이루어지는 공간을 이용했다고 여겨진다.[14]

### ▌적극적 국제 학술 활동

흥미로운 점은, 〈표 7-2〉에서 나타난 바와 같이, 1980년대 이뤄진 해외 언론법학자들과의 적극적 학술교류활동이다. 특히 1981년 일본 릿교대학(立教大學)에 객원교수로서 머물면서 시미즈 히데오(清水英夫) 교수와 본인이 작고할 때까지 교류하면서 일본에 한국 언론법을 소개하고, 한국에 일본 언론법을 소개하는 계기를 만든다. 시미즈 교수는 언론학보에 '일본에 있어서의 언론법의 동향'(3권/1982)과 '정보화 사회에 있어서의 표현의 자유'(5권/1984) 2편의 논문을 게재하였고 이는 당시의 일본 언론법제의 현황을 알 수 있었던 유일한 연구였다. 이에 화답으로 팽 교수는 시미즈 교수의 화갑논문집에 '한국의 언론법과 언론법 연구'라는 논문을 게재하였다(이강수, 1993).[15]

일본 학계와의 교류는 계속되었는데 고 팽원순 교수 3주기 한·일 세미나에서 일본 코마자와여자대학 카와다케 카즈오(川竹和夫) 교수는 생전 팽 교수와의 교류를

상기하면서 당시 「한국의 매스 미디어」(韓國のマス・メディア)라는 책을 일본어로 일본에서 출판한 것을 중요한 사안으로 꼽았다. 카와다케 교수는 "이 책은 한국의 각종 매스 미디어의 역사적 변천과 현상으로부터 매스 미디어를 둘러싼 정치적·사회적 환경에 대하여 해명한 것으로 이 책에서는 팽 교수 자신의 저널리즘관 이나 저널리즘 비판과 같은 것이 흐르고 있어 단순히 매스 미디어 소개라기보다는 언론 이상주의자의 계몽적 의미를 갖는 것으로 평판을 얻었다"고 밝혔다.

이 책 중에서 팽 교수는 한국 신문은 1987년 민주화 이래 언론사 수와 신문면수도 증가되었지만 내용적으로는 여전히 센세이셔널 보도, 정부 발표 기사가 중심으로 사회감시 공적기능을 담당하지 못하고 있다고 하면서 기자단 제도 폐해와 같은 문제에 대해서 엄격한 저널리즘 비판을 전개했다(팽원순, 1988b). 실제로 팽 교수는 1991년 일본과 한국, 그리고 중국의 저널리스트 의식조사에 한국 책임자로 참여하여 한국의 저널리즘을 소개하고 일본의 저널리즘에 대해서 비교적으로 연구하려고 하였다. 팽 교수는 당시 일본과 한국은 각국에 대한 보도가 매우 적다는 지적을 하면서 향후 이를 해결할 수 있도록 채널을 열도록 해야 한다는 결과를 내 놓았다. 그런데 이러한 현상은 현재도 크게 달라지지는 않았다고 판단된다. 카와다케 교수는 팽 교수가 남긴 업적이 매스컴 연구 계보로서 계속 전해질 것을 희망한다고 전했다(카와다케, 1996).

더욱 인상적인 것은 미국 언론법학자들과의 학술교류이다. 전술한 바 있는 염규호 교수님(이하 염 교수/ 당시 마이애미대 교수)을 한국에 초빙하여 세미나를 개최하고 언론학보에 투고하도록 권하였으며, 염 교수의 박사논문 지도교수이자 미국 언론법 연구의 최고권위자인 H. 스톤사이퍼(Stonecipher) 교수의 논문을 게재하도록 하면서 학술교류를 이어 나간 점은 언론법제분야뿐만 아니라 여느 다른 분야에서도 당시로서는 매우 드문 일이었다. 염 교수는 팽 교수와 공저로 'New Press Laws in the Republic of Korea: A Legislative Process in Transition'이라는 논문을, 그리고 스톤사이퍼 교수는 'Content Neutrality and the Burger Court: Mere Rhetoric of Useful Legal Doctrine?'이라는 논문을 각각 게재하였다. 염 교수와 팽 교수의 논문에서는 한국에서의 최근 언론법의 변화를 소개하는데 특히 반론권 관련 법규정을 둘러싼 피해구제방식의 변화를 상세히 다루었다(Paeng & Youm, 1990). 스톤사이퍼 교수의 논문은 미국 연방대법원에서의 내용중립원칙에 따른 판결상의 문제점에 대해서 비판적으로 다루고 있다(Stonecipher, 1983). 이후에도 염 교수와의 교류가 계속되는데 이러한 미국과 일본을 넘나드는 국제적인 학술교류는 팽 교수의 학문적인 열정과 활동이 매우 컸다는 점을 잘 보여준다.16)

### ▮ 독자적 학문분야로의 열망

이렇게 활발한 학술 연구 활동 속에서도 팽 교수가 가장 아쉽게 판단한 부분은 '언론법제 영역이 여전히 독립되고 독자적인 학문영역으로 자리하고 있지 못하다'는 것이었다. 팽 교수는 미국에서 언론법제 교육과 연구 환경이 정착되고 발전해 온 모습을 목격하면서 한국에서도 미국처럼 언론법제 분야가 정착되고 이에 관련된 많은 연구와 교육이 이루어지면 좋겠다는 신념을 견지했다. 이는 언론법제 영역에 있어 우리나라 최초의 교과서로 인식되는(유의선, 2009) 「매스커뮤니케이션 법제이론」의 서문에서 찾아볼 수 있다. 팽 교수는 서문에서 한국에서 제대로 언론의 자유가 보장받지 못하고 있는데 이러한 점의 부당성을 다양한 접근의 연구를 통해서 밝혀야 한다고 보았다. 즉 언론법제 영역에서 언론자유가 제대로 보장받는 그런 사회를 염원했다는 점을 알 수 있다. 이런 점에서 볼 때 연구자로서의 팽 교수는 언론자유론자라고 할 수 있다. 그러나 언론자유의 중요성을 역설하는 만큼 언론인과 언론사의 윤리와 윤리의식이 매우 중요함을 강조하였다.

이러한 팽 교수의 진단은 1980년 7월에 발간된 「관훈저널」에서 다음과 같이 나타나 있다.

첫째, 우리나라 매스커뮤니케이션법 연구는 미국의 경우처럼 매스컴 연구의 독립된 전문분야로서의 지위를 차지하기에는 아주 먼 거리에 있다.

둘째, 매스커뮤니케이션법 이론의 체계화를 위한 본격적인 연구가 아직 나타나지 않고 있다. 매스컴법의 기초적인 개론서 하나 없다.

셋째, 매스커뮤니케이션 연구의 시각에서 매스커뮤니케이션법을 연구하려는 시도도 아직 보이지 않고 있다.

넷째, 매스커뮤니케이션법 연구의 방법으로 ① 법해석학적 연구, ② 법이론의 연구, ③ 비교법적 연구, ④ 역사적 연구, ⑤ 법사회학 연구 등이 있는데 우리나라의 경우 법사회학연구는 이루어지고 있지 않다.17)

다섯째, 매스컴법제 관계 논문의 가장 많은 수가 법학자나 법률가에 의해 쓰여진 것으로서 지금까지 법학자가 매스컴법 연구에서 주역을 담당해 왔음을 알 수 있다.

여섯째, 우리나라 매스커뮤니케이션법제 전반에 관한 연구는 아직 초기 단계에 불과하다.

일곱째, 근년에 일반적으로 매스컴법제에 대한 관심이 더욱 높아져 매스컴법제의 새로운 문제들에 관한 연구가 차츰 활발해지고 있다. 특히 프라이버시와 매스 미디어, 알권리, 악세스권 등 새로운 문제에 관한 외국연구의 소개가 많이 나타나고 있다.

여덟째, 매스 미디어를 대상으로 하는 법으로 국가법에 관한 연구들이 주를 이루고 있는데 언론단체의 윤리강령과 같은 자율적인 규범도 마땅히 매스 커뮤니케이션법 연구의 대상에 포함되어야 한다.

이러한 팽 교수의 지적은 당시 정진석 교수가 펴낸 「한국언론관계문헌색인」(구한말~1977년)에 실린 언론법제와 관련되어 발표된 연구(논문)를 제목에 근거하여 분류한 결과인데 현상을 매우 정확하게 읽어내고 있음을 알 수 있다. 하나의 학문 분야가 독립적인 학문으로 인정받기 위해서는 연구를 위한 방법론과 교육을 위한 교재가 갖춰져야 하는데, 실제로 언론법제 영역은 당시에는 학문적으로 독립된 영역으로 판단하기에는 체계를 갖추지 못했다. 팽 교수 스스로 지적한 '매스컴법의 기초적인 개론서 하나 없다'는 표현이 이를 잘 보여준다. 언론법제에 대한 용어(매스커뮤니케이션법, 매스 커뮤니케이션법, 매스코뮤니케이션법제, 매스커뮤니케이션법제, 매스컴법, 매스컴법제 등) 또한 정리되지 못하고 혼란스럽게 사용되고 있는 점도 그렇다.

팽 교수는 언론법제 연구가 미국과 같이 독자적인 영역으로 자리하지 못하던 당시의 상황을 다음과 같이 판단하면서 이를 해결하기 위한 노력을 기울인다.

첫째, 언론(학)과 법(학)의 융합이나 교류가 잘 이루어지지 못했다고 분석했다. 특히 방법론적 측면에서 그 점을 지속적으로 지적하였다. 팽 교수는 언론법제 연구들을 분석하면서 연구의 방법 중에서 법사회학 연구가 부족함에 주목하였다. 이는 판례연구와 유사한 개념으로 판례의 관리나 집적, 그리고 체계적인 분류 등의 잘못으로 제대로 판례분석연구는 이루어지지 못했다는 점을 지적하였다. 그는 우리나라에서는 법사회학 연구만을 제외하고 다른 연구들은 고루 시도되고 있는데, 법이론

연구 가운데는 언론자유와 그 제약에 관한 헌법 이론이 압도적 다수를 점하고 있는 것으로 평가하였다.[18]

둘째, 팽 교수는 1980년대 이전까지는 주로 언론의 자유를 신장하기 위한 법적 연구에 초점을 맞추었다면 1980년을 고비로 그 이후부터는 언론의 책임, 개인의 명예훼손, 언론침해의 구제 문제 등에 관심을 기울이게 되었다고 판단했다. 아울러 액세스권, 반론권, 초상권 같은 문제가 새로운 연구의 대상으로 부각되기 시작하였다. 명예훼손에 대한 민사, 형사 사건의 판례들도 관심의 대상이 되었다. 이처럼 언론법제 분야가 다양해지게 점차 다양해지면서 자리를 잡아가게 된다. 실제로 팽 교수가 언론법제 연구를 하고 강의를 했던 때에서는 언론법제 영역이 어떤 학문분야일까 짐작은 가지만 정확히 범주화하기가 어려웠을 수 있다. 30여 년이 지난 지금 언론법제 분야는 훨씬 더 다양한 영역으로 발전된 모습으로 성장해왔다.

셋째, 팽 교수는 논문과 학술세미나 등을 통해서 언론자유의 적극적 권리로서의 알권리에 대한 신념과 함께 정보공개법에 있어서도 그 입법이 매우 중요하다고 보았다. 이 글에서는 잘 나타나 있지 않지만 그는 1987년을 전후하여 정보공개법과 관련한 연구와 학술 활동을 벌이게 된다. 그는 처음으로 정보공개 규정이 만들어진 청주시와 시민단체들의 노력에도 불구하고 정부의 미온적인 정보공개 방침에 대해 '정부의 모든 정보는 기본적으로 국민 모두의 재산이므로 원칙적으로 필요에 따라 자유롭게 이용돼야 하며 더 이상 공무원들의 독점물이 돼서는 안 된다'고 강조했다.[19] 그는 미국에서의 정보공개법 제정 과정을 소개하면서 한국에서 언론이 정보원에 자유롭게 접근하여 취재 보도할 수 있도록 하기 위해서는 정보공개법 또는 정보자유법이 제정이 필요함을 강력하게 피력했다.

팽원순 교수가 1987년 정보공개법 제정을 위한 세미나에서 법제정의 필요성에 대해 발표하고 있다.

넷째, 팽 교수의 연구에 있어서 또 다른 업적이자 가장 중요한 업적은 언론법제 연구의 외연을 넓혔다는 것이다. 예를 들어 저작권(뉴스저작권)과 언론윤리에 대한 연구를 언론법제 영역에 도입하고자 하였는데 특히 언론윤리는 이전에는 언론법 연구의 영역에 포함되지 않았다. 팽 교수는 미국의 경우에는 언론윤리영역이 언론법제 연구의 한 영역은 물론이고 오히려 독립된 연구 분야로 많은 논문들과 책이 나오고 있는 반면 한국에서는 그런 경향이 나타나고 있지 않은 문제를 제기했다. 미국은 특히 「Journal of Media Ethics」라는 언론윤리 연구 전문 저널을 중심으로 다양한 접근법을 통한 미디어 윤리 관련 연구가 상당히 이루어지고 있다. 다만 한국의 경우에는 언론윤리에 대한 학술적 연구는 현재도 손을 꼽을 정도에 그치고 있다. 언론윤리 관련 학술서는 다소 나오고 있으나 등재지 수준의 저널에 게재된 연구논문은 많지 않다.[20)]

이와 관련하여 팽 교수는 언론인들의 윤리준수 의식의 중요성을 강조하였다. 특히 당시 언론인들이 특별한 죄책감 없이 행하던 촌지의 수수를 가벼이 여겨서는 안 된다고 경고한다.[21)] 그는 "… 기자들의 가장 중요한 책임은 더 말할 것도 없이 사회 환경을 감시하고 우리 사회를 좀먹는 부정이나 비리를 찾아내서 그것을 국민에게 알리고 고발하는 것인데 기자들이 촌지라는 뇌물을 받는 행위가 그들의 그러한 책임을 실질적으로 약화시킬 것이 틀림없는 것이다. 만약 기자들이 일상적으로 취재원이나 업체들로부터 돈을 받아 그 결과로 보도할 것을 보도하지 않고 부정이나 비리를 보고도 이를 고발하는 대신 오히려 그것을 은폐하는 데 도움을 준다면 그것은 국민의 알권리를 돈으로 팔아먹는 것이고 곧바로 국민을 배신하는 행위라고 해야 할 것이다"라고 비판의 목소리를 높인다. 이는 연구자 본인이 언론현업 경험에 근거하여 판단하는 것으로 보인다. 그는 기자의 소명의식을 판단컨대 비윤리적이어서는 안 된다는 사실을 다시 한 번 더 강조한다(강준만, 2001, 재인용).[22)]

다섯째, 팽 교수는 언론윤리를 강조하면서도 언론에 대한 정치인들의 무분별한 고소고발은 잘못되었음을 주장한다. 그른 언론 보도에 대한 고소, 고발 등의 행위가 "정치인이나 공직자들이 우리나라 전래의 '관존민비적인 관념'에 젖어 있거나 민주정치에 있어서의 언론의 역할을 제대로 이해하지 못하고 있는 탓"이라고 밝혔다. 이는 향후 공인이론의 중심이 되는 공직자들이 언론의 보도에 대해서 불필요한 소송을 제기하는 것을 비판하는 것이다. 그러나 팽 교수는 공직자에 대한 보도의 경우에도 분명한 사실 확인이 필요하며 사실이 아니었을 경우에 대한 손해배상과 반론 등 구제에 대한 방식도 마련돼야 하는지에 대한 논의가 필요하다고 밝혔다. 이는 오늘날에도 중요한 저널리즘 원칙으로 판단하는 사실 확인(fact check) 절차를 꼭 지켜야 한다고 강조한 것과 일맥상통하는 것이다(팽원순, 1993).

## ▌연구의 의의

이러한 팽 교수의 언론법제 연구영역에 대한 열정과 노력, 그리고 진단이 있은 지 30-40년이 지난 지금 우리나라 언론법제 영역은 독립된 학문으로서의 지위는 어떻게 인식되고 있는가?(조연하, 2019) 당시 장 교수 등이 언론법제 분야에서 학문적 기여를 한 것으로 나타났지만 이후 독립된 영역으로의 발전하는 데에는 사회적 상황으로 다소간 시간이 걸리게 된다. 실제로 언론자유의 억압의 부당함을 주장하는 책을 출판한다는 것 자체가 시대적 상황에서 매우 용기를 필요로 하는 작업이기도 하고 학문영역으로서 언론법제 분야가 상당 기간 학문적인 관심을 끌지 못했다는 것도 요인으로 작용했다고 판단된다(이재진, 2007). 또한 언론법제 분야로 대학(미디어커뮤니케이션학 쪽은 물론이고 법학전문대학원에서도)에서 전임교원을 채용한 경우는 단 한 번도 없었다는 점을 보면 현재도 학문적인 측면에서 독자적인 학문영역으로 완전히 정립하였다고 판단하기가 어렵다는 점을 알 수 있다(이재진, 2007).

그럼에도 장 교수와 팽 교수 등에 의해 언론법제 연구를 언론의 시각에서 살펴보기 위해 사회과학적 방법론이 기여할 수 있는 부분을 제시하였다는 점은 독자적인 당시로서는 상당히 획기적이라고 평가할 수 있다. 특히 팽 교수는 비록 미국에서와 같이 언론법제 영역의 발전은 아니지만 한국에서도 이러한 연구와 교육이 필요하다는 점과 실제로 이를 도입하여 적용하려고 노력하였고 이는 언론법제 관련 저술의 연이은 출간으로 이어졌다. 「매스커뮤니케이션 법제이론」이 미국의 언론법제를 주로 소개하는 총론적 단행본의 성격을 띤다면, 1988년에는 그 개정판을 출판하였고, 1989년에는 「언론법제신론」을 연이어 출간하면서 언론법제영역의 학술교재를 생산하면서 언론법제 분야가 독자적인 학문분야로 발전해 나갈 수 있는 길을 열었다. 그 외에도 「출판 법제와 윤리에 관한 연구」, 「현대 신문방송 보도론」, 「비교신문학」, 「세계의 신문」(공저), 「한국의 매스 미디어」(일본어) 외 다수의 저술을 보탬으로써 독립된 학문적 영역으로 이어지는 길을 닦는 역할을 했다. 팽 교수의 학문적 노력은 유고작으로 간행된 「한국언론법제론」까지 이어진다. 이러한 일련의 저서 출간은 팽 교수가 평소에 추구했던 독립된 학문 영역으로서의 언론법제 영역에 대한 본인의 소신과 희망의 결정판이라고 할 수 있다.

## 3. 교육자로서의 팽원순

팽 교수는 언론현업 출신의 언론학 교수이자 학자였다. 한양대에는 1970년에 부임하여 1993년 작고하기 전까지 23년간 교수로 봉직했다. 한양대학교 미디어커뮤니케이션학과 홈페이지에는 현재 팽 교수(은퇴교수/명예교수)의 이력을 아래와 같이 소개하고 있다.[23)]

> 세계통신 기자(54), 동양통신 외신부(55), 합동통신 외신부 차장(60), 외신부장(65), 해외부장 겸 국제부국장(69), 한양대 신문방송학과 조교수(70), 한대신문 주간(71), 부교수(74), KBS 해설위원(73), 서울대·연세대·고려대·서강대 강사(75), 일본 릿쿄(立教)대 객원연구교수(79), 방송위원회 자문위원(82), 한국신문학회 회장(84), 통신정책연구소 이사(85), 한겨레신문 창간실무위원(87), 방송위원회 연예오락심의위위원장(91)

대표적 경력만 표기한 소개이기는 하지만 이에 따르면 1954년 세계통신 기자를 시작으로 15년간 봉직한 언론현업을 떠나서 한양대학교 교수로 취임하게 된다. 현업 경력은 꽤 되었지만 당시에는 박사학위가 없어도 교직을 맡을 수 있었던 탓에 팽 교수도 현업에서의 경력으로 교수가 되었고, 이후 전술한 바와 같이 교수로 봉직하면서 석사 및 박사학위를 마쳤다. 이처럼 학부에서 법학을 전공한 팽 교수는 언론현업에서 언론인으로서의 현장 경험을 쌓았고 비록 늦었으나 석사 및 박사 학위는 법학과 언론학을 골고루 섭렵하면서 언론법제 연구자로서의 자질뿐만 아니라 현장과 법을 동시에 학생들에게 전달할 수 있는 교육자로서의 최적의 자격도 동시에 갖춘 셈이 되었다고 할 수 있다.

위에서 기술되어 있지는 않지만 팽 교수는 1989년 한양대학교 ERICA 캠퍼스 부총장을 역임하였다. 이처럼 학교에서 교편을 잡고 학생들에게 언론법제와 저널리즘 관련 강의를 하면서도 동시에 학교에서 중요한 보직을 맡아서 봉직했음을 알 수 있다. 한대신문(漢大新聞)과 한대방송국 주간교수도 맡아서 지도했으며, 1979년에는 일본으로 건너가 릿교대(立教大)에서 객원연구교수를 지내면서 일본의 언론법제 연구와 교육에 대한 공부와 강의를 했다. 그 외에도 서울대와 고려대, 연세대, 그리고 서강대에서 언론법제 과목을 맡아서 가르쳤다는 것을 알 수 있다. 한양대에서 무슨 강의를 맡아서 했는지에 대한 공식적인 기록이 남아 있지 않아서 명확히 언제 어떤 강의를 맡아서 했는지를 알 수는 없지만 팽 교수가 강의하던 1985년 신문방송학과 커리큘럼을 살펴보고 당시 학생으로 수업을 들었던 선후배 동료 연구자들의 증언(인터뷰)을 통해 팽 교수가 무슨 과목을 강의했는지를 알 수 있었다.[24)]

아래 〈표 7-3〉에서 보는 바와 같이 팽 교수는 한양대에서 봉직하는 기간에 '언론윤리법제' 관련 과목을 가르쳤다. 이를 가르치면서 언론법제라는 영역을 본격적으로 소개하고 미국의 경우를 모범으로 삼아서 언론법제의 교육의 중요성을 인식하고 이를 기회가 있을 때 마다 강조하였다.

〈표 7-3〉 1985년 한양대 신문방송학과 전공과목 커리큘럼

| | 1학기 | 2학기 |
|---|---|---|
| 1학년 | 언론학개론 | 인간과 정보 |
| 2학년 | 광고론 | 취재보도론 |
| | 방송론 | 커뮤니케이션론 |
| | 신문론 | 한국언론사 |
| | 영상 및 사진론 | 신문영어 |
| | | Comm. 발달사 |
| | | 보도사진제작 |
| 3학년 | 시사분석영역 | 고급보도 |
| | 방송편성론 | 방송영어 |
| | 언론조사연구방법 | 국제커뮤니케이션 |
| | 신문편집 | 언론연구와 통계 |
| | 매스컴론 | 언론과 여론선전 |
| | 신문제작 | 출판잡지 제작 |
| | 홍보론 | 출판잡지론 |
| 4학년 | 언론과 윤리법제 | 언론학특강 |
| | 고급신문영어 | 언론문장과 평론 |
| | 언론과 대중문화 | 언론매체경영론 |
| | 새 언론매체론 | 특수방송론 |
| | 광고심리 | 라디오방송제작 |
| | TV제작실습 | 언론사상사 |
| | 광고도안제작 | |

출처: 한양대학교 대학요람(1985), 191－194.

실제로 1977년 장용 교수가 작고한 이후 팽 교수가 취재보도까지도 담당함으로써 저널리즘과 관련된 과목(언론법 포함)은 팽 교수가 전적으로 맡게 되었다. 저널리즘 교육이 언론법제 교육과 불가분의 관계라는 점을 고려한다면 장 교수 사후의 언론법제 교육은 팽 교수에 의해 본격적으로 이루어졌다고 할 수 있다. 특히 현직 언론인 출신인 팽 교수는 한양대학교에 재직하면서 다음과 같은 점에서 우리나라 언론법제 교육의 초석을 마련하고 더욱 발전된 방향으로 이끌었다고 하겠다.[25]

첫째, 전술한 바와 같이 팽 교수가 출간한 「매스커뮤니케이션 윤리법제」는 출간 후 20년이 넘도록 언론법제 강의가 개설된 대학에서 널리 읽혔다. 팽 교수는 당시 한양대에서뿐만 아니라 서울대, 연세대, 고려대, 서강대 등 주요대학 학부와 대학원에서 언론법 관련 과목을 강의하면서 이 책을 주교재로 이용하였다. 독립된 학문으로서의 자격을 갖추기 위해서는 방법론과 함께 제대로 된 교육을 위해 필요한 교과서가 있어야 하는데 이런 점에서 보면 팽 교수는 언론법제 또는 윤리법제 교육의 기틀을 다지는데 일조했다고 보인다. 〈표 7-3〉에서 표시된 1985년도 한양대 신문방송학과 커리큘럼에서 팽 교수는 '언론과 윤리법제' 이외에도 홍보론(PR), 취재보도론, 국제커뮤니케이션 등의 과목을 강의한 것으로 조사되었다. 팽 교수가 홍보론과 국제커뮤니케이션을 강의한 점은 흥미로운 사실인데 이 두 과목에서도 언론법제 영역과 오버랩되는 내용들을 많이 강의한 것으로 알려졌다. 예를 들어 국제커뮤니케이션에서 신국제정보질서를 강의하면서 외국의 언론법과 우리나라의 법이 어떠한 차이가 있는지를 가르쳤다고 알려져 있다.[26]

둘째, 팽 교수는 언론법제 교육을 학부뿐만 아니라 대학원에까지도 도입하는데 공헌하였고[27] 실제로 다양한 언론법제 관련 과목들을 대학원 커리큘럼에 개설하기도 하면서 후학 양성에 기여한 바가 크다(이재진, 2018).[28] 비록 언론법제 영역으로 박사학위 제자를 배출한 것은 아니었지만 한양대 대학원과 여타 유수 대학에서 언론법제 강의를 개설하고 가르치면서 강의를 수강한 학생들 중 일부가 이후 언론법제를 연구하고 가르치는 언론법학자들로 자리를 잡게 된다(언론중재위원회, 2017; 한대신문, 2009.8.30).[29]

셋째, 법제교육에 있어 언론자유의 중요성을 어느 누구보다도 더욱 강조하였다.[30] 팽 교수를 기억하는 동료, 후배, 제자 교수들에 따르면 팽 교수는 기회가 닿을 때마다 늘 언론자유의 중요성을 설파하였는데 그의 교육에 있어서도 언론자유의 보장이 결국 국익과 연결된다는 것을 향후 예비 언론인들인 학생들에게 설파한 것으로 보인다. 실제로 언론자유의 보장이란, 언론의 자유가 보장된다는 법규정이 있는가, 언론자유의 사회적 지위가 인정되고 있는가, 그리고 충돌하는 다른 기본권과의 균형을 유지할 수 있는 장치가 있는가 하는 세 가지의 요건이 마련되어야 하는데(이제영·허인, 2015) 팽 교수의 교육과 교육철학, 그리고 평소 소신인 언론의 자유 보장은 이러한 요건을 모두 강조할 뿐만 아니라 언론의 책임과 언론에의 접근까지도 포함하고 있다.

이러한 팽 교수의 교육 철학은 그의 화갑기념논문집 서문에서 나타나 있다. 화갑기념논문집 「현대사회와 언론의 자유」는 평소 팽 교수의 학문적 관심을 반영(?)하여 책을 3부로 나누어 구성한다고 밝히고 있다. 1부에서는 언론자유의 법과 정책, 2부에서는 국제커뮤니케이션, 3부에서는 커뮤니케이션 이론 및 한국 언론이 직면한 제 문제들을 논의하고자 하였다. 그러나 비록 미디어커뮤니케이션 관련 학과에서 주로 언론법제 과목이 가르쳐지고 법학전문대학원에서도 일부가 언론법제 강의가 존재하지만 그럼에도 미국에서 볼 수 있는 그런 독립된 분야의 모습을 아직 갖추지 못하고 있다는 것은 남겨진 숙제라고 하겠다(이재진, 2007).

넷째, 팽 교수는 언론법제 교육이 체계적이고 지속적으로 실시되도록 했을 뿐만 아니라 확장되는 역할을 했다. 실제로 우리나라 대학에서의 언론법제 교육은 미국과 같이 실시되고 있지는 못했다(이재진, 2007). 오랜 동안 상당수의 신문방송학 관련 학과가 설치되어 있는 반면 제대로 언론법제를 강의하는 학교는 소수에 불과했다. 현재도 언론법제 교육의 중요성에 대해서는 모든 대학이 공감하면서도 제대로 전공을 한 교수가 오랜 동안을 계속해서 빠짐없이 언론법제 교육을 이어나가는 학교는 손에 꼽을 정도이다. 이러한 점에서 팽 교수는 한양대를 언론법제 교육의 중심이 되어 언론법제 교육이 확장되어 나가도록 하는데 핵심적인 역할을 했다고 할 수 있을 것이다.

다섯째, 진보적인 학자이자 교수로서 팽 교수는 언론이 거대화 되면서 발생하는 언론권력의 문제를 강력히 비판하였고, 나아가서는 「한겨레」의 창간 멤버로 참여하게 되는데 이러한 배경에서 인해 팽 교수는 학생들에게 제대로 된 언론인, 저널리즘이란 무엇인가에 대해서 늘 비판의 목소리에 귀를 열어 두어야 한다고 가르쳤다. 언론자유가 중요한 만큼 함부로 언론의 힘을 남용해서는 안 된다는 것을 강조하였다. 반대로 거대화된 상업언론이 국민의 신뢰를 얻기 위해서는 더욱 책임감을 가져야 한다는 점을 명확히 했다. 팽 교수는 이러한 언론의 변화를 언론개혁의 일부라고 보았다.

마지막으로, 팽 교수는 미래의 언론인이 될 학생들에게 언론윤리의 중요성에 대해서 교육하였다. 팽 교수는 언론윤리 분야는 향후 언론현업에 종사하게 될 예비 언론인으로서의 신문방송학과 학생들이 꼭 알고 지켜야 하다는 짐을 강의에서 늘 강조하였다. 특히 촌지 등을 받고 기사를 쓰거나 하는 행위를 매우 잘못된 언론관행으로 질타하였는데 저널리즘의 근본 원칙을 흔들 수 있다고 보았다. 그래서 책임 있는 예비 언론인으로서의 자세를 갖출 것을 늘 중요시 하였다. 이러한 팽 교수의 교육관은 언론윤리를 언론법제 영역으로 편입하고자 하였던 철학과 일맥상통한다. 즉 언론윤리에 대한 체계적인 연구와 교육이 함께 이루어진 것도 팽 교수에 의해서라고 판단할 수 있다.

정리하면 현직 언론인 출신인 팽 교수는 한양대에 봉직하면서 언론법제 교육의 체제를  확립하고 이를 확장하였다. 현재는 다양한 배경의 학자들이 언론법과 관련된 꽤 많은 분량의 연구서와 교과서 그리고 축약본 서적 등을 출간하고 있지만, 언론법제 교육을 위한 개론서가 없던 시절에 일련의 교과서와 연구서를 다수 집필하였다(이재진, 2007). 그는 언론법제 교육을 학부뿐만 아니라 대학원에까지도 도입하도록 했는데 실제로 다양한 언론법제 관련 과목들을 대학원 커리큘럼에 개설하기도 하였다. 이러한 점에서 장 교수가 대학에서의 저널리즘 교육을 본격적으로 시작했다면 팽 교수는 언론법제 과목을 언론관련 학과에 정규커리큘럼으로 정착시키고 이를 가르치는데 크게 기여하였다고 할 수 있다. 당시 이들 두 사람 이외에도 이화여자대학교의 김동철 교수, 경희대학교의 한병구 교수 그리고 원광대학교의 김병국 교수 등이 대학에서 언론법제 교육을 담당했는데 이들을 통칭하여 매스 미디어 관련 학과에서 언론법제 교육을 담당한 '제1세대'라고 할 수 있을 것이다. 이들 제1세내 교육자들의 공통점은 대개 언론 현업에 종사한 경험이 있다는 것이다. 따라서 한국 저널리즘 현장에서 발생하는 법적인 쟁점과 관련된 주제들, 예를 들어 언론(표현)의 자유, 취재보도의 자유, 명예훼손, 프라이버시 침해, 정보공개, 알권리, 언론윤리 등이 언론법제 교육의 핵심적 내용이었다(이재진, 2007).

## 4. 나가며

1993년 정년을 얼마 안 남기고 팽 교수가 세상을 떠나게 되었다. 언론의 자유를 민주주의의 기틀이라고 한 결 같이 주장해 온 팽 교수의 유고는 언론법제 분야 발전에 걸림돌이 되었다. 왜냐하면 팽 교수는 언론자유 이론의 학문적 기초를 닦음과 동시에 본격적인 언론법제에 대한 연구와 교육을 실시함으로써 언론법제 분야의 학문적 발전으로 연결되는 데 큰 역할을 했다고 평가되기 때문이다. 팽 교수 이후 언론학 분야에서의 법제 연구와 교육은 2세대 학자들로 이어진다. 정확한 메타분석이 이루어지지 않아서 얼마나 많은 연구가 이루어졌는지 알 수는 없으나 팽 교수가 생전에 언론학자들의 법제연구가 없다고 우려하던 1980년에 비교해 볼 때 상당히 많은 연구가 이루어졌고 아울러 대학에서의 언론법제 교육도 보편화 되고 있다.

구체적으로 언론법제 영역이 현재의 학문적 모습을 갖추는데 팽 교수가 많은 공헌을 했다고 볼 수 있는데 특히 최초의 언론법제 교과서를 발행하고 대학과 대학원에 관련 과목을 개설함과 동시에 외국의 언론법학자들과 적극적으로 교류하면서 언론법제 영역에 대한 학문적, 사회적 관심을 높였다고 보인다. 무엇보다 팽 교수는 우리나라 언론법제 영역이 언론자유의 중요성에 대한 인식이 학문적으로 승화된 미국과 같은 독립된 학문영역으로 자리매김하기를 바랐다. 다시 말하자면 앞서 언급한 바와 같이 팽 교수는 한국언론학회장과 언론법제윤리연구회장을 역임하면서 언론학의 기초를 다지는 한편 언론법제 분야에 대한 학문적 가치와 사회적 중요성을 제고하는 연구와 교육을 실시하고자 하였다. 무엇보다 팽 교수는 언론이 의무와 책임을 다해야 한다는 점을 늘 강조했는데 그의 연구와 교육에 있어 이러한 언론법학자로서의 원칙과 소신을 일관되게 지키고자 노력하였다. 특히 교육에 있어서 언론윤리의 중요성을 늘 강조함으로써 훌륭한 예비언론인 육성에 기여하였다.

언론법학자로서 팽 교수의 학문적 기여를 판단한다면 언론법제 영역의 설계자라기보다는 오히려 특정 분야의 문을 열고 다수의 연구자들을 언론법제분야로 견인하는 결과를 가져왔다고 할 수 있다. 언론법제를 전공하는 연구자들이 거의 없는 상황에서 팽 교수는 상당한 연구와 대학원 강의 개설 및 여러 대학에서의 강의 등을 통하여 연구와 교육의 범위를 확장하고 체계화하는데 영향을 끼쳤고, 그에게서 사사받은 후학들이 이후에 언론법제분야를 독립된 학문으로서의 발전시키는데 자극을 주었다고 평가할 수 있다.[31] 그러나 현재 언론법제 영역은 상당한 학문적 발전을 이루었으나 팽 교수가 염원하던 바와 같은 미국과 같은 학문적 환경이 조성되었는지는 미지수다.

사실 팽 교수는 상당기간 재조명이 이루어지지 않아서 최근에 언론법제에 관심을 기울이는 연구자들에게는 생경한 인물일 수 있다. 이는 또한 언론학을 전공하는 학자들은 법학자들의 논문을 자주 검색해서 보고 읽고 때로는 인용하는 경우가 많지만, 법학자들의 경우에는 언론학자들의 논문이나 책을 읽고 인용하는데 익숙하지 않은 것과도 관련이 있을 수도 있다. 잘 알려지지는 않았으나 팽 교수는 언론법 연구가 언론현상의 일부를 다루는 것인 만큼 다양한 접근법을 통해서 이를 이해하고 실천하려고 노력했다. 실제로 법학과 언론 현업과 언론학을 두루 섭렵한 팽 교수의 이력이 잘 보여주듯 언론학과 법학이 좀 더 적극적이고 상호 이해의 마음으로 접근하고 교류하려는 노력이 더욱 필요하다는 시사점을 남겼다.

물론 최근 언론법학계는 언론학자들과 법학자들의 교류도 점점 더 늘어나면서 학문적 외연과 깊이를 더하고 있다. 언론법제 영역은 명실상부하게 독립된 학문으로서 사회의 다양한 영역에서 그 전문성을 인정받고 있다. 이러한 발전을 목격하면서, 언론법제 연구자이자 교육자로서 팽 교수의 노력과 헌신, 그리고 학문적 열정이 있었기에 오늘날 언론법제 분야로의 이행이 순조롭게 이뤄진 것은 아닌가하고 판단된다. 다만, 이러한 시사점 외에 팽 교수의 업적이 가지는 학문적 가치와 의미를 제대로 전달하지 못한 것은 아쉬운 부분이다. 특히 저널리즘 배경의 연구자로서의 팽 교수의 철학과 열정에 대해서는 깊이 있는 탐구를 하지 못한 것은 앞으로의 숙제로 남겨지게 되었다. 또한 팽 교수의 업적을 종합적, 입체적으로 살펴 오늘날 언론법제 환경과의 연계와 미래 언론법제 영역의 발전방향에 대한 함의를 제대로 이끌어 내지 못한 채 시기적으로 나열하는데 그쳐서 선학에 대한 분석이 많이 미흡했다고 자인한다. 향후 언론법제 연구와 교육의 교량적 역할을 한 팽 교수에 대한 제대로 된 평가가 다양한 접근방식으로 이루어지길 진심으로 기대한다.

## | 미주 |

1) 팽원순(1987), 민주주의와 언론의 자유, 「언론학보」, 8집, 14-15.
2) 이 책은 한국언론학회 창립 60주년과 한국언론연구회 창립 20주년을 기념하기 위하여 현재 원로교수들이나 연구자들이 작고하신 초기 언론학의 토대를 놓으신 분들을 재조명하고자 다올미디어에서 출간하였다.
3) 이 책에서 장용 교수 파트를 맡은 정대철 명예교수는 장 교수에 대해서 업적보다는 인간성, 그리고 교육자로서 풍모를 평가하고 있다. 장 교수의 학문적 재평가를 실시한 이재진(2018)에 따르면 장 교수는 저널리즘 분야에서 최초로 미국 미주리대학교에서 박사학위를 취득하고 한국에 돌아와 저널리즘 관련 연구에 매진하면서 언론법제를 소개하고 학문적 연구의 기틀을 마련한 사람이라고 할 수 있다. 특히 장 교수의 대표저서라고 할 수 있는 「언론과 인권」(1969)은 언론법제 영역의 기초를 닦은 학술서로 평가된다.
4) 이러한 점은 미국에서뿐만 아니라 세계적으로도 언론법제 분야의 대표적 연구자로 인정받고 있는 오리건대학의 조나단 마샬 퍼스트 어멘드먼트 석좌교수(Jonathan Marshall First Amendment Chair)이신 염규호 교수님(이하 염 교수라 칭함)의 코멘트에서도 알 수 있다. 염 교수는 자신이 박사과정에 들어간 첫 해에 한국에 방문해서 지인들의 소개로 팽 교수를 만나게 되었고 그런 이유로 언론법제를 본인의 전공으로 삼아서 오늘날의 언론법제 분야의 독보적인 연구자가 되었을 뿐만 아니라 AEJMC 학회장을 역임하기도 하셨다. 염 교수에 따르면 팽 교수의 업적은 본인에게 뿐만 아니라 한국에서 언론법제 영역이 제대로 된 학문영역으로 인정받을 수 있도록 큰 밑거름이 되었다(염규호 교수와의 이메일 인터뷰).
5) 이러한 점은 학부 및 대학원 과정에서 팽 교수에게 사사한 졸업생들과 동료, 선후배 연구자로 봉직했던 분들에 대한 인터뷰와 대화에서 공히 드러나는 사실이었다.
6) 언론법제는 언론과 법의 학제간 연구영역이다. 언론법제 연구의 대상은 언론법 그 자체로서, 주요 소재는 판례, 법률, 헌법이다. 그러므로 기본적으로 법학적 접근은 불가피하다. 따라서 언론법제 연구자는 이것들을 검색하고 수집해서 읽을 수 있어야 하며, 동시에 언론의 구조와 역할을 정확히 이해해야 한다.
7) 실제로 우리나라에서 명예훼손과 프라이버시 침해가 오랜 동안 구분되지 않고 혼용되어 오다가 2000년대에 들어서 점차 다르게 발전하였다.
8) 이 책은 전체 15개 장으로 이루어져 있다. 제1장에서는 매스컴법제연구의 방법과 그 경향에 대해서, 제2장에서는 현대사회에 있어서 표현자유에 대한 이론전개, 제3-4장 헌법상의 명시된 언론자유 조항과 미국에서의 표현의 자유 제약이론, 제5장 최근 새로운 이론으로 부각되고 있는 매스 미디어에 대한 악세스권, 제6장 매스미디와 명예훼손간의 상관관계에 대해서, 제7장 현실적 악의론의 형성과 의의에서는 뉴욕타임즈 대 설

리번 사건을 설명하였고, 제8장 반론권제도의 역사적 전개에서는 서독, 영국, 미국, 일본 등에서의 반론권제도에 관해 관찰하였고, 제9장 언론과 제한적 면책특권에서는 법정이나 국회 등 법에 의해 공개토록 돼 있는 공표사항은 언론이 자유로이 보도할 수 있도록 보장되어져야 한다고 주장하고, 제10장 현대사회와 프라이버시권의 중요성에 대해서, 제11장 미디어의 정보원에 대해서, 제12장 국민의 알권리와 정보공개제의 중요성에 대해서, 제13장 뉴스원 보호를 위한 기자의 권리에서는 몇 몇 외국의 경우를 실례로 들면서 비교하였고, 제14장 광고의 규제와 자유에서는 광고의 법적 규제와 자율규제의 문제를 다루었고, 마지막 제15장에서는 방송과 시청자의 권리관계에 대해서 논하였는데 시청자인 시민의 집단과 특정 방송국 사이에 방송프로그램 내용에 관한 협정같은 것을 맺을 것을 제안하였다.

9) 팽원순(1984) 교수는 일관되게 언론의 자유, 표현의 자유를 주장하였다. 언론에 대한 규제의 경우 정부의 규제는 최대한 지양된 자율규제이어야 한다고 피력하였다.

10) 이승선과 이재진은 언론법제 영역을 아래와 같이 13개 주제 영역으로 구분하였는데 팽 교수의 연구주제와 거의 유사함을 알 수 있다. 이승선·이재진 (2011), 앞의 글.

| 구분 | | 세부영역 |
|---|---|---|
| 연구 영역 | 기본법 영역 | ① 법적 체계의 이해 ② 표현의 자유와 기본권 ③ 알권리와 정보공개법 |
| | 응용영역 | ④ 취재·보도의 자유와 책임 ⑤ 재판과 선거보도 ⑥ 명예훼손 ⑦ 프라이버시 ⑧ 반론권·언론중재·심의 ⑨ 성표현물 ⑩ 저작권·광고 |
| | 정책 기타 | ⑪ 방송·뉴미디어정책 ⑫ 저널리즘 ⑬ 기타 |

11) 팽원순(1988), 취재원보호와 보도의 자유, 「언론학보」, 제9집, 1-19. 팽 교수는 언론은 책임성을 강화해야 하며 기자들의 안정된 취재보도를 위해 취재원보호법이 제정되거나 적어도 국가보안법 상의 불고지죄가 폐지되든지 해야 한다고 주장했다.

12) 팽원순(1980b), 광고와 표현의 자유에 관하여, 「언론학보」, 제1집, 133-157. 흥미롭게도 팽 교수는 1978년부터 광고규제에 관해 다수의 연구 논문을 남겼다. 「언론학보」 제1집에 기고한 논문도 광고규제와 표현의 자유에 관한 것이다. 이 논문에서 팽 교수는 미국 연방대법원과 일본 최고재판소의 판례상의 광고규제를 비교법적으로 분석하면서 우리나라에의 함의를 밝히고 있다.

13) 팽원순(1986), 언론중재제의 성격과 문제, 「언론학보」, 제7집, 17-40. 팽 교수는 비교적 초기 언론중재제도에 대해서는 다소 부정적인 시각을 견지했다. 언론중재위를 타율적 규제기관으로 파악하고 그 피해구제 역할의 중요성에도 불구하고 이를 폐지하고 그 기능을 신문윤리위원회에 넘겨 정정/반론보도를 하도록 하는 것이 자율적인 규제를 살리는 방법이라고 간파했다.

14) 조사에 따르면 「한국언론학보」(구 신문학보)에 게재된 법에 관한 논문이 1960~1979

년 3편, 1980~1989년 2편이었다가 1990~2000년에는 13편으로 증가하였다. 최선열(2001), 「한국 언론학의 정체성 위기」, 한국방송학회 세미나 및 보고서, 98-112.

15) 이강수 교수는 팽 교수가 영어는 물론 일본어에 뛰어났다고 회상했다. 이를 바탕으로 일본어로 논문과 책을 발간하게 된다. 이강수(1993), 언론법제 연구의 독보적 존재, 「신문과 방송」, 11월호, 106-108.

16) 팽 교수는 1991년에 한국언론학회 언론법제윤리연구회 회장의 자격으로 당시 아리조나주립대 언론법 교수이던 염규호 교수를 한국에 초청하여 「미국언론법제 연구의 최근 동향」을 주제로 발표와 논의를 진행하였는데 이러한 부분도 독립된 학문으로서의 언론법제를 염원하는 면면을 엿볼 수 있다.

17) 법사회학연구는 미국의 판례연구나 독일의 코멘타르 연구와 같은 것이라고 하겠다. 팽원순(1980a), 언론법제 윤리연구, 「신문연구」, 여름호 특집, 80-89.

18) 법학 전공 연구자들이 주를 이루었다는 팽 교수의 분석은 현재에도 언론법 연구자들에게 있어서는 과제로 남아있다. 물론 2002년 한국언론법학회 설립 이후 언론학과 법학 연구자들 간 학문적 교류가 활발해지고 실증주의적 방법론이 접목되면서 연구의 방법과 범위가 확장되는 등 큰 발전을 이루었다. 언론법학회는 현재 언론관련 학회 중 핵심적 언론법 전문 학회로 인정을 받고 있으며 언론법제 분야의 최초의 등재지인 「언론과 법」을 발행하고 있다. 또한 언론중재위원회는 언론법제 관련 등재지 「미디어와 인격권」을 2015년부터 간행하고 있어서 언론법 연구에 도움을 주고 있다.

19) 중앙일보, 1993.6.19.

20) 이와 관련하여 언론학 쪽에서 나온 등재지 급 또는 그 이상의 논문들을 살펴보면, 박권상(1997), 언론의 자유와 윤리: 한국의 경험을 중심으로, 「한국언론학보」, 특집호, 55-72; 안병찬(1997), 언론윤리강령에 관한 현역 언론인 의식조사, 「한국언론학보」, 특집호, 119-155; 유일상(1997), 국가단위 언론윤리강령의 비교 연구: 한·일·미·영을 중심으로, 「한국언론학보」, 특집호, 180-214; 이은택(2002), 국내 언론의 도덕발달단계에 관한 연구: 언론윤리에 대한 태도를 중심으로, 「한국언론학보」, 제46권 3호, 289-318; 김옥조(2004), 범죄보도와 언론윤리: 만두소 사건과 연쇄살인 사건 보도를 중심으로, 「언론과 법」, 3권 1호, 175-224; 이재진(2005), 언론윤리에 대한 언론과 사법부 간의 인식 차이에 대한 연구, 「방송과 커뮤니케이션」, 제6권 제1호, 6-32; 김영욱(2009), 언론 윤리 가치의 위계, 「미디어와 공연예술연구」, 제4권 제1호, 59-84; 남재일(2010), 직업이데올로기로서의 한국 언론윤리의 형성과정, 「한국언론정보학보」, 제50호, 73-93; 김수정·정연구(2011), 무(無)보도 현상과 언론윤리 그리고 한국사회의 이념갈등: 국정원, 기무사 민간사찰 관련 보도 사례를 중심으로, 「한국언론정보학보」, 제53호, 5-28; 박기효·홍성완·신태범(2017), '김영란법' 시행이 한국 언론윤리에 미

친 영향에 대한 탐색적 연구: 언론인의 법인식 및 법 시행 이후 보도원칙 준수변화를 중심으로, 「한국언론학보」, 제61권 제5호, 165-203; 이준웅(2017), 디지털 뉴스 시대의 언론 윤리: 하버마스 담론 윤리의 적용, 「커뮤니케이션이론」, 제13권 제3호, 86-128; 이희은(2018), 페미니즘 운동과 미디어 윤리 : #미투 운동 사례를 중심으로, 「언론정보연구」, 제55권 제3호, 120-157 등이 있다.

21) 팽원순(1984)은 "신문이나 방송의 보도 생활은 늘 계속되는 것이기에 여러 업체나 업종으로서는 수시로 예상치 않게 나타날 수 있는 불리한 보도에 미리부터 대비할 필요가 있다. 그래서 업체나 업체들의 단체인 각종 협회가 일상적으로 기자나 기자단과 접촉하면서 여러 가지 명목으로 금품을 촌지라고 하여 제공하고 있음을 우리가 익히 알고 있는 사실이다. 그런 경우에 주어지는 촌지는 장기적인 반대급부를 예상해서 하는 말하자면 '포괄적인 청탁'을 위한 것이라고 할 수 있는 것이다. 그런 장기적이고 포괄적인 청탁을 위해 제공되는 금품도 분명히 뇌물로 보아야 마땅할 것이다. 만약 공무원에게 업자나 업자들의 단체인 협회가 수시로 촌지라고 해서 몇 십만 원이나 몇 백만 원의 돈을 제공한다면 검찰이나 경찰이 반대급부가 분명치 않다고 해서 그대로 버려두리라고 볼 수 있을 것인가. 그것은 생각할 수도 없는 일이다"라고 피력한다. 이는 언론인이 쉽게 생각하거나 적당히 넘어갈 일이 아닌 윤리적인 문제를 떠나 법적인 문제[배임수증죄 제357조 제2항(제1항의 재물 또는 이익을 공여한 자는 2년 이하의 징역 또는 500만 원 이하의 벌금에 처한다)]로도 충분히 비화될 수 있다는 점을 경계하였다.

22) 이와 아울러 기자단의 폐해에 대해서도 비판의 날을 세우는데 팽 교수는 논문 「기자단의 기능과 그 문제」에서 기자실을 개혁해야 한다고 주장했다. 그는 기자단을 궁극적으로 기자들의 밥그릇을 챙기기 위한 임시방편적 제도라고 보았다. 실제로 기자단 제도는 일본에서 온 것으로 소위 물먹는 언론이 없도록 자신들의 공통의 이익을 안정적으로 챙기기 위한 것이라고 이해한다. 특히 전술한 91년도 보사부 촌지 사건 이후 각 신문이 기자단 탈퇴를 선언했던 전례와 당시 조선일보의 기자단 탈퇴를 주도했던 주돈식 당시 편집국장의 인터뷰를 했고, 중앙부처와 서울지역 경찰서 기자실 31곳이 법적 근거나 국민동의 없이 연 10억 원의 특혜를 받고 있다고 폭로했다.

23) 한양대는 학과 명칭을 1963년 설립 때 신문학과로 정하였고, 1975년에 신문방송학과로, 그리고 2011년에 미디어커뮤니케이션학과로 변경하였다.

24) 이를 위해 팽 교수 재직 당시 직접 강의를 들은 주변의 연구자들과 졸업생들을 개별적으로 접촉하여 이들에게 팽 교수가 어떤 강의를 했는지를 직접 질문했다.

25) '언론과 윤리법제' 과목의 이전 명칭은 '언론법'이었다. 이는 이후에 '언론법제'로 변경되면서 현재까지도 한양대학교 미디어커뮤니케이션학과에서 강의가 개설되고 있다.

26) 이를 위하여 저자들은 팽 교수의 학부 및 대학원 제자들 중 현재 대학 및 언론유관기

관에 재직 중인 인물들에 대한 인터뷰를 실시하였다.

27) 팽 교수는 한양대에 부임하던 1970년에 신문학과(현 미디어커뮤니케이션학과)에 대학원 석박사 과정을 신설하였다.

28) 팽 교수의 노력으로 대학원에서 복수의 언론법제 강의가 개설되었는데 2021년 6월 현재 한양대 미디어커뮤니케이션학과 대학원에는 현재 언론법제 관련 과목 5개가 개설되어 있다. 이들은 언론중재론, 언론윤리법제 사례연구, 언론제도론, 언론윤리법제 이론 및 과제, 언론정책연구이다. 과목명이 20년 이상 바뀌지 않아서 관련과목이 대학원에 어떻게 설강되고 가르쳐져 왔는지를 추측할 수 있다.

29) 대표적으로 학부와 석사과정 때 팽 교수의 강의를 수강하고 석사논문에서 팽 교수가 심사위원을 맡았던 현재 한양대 미디어커뮤니케이션학과에서 언론법을 가르치고 있는 이재진 교수도 후학으로서 같은 전공분야의 길을 걷게 되는데 팽 교수로부터의 교육이 상당한 영향을 미쳤다고 회고한 바 있다

30) 팽원순(1987)은 늘 표현의 자유는 정치적으로 유용할 뿐만 아니라 민주적인 통치형태를 작동케 하는데 불가결의 것이라고 표명해왔다. 그는 표현의 자유란 원래 정치과정과 관련된 정치적 권리였다고 판단한다. 따라서 표현의 자유가 민주주의 실현을 위해서 필수적이라는 것이 프랑스 대혁명 인권선언이나 미국 헌법 수정 제1조 규정이래로 당연한 것으로 인정되어 왔지만 이는 명확한 이론적 논리를 제공하는 것은 아니라고 보았다. 오히려 마이클 존이 주장하는바 표현의 자유는 국민이 헌법상의 권한을 완전히 행사하기 위해 필요불가결하다는 인식과 같이 표현의 자유가 단순히 사회적으로 유용하기 때문이 아니라 정치적으로 헌법구조상 불가결한 것이기 때문에 절대적으로 보장해야 한다는 논리를 옹호한다. 따라서 발신자뿐만 아니라 현대 사회에서 매스 미디어의 수신자가 되어 버린 국민의 권리를 위해서 수신자도 보호해야 하며, 국민이 주권자로서 국정에 대한 결정과정(decision-making process)에 참여하기 위해서는 무엇보다 통치과정에 관한 정보에 자유로이 접근하고 이를 얻을 수 있어야만 한다고 보았다. 따라서 정보의 자유로운 유통과 국민의 알권리의 보장은 국민자치와 민주주의 실현을 위해 그 중요한 전제가 되는 것이라고 보았다. 이러한 근거에서 팽 교수는 당시 언론에 억압적인 사회적 상황을 고려하여 언론기관이 공정한 보도를 하도록 하기 위해서는 먼저 정치권력으로부터의 언론에 대한 억압이 없어져야 하며, 상업화된 언론이 특정이익을 대변하지 않도록 하기 위해서 일종의 국민의 피드백이 되는 액세스권이 인정되어야 한다고 보았다.

31) 현재 언론법제분야 2~3세대로서 현재도 활발하게 언론법제 연구를 수행하고 교육을 맡고 있는 언론학자들은 김경호(제주대), 김민정(한국외대), 박성순(배재대), 박아란(언론진흥재단), 상윤모(성신여대), 손태규(단국대), 우지숙(서울대), 유의선(이화여대), 윤

성옥(경기대), 이구현(한림대), 이승선(충남대), 이영희(한양대), 이정기(동명대), 이재진(한양대), 장호순(순천향대), 조연하(이화여대) 등이다. 3세대 연구자들의 경우 여기서 거론하지 못한 사람들이 있을 수 있다.

| 제7장 _ **참고문헌** |

강준만(2001), 「미디어 법과 윤리」, 인물과 사상사.

김민정(2017), 미디어법의 연구동향, 「한국방송학회 학술대회 논문집」, 2017 봄철 정기학술대회, 방송이론의 변화 트랙 발제문, 2017.4.21.

김수정·정연구(2011), 무(無)보도 현상과 언론윤리 그리고 한국사회의 이념갈등: 국정원, 기무사 민간사찰 관련 보도 사례를 중심으로, 「한국언론정보학보」, 제53호, 5-28.

김영욱(2009), 언론 윤리 가치의 위계, 「미디어와 공연예술연구」, 제4권 제1호, 59-84.

김옥조(2004), 범죄보도와 언론윤리: 만두소 사건과 연쇄살인 사건 보도를 중심으로, 「언론과 법」, 제3권 제1호, 175-224.

남재일(2010), 직업이데올로기로서의 한국 언론윤리의 형성과정, 「한국언론정보학보」, 제50호, 73-93.

문재완(2008), 「언론법: 한국의 현실과 이론」, 늘봄.

박기효·홍성완·신태범(2017), '김영란법' 시행이 한국 언론윤리에 미친 영향에 대한 탐색적 연구: 언론인의 법인식 및 법 시행 이후 보도원칙 준수변화를 중심으로, 「한국언론학보」, 제61권 제5호, 165-203.

박권상(1997), 언론의 자유와 윤리: 한국의 경험을 중심으로, 「한국언론학보」, 특집호, 55-72.

박용상(1980), 한국의 언론법사, 「신문연구」, 겨울호, 8-44.

성낙인(1994), 한국 언론법제의 특징과 문제점, 「언론중재」, 제14권 제1호, 6-20.

안병찬(1997), 언론윤리강령에 관한 현역 언론인 의식조사, 「한국언론학보」, 특집호, 119-155.

언론중재위원회(2017), [인터뷰] 20년 언론법 연구자, 언론법의 의미를 말하다, 「언론 사람」, 12월호, 4-5.

염규호(1999), 미국 대학의 언론법 교육 현황, 「언론중재」, 제19권 제1호, 17-26.

유일상(1997), 국가단위 언론윤리강령의 비교 연구: 한·일·미·영을 중심으로, 「한국언론학보」, 특집호, 180-214.

유의선(2009), 미디어 법제연구 50년, 한국언론학회 편, 「한국언론학회 50년사: 1959-2009」, 791-824.

이강수(1993), 언론법제 연구의 독보적 존재, 「신문과 방송」, 11월호, 106-108.

이승선(2005), 언론법제 연구의 현황과 특성, 「커뮤니케이션이론」, 제1권 제1호, 227-262.
_____(2014), 언론법제 연구의 최근 동향: 2011~2013 학술논문을 중심으로, 「언론과 법」, 제13권 제1호, 1-28.
이승선·이재진(2011), 언론법제 연구의 최근 동향분석, 「언론과 법」, 제10권 제1호, 153-188.
이은택(2002), 국내 언론의 도덕발달단계에 관한 연구 : 언론윤리에 대한 태도를 중심으로, 「한국언론학보」, 제46권 제3호, 289-318.
(2005), 언론윤리에 대한 언론과 사법부 간의 인식 차이에 대한 연구, 「방송과 커뮤니케이션」, 제6권 제1호, 6-32.
(2007), 한국언론법제 교육의 현실과 쟁점, 「언론중재」, 제27권 제4호, 4-20.
(2018), 초창기 언론법제 연구와 장용 교수의 기여에 관한 고찰, 「언론정보연구」, 제55권 제1호, 195-229.
이재진·이승선(2008), 언론법 연구의 최근 동향 분석, 「언론과 법」, 제7권 제1호, 105-133.
이제영·허인(2015), 「언론규범론」, 시간의 물레.
이준웅(2017), 디지털 뉴스 시대의 언론 윤리: 하버마스 담론 윤리의 적용, 「커뮤니케이션이론」, 제13권 제3호, 86-128.
이희은(2018), 페미니즘 운동과 미디어 윤리 : #미투 운동 사례를 중심으로, 「언론정보연구」, 제55권 제3호, 120-157.
정진석(1994), 국내 언론법과 언론법제연구의 변천, 「언론중재」, 제14권 제1호, 21-33.
조연하(2019), 언론법제 연구의 동향과 과제, 한국언론학회 편, 「한국 언론학 연구 60년: 성과와 전망」, 나남, 337-375.
차용범(2000), 언론법제 연구의 몇 가지 과제, 「지역과 커뮤니케이션」, 제4권. 95-118.
최선열(2001), 「한국 언론학의 정체성 위기」, 한국방송학회 세미나 및 보고서, 98-112.
카와다케 카즈오(1996), 팽원순 교수의 인간과 학문, 「언론학보」, 제16집, 163-169.
팽원순(1980a), 언론법제 윤리연구, 「신문연구」, 여름호 특집, 80-89.
_____(1980b), 광고와 표현의 자유에 관하여, 「언론학보」, 제1집, 133-157.
_____(1983), 「매스커뮤니케이션 법제이론」, 법문사.
_____(1986), 언론중재제의 성격과 문제, 「언론학보」, 제7집, 17-40.
_____(1987), 민주주의와 언론의 자유, 「언론학보」, 제8집, 5-19.
_____(1988a), 취재원보호와 보도의 자유, 「언론학보」, 제9집, 1-19.
_____(1988b), 기자단의 기능과 그 문제, 「신문연구」, 제45호, 33 - 46.
_____(1989a), 「언론법제신론」, 나남.
_____(1989b), 미국의 광고규제와 법제, 「광고연구」, 제3호, 147-78.
_____(1989c), 「현대 신문방송 보도론」, 범우사.

_____(1992), 「언론학 논선: 출판법제와 윤리에 관한 연구」, 서강대 언론문화연구소.
_____(1993), 제보자의 사생활보도와 법 논리적 문제, 「언론중재」, 제13권 제1호, 8-15.
_____(1994), 「한국언론법제론」, 법문사.
Won-Soon Paeng & Kyu-Ho Youm(1990), New Press Laws in the Republic of Korea: A Legislative Process in Transition, 「언론학보」, 제10권. 133-165.
평인 팽원순 박사 화갑기념논문집 간행위원회(1989), 「현대사회와 언론의 자유」, 나남.
한국언론학회(2015), 「커뮤니케이션 과학의 지평」, 나남.
한병구(1983), 서평, 팽원순 저 「매스코뮤니케이션 법제이론」, 「언론학보」, 제4집, 247-249
Stonecipher, H. W.(1983), Content neutrality and the Burger court: Mere rhetoric of useful legal doctrine? 「언론학보」, 제4권. 1-41.
중앙일보, 1993.6.19.
한대신문, 2009.8.30.

# 제 8 장

# 일촌(逸村) 韓炳九 교수의 생애와 언론 법제도 사상

## 1. 들어가며

시민 개인의 기본권과 알권리에 근거한 표현의 자유는 민주주의 사회를 이루어 나가는데 있어 거의 절대적으로 지켜져야 하는 자유의 영역이다. 마찬가지로 개인의 인권이나 명예 등 개인의 권리 또한 거의 절대 불가침의 영역이라고 할 수 있다. 이 두 법익이 충돌할 때 어느 쪽에 더 큰 무게를 둘 것인지는 그 사회가 제도화한 법제에 근거한다. 그런 면에서 언론의 자유 또는 언론법제의 연구는 인간에 대한 탐구를 출발점으로 한다고 볼 수 있다.

초기 언론자유 사상을 싹틔운 사상가로부터 이를 발전시켜온 많은 연구자들의 사상과 연구업적에는 그들의 언론관과 인간관이 녹아 있는 것이 일반적이다. 평생 언론학을 가르치는 교육자, 언론학을 연구하는 연구자의 삶을 고고하게 살다간 일촌(逸村) 한병구(韓炳九) 교수는 자유주의 언론관에 기초하여 자유로운 언론의 중요성과 동시에 언론의 사회적 책임을 강조하는 언론법제 연구자였다. 그에게서 인간은 절대적 언론자유를 누려야 하는 절대이성을 소유한 존재이지만 동시에 논리적 한계나 주변 환경의 영향으로부터 자유로울 수 없는 상대적 한계를 지닌 존재이기도 했다. 이러한 그의 인간관은 제자들을 대하는 태도에 그대로 반영되었다. 어버이와 같은 한없는 자상함으로 항상 제자들을 대하고 부족한 것을 채워주는 열정으로 평생을 보냈지만 또 한편에서는 정도를 넘어선 잘못을 행한 학생들의 행위에 대해서는 엄격한 태도를 취하였다.

한병구 교수는 1950년 발생한 6.25 동란 기간에 함경남도 신흥군에서 자유를 찾아 남쪽으로 피난하여 실향민의 삶을 시작하였다. 그 때 이미 북한에서 신흥고등학교를 졸업한 이후의 일이다. 그는 강대국 질서 속에서 이념대립과 분단이라는 한국 근현대사의 구조를 개인의 삶 속에 각인한 채 언론을 가르치는 교육자와 언론법제를 연구하는 연구자의 길을 가게 된다. 이런 면에서 한병구 교수의 생애와 사상을 살펴보는 일은 한 연구자가 일생동안 연구한 언론법제 사상을 고찰하고 정리하는 작업이기도 하지만 언론을 포함한 한국 근현대사를 되돌아보는 의미이기도 하다. 또한 한국 근대 언론의 태동기부터 언론을 연구해 온 그의 업적과 생애를 한 편의 글로 정리하는 것은 숲을 보기보다는 눈에 띄는 몇 그루의 큰 나무를 보며 숲을 추정하는 한계를 지닐 수밖에 없다. 그럼에도 이 작업을 통해 한 연구자의 삶을 회고하고 언론법제 연구에 미친 연구 성과를 되짚어봄으로써 초창기 우리나라 언론법제 연구사를 성찰하고 새로운 학문적 지평을 열어가는 단초가 될 것으로 보인다.

## 2. 신문방송학 교육자와 언론법제 학자의 생애

일촌(逸村) 한병구(韓炳九) 경희대 언론정보학부 교수는 제자들로부터는 참스승으로 존경받고 후학들로부터는 강직하고 성실한 언론법제 연구자로 존경받아온 교육자이자 학자의 삶을 살다가 2005년 향년 77세로 삶을 마감하였다. 그의 언론법제 연구사상을 이해하는 일환으로 그의 생애를 간략히 기술하고자 한다.

한병구 교수는 1928년 3월 5일 함경남도 신흥군 영고면 인평리에서 태어났다. 북한 영생고등학교를 졸업하고 6.25 동란 중에 남한으로 피난하여 1957년 경희대학교 정치외교학과를 졸업했다. 영생고등학교 시절 기독교의 교리와 가르침을 접했으나 나중에는 '성불제중'의 서원을 일상에서 실천하는 불자의 삶의 살았다. 또 일생을 의(義)를 중시하고 인(仁)을 바탕으로 모든 일에 정성(精誠)을 다하면서 '참되게 살자'는 목표로 정진한 것으로 미루어볼 때 유교적 정신세계를 구축하였음을 짐작할 수 있다.

한병구 교수(1928~2005)

이후 1962년 저널리즘 스쿨로 오랜 전통을 갖고 있으면서 언론 실무와 언론사상 연구로 이름이 난 미국의 미주리(Missouri) 저널리즘 스쿨에 유학하여 1965년 신문학 석사학위를 취득하였다. 이후 1978년 경희대학교에서 정치학 박사학위를 받게 된다. 1967년 경희대학교 교수로 임용되어 신문방송학과를 창립하고 신문방송학 실무와 이론을 배우고 익히는 터전이 되도록 기초를 튼튼히 하는 일에 몰두하였다. 이 학교 졸업생들은 대체로 한병구 교수를 부모님처럼 관심과 사랑으로 학생을 지도하는 스승으로 기억하고 있다. 특히 학생들에게 부모님의 경제적 어려움을 고려하여 값싼 담배를 피우도록 권유한 점, 여학생들에게 수업이 있는 주중에는 매니큐어를 칠하지 말고 학업에 충실하도록 지도한 점은 이 학교 대부분의 졸업생들이 기억하는 이야기이다. 저학년 때는 대체로 한 교수의 가르침을 잔소리로 여겼지만 고학년이 되면서 한 교수의 따뜻함, 삶을 진지하고 참되게 살아가야 한다는 가르침을 이해하고 참스승으로 존경하게 되었다는 것이 여러 졸업생들의 기억이다.

> 한병구 교수. 학교 어른이었다. 그 앞에선 모두 예의발라야 했고. 담배는 그가 즐기는 '은하수'이거나 그것보다 싼 걸 피워야 했으며. 하여 '은하수' 갑에 '솔'을 채워 다니는 형들이 있었고. 슬리퍼 같은 걸 신고 강의실에 들어가선 안됐으며. 때론 "나는 공부를 잘하지 못했고 그저 성실한 것 하나로 미주리 대학 석사학위를 땄다"고 스스로를 낮춰 말하며 웃는 그를 따라 우리는 웃었다.
>
> 1987년. 열아홉이던 나는 그가 진짜 '성실한 것 하나로' 석사학위를 땄을 거라 여겼다. 시건방지게도. 그로부터 배울 게 많지 않을 거라 생각했고.
>
> 2019년. 삼십이년 뒤. "공연(公然)히!"라고 소리 높여 말하며 칠판 쪽으로 돌아서던 그가 떠올랐다. 강준만 교수 〈미디어 법과 윤리〉 덕에. '아, 한병구 교수께서 언론법제 연구로 일가견을 이루셨던 거로구나!' 하고 깨달은 것. 새삼 죄송하다. 부끄럽고(이은용, 2019).

한 교수는 이처럼 언론학 지식뿐 아니라 언론인 또는 지식인으로서 갖춰야 하는 자세를 가르치는 참스승으로 기억되고 있다.

또한 1979년부터 1981년까지 한국언론학회 전신인 한국신문학회 회장을 역임하면서 우리나라 신문학 발전에 기여하였다. 1980년부터 1983년까지 경희대 커뮤니케이션 조사연구소장을 맡아 전문 연구지를 발간하여 언론학의 과학화 등 연구소 발전에 힘을 기울였다. 1988년부터 1994년까지 6년간 언론중재 위원을 역임하면서 언론중재와 함께 언론 법제도 관련 논문과 저술을 집필하였다.

경희대 재임기간 중 학생처장, 정경대학 학장, 신문방송대학원장 등을 역임하였다. 1993년 8월 경희대학교를 정년퇴직하고 명예교수로 지내면서 방송위원회 방송광고 심의위원으로 활동하였고 저서 「언론과 윤리법제」 집필 등 왕성한 연구 활동을 하다가 2005년 5월 별세하였다. 한 교수는 생전에 언론법제 관련 수십 편의 논문을 발표하였고 「매스컴 4이론」, 「매스컴과 사회」, 「언론법제연구」, 「언론법제통론」, 「언론과 윤리법제」 등 언론법제 관련 저술활동을 하였다. 권위주의 군사정부 하에서 권력의 탄압에 굴하지 않고 언론자유를 주장하여 학자의 양심을 지켰고 '참되게 살자'는 정신으로 교육과 연구에 매진하였다. 이처럼 한병구 교수는 전 생애를 걸쳐 언론법제 논문 및 관련 글이 40편 이상, 저술과 번역 10편 등의 연구업적을 쌓은 존경받는 언론학자라고 할 수 있다.

〈표 8-1〉 한병구 교수의 언론법제 연구 목록

| 연도 | 논문/책 제목 | 발표지/출판사 |
|---|---|---|
| 1968 | 매스컴 4이론(공역) | 보문각 |
| 1969 | 권위지와 한국신문 | 신문학보 |
| 1971 | 공산주의 신문의 특성 | 정경논집 |
| 1973 | 중공의 매스콤 현황: 형식적 사유신문 인정 | 신문평론 |
| 1974 | 매스컴의 개념과 실태는 어떠한가: 변화와 베일속의 북한, 그 근본적 의문 | 북한 |
| 1974 | 북한의 매스컴 | 사회과학연구 |
| 1974 | 북한신문의 특성 | 신문연구 |
| 1975 | 비교신문학(공저) | 법문사 |
| 1975 | 매스컴과 사회(공역) | 삼영사 |
| 1975 | 소련의 신문현황과 언론 | 신문평론 |

| | | |
|---|---|---|
| 1977 | 중공 대자보의 정체 | 북한 |
| 1977 | 미국언론의 추세 | 커뮤니케이션연구 |
| 1977 | 소련의 언론자유와 통제구조 | 북한 |
| 1978 | 중공의 커뮤니케이션과 대중운동에 관한 연구 | 박사학위논문 |
| 1978 | 중공의 커뮤니케이션 전략과 대중운동 | 한국언론학보 |
| 1978 | 중공, 북한의 유엔 내 대한정책: 인민일보와 로동신문의 사설 1972-76 분석 | 북한 |
| 1978 | 중공의 대중운동과 커뮤니케이션 | 정경연구 |
| 1978 | 마르크스가 부인한 공산세계 광고실태와 현황 | 신문과 방송 |
| 1979 | 북한신문의 이론적 배경과 현황 | 신문연구 |
| 1979 | 매스컴과 광고(공저) | 대학문화사 |
| 1979 | 중공의 대자보운동에 관한 고찰 | 경희대 논문집 |
| 1979 | 대자보, 중공드라마 | 정경연구 |
| 1979 | 해외홍보와 국가이익, 매스콤 이론 | 국제문제 |
| 1980 | 재미동포의 대한 안보관에 관한 연구 | 한국언론학보 |
| 1980 | 북한의 신문, 공산권 언론의 이론과 그 현황 | 자유공론 |
| 1980 | 북한신문의 보도성향: 노동신문분석을 중심으로 | 통일정책 |
| 1980 | 언론의 사회적 책임 | 신문과 방송 |
| 1981 | 언론중재제도의 역사적 배경과 의의 | 언론중재 |
| 1981 | 언론의 공정성: 언론기본법을 중심으로 | 방송대학 |
| 1981 | 언론과 명예훼손 및 프라이버시 침해 | 신문과 방송 |
| 1982 | 기관지에 불과한 북한언론 | 북한 |
| 1982 | 세계 각국의 반론권 법제 현황 | 언론중재 |
| 1983 | 제3세계와 새세계 커뮤니케이션 질서에 관한 연구: 한국의 통신, 신문을 중심으로 | 사회과학연구 |
| 1983 | TV의 사건보도와 사회적 책임 | 방송연구 |
| 1983 | 명예훼손의 침해유형과 구제방법 | 언론중재 |
| 1984 | 반론권제도에 관한 연구 | 사회과학연구 |
| 1985 | 언론기본법의 특징과 문제점 | 외대 논문지 |
| 1987 | 대학생의 커뮤니케이션 패턴과 정치행위 | 경희대 논문집 |

| | | |
|---|---|---|
| 1987 | 언론법제연구(저서) | 나남 |
| 1989 | 북한의 언론(공저) | 을유문화사 |
| 1989 | 인론의 법적 통제(화갑기념논문집) | 나남 |
| 1990 | 언론법제통론(저서) | 나남 |
| 1990 | 언론자유와 언론윤리 | 언론중재 |
| 1990 | 국내외 언론윤리강령의 비교와 제언 | 언론중재 |
| 1991 | 언론자유 한계와 윤리성 제고 | 언론중재 |
| 1992 | 언론과 인권: 재조명 | 언론학보 |
| 1993 | 보도사진과 초상권 | 신문과 방송 |
| 1995 | 언론과 윤리법제(저서) | 서울대 출판부 |
| 1996 | 정기간행물법의 개정법률에서는 무엇이 어떻게 달라졌는가 | 저널리즘비평 |
| 1996 | 언론과 윤리법제(저서, 개정판) | 서울대 출판부 |
| 1998 | 방송인의 윤리와 책임 | 방송과 시청자 |

## 3. 신문학교육의 개척과 언론법제 선구 연구

한병구 교수의 언론법제 연구는 그가 연구를 시행한 시기별로 주요 관심영역이 뚜렷하게 구분되는 특성을 보인다. 특히 1987년 민주화 운동 이전과 이후로 연구주제가 크게 달라지는 모습을 보이고 있다. 연구주제, 연구방식, 한국 근현대사의 특성을 고려하여 한 교수의 연구시기를 크게 3단계로 나누어 연구결과를 살펴보았다. 첫 번째는 1960년대 '언론의 사회적 책임과 공산권 언론 연구(1967~1980)' 시기이다. 두 번째는 권위정부 시대 언론통제가 이루어지던 때 진행되었던 '언론 통제시기 언론법제 연구(1980~1987)' 시기이다. 세 번째는 1987년 6.29선언으로 언론자유가 확대되었을 때 연구되었던 '인권과 언론자유 언론법제 사상의 집대성(1987~2005)' 시기이다.

### 1) 언론의 사회적 책임과 공산권 언론 연구(1967~1980)

#### 자유롭고 책임있는 언론

한병구 교수는 미국의 미주리 대학교에서 저널리즘 수학 후 한국에 돌아와 1967년부터 경희대학교 교수로 임용되어 후학을 지도하였다. 한국에 언론학 교육과 연구가 제대로 자리잡기 이전 한병구 교수는 이규종 교수와 함께 Fred Siebert, Theodore Peterson, Wilbur Schramm이 저술한 「Four Theories of the Press(1956)」를 번역 「매스컴 4이론」(1968)을 출간하여 언론학 보급에 힘쓰면서 언론과 정부의 관계를 제도적으로 논의하는 기초를 마련하였다. 특히 「매스컴 4이론」에는 언론의 사회적 책임이론이 포함되어 있다. 현실적으로 절대적 언론자유를 향유하는 사회는 존재하기 어렵고 언론자유와 시민의 기본권이 대립하는 점을 고려하여 언론이 언론자유를 갖지만 사후적으로 사회와 시민의 법익을 침해했을 때는 이에 상응하는 책임을 지어야 한다. 또한 언론은 이러한 책임을 다하기 위해 스스로 자율적인 윤리기준을 마련하는 등 자율규제에 힘써야 한다는 내용을 담고 있다. 당시 인구 천명당 64부의 보급부수를 유지하던 언론 상황(한병구, 1969)과 언론의 기능과 책임에 대한 연구가 제대로 수행되지 않았던 점을 고려하면 '자유롭고 책임 있는 언론'의 소개는 매우 큰 의미를 지니는 일이라고 할 것이다.

정진석 교수는 한병구 교수가 소개한 「매스컴 4이론」의 주요내용을 다음과 같이 정리하였다.

> 언론이 국가나 사회에 따라서 전혀 다른 형태를 취하면서 서로 다른 목적으로 봉사하게 된 원인과 배경이 무엇인가를 규명하고자 하는 책이다. 그 내용은 언론과 관련된 각 나라의 이데올로기와 사회체제, 인간과 국가와의 관계 등을 고찰한 것이기 때문에 제도적, 법적인 문제가 기본적인 골격을 이루고 있다(정진석, 1994).

다음 해 한병구 교수는 '권위지와 한국 신문'이라는 논문에서 John Merrill의 권위지 정의를 빌어 한국 신문을 분석하였다. 신문은 재정 소유여부나 발행부수 확보 때문에 권위지로 분류되는 것이 아니라 오로지 신문의 논조, 목적에서의 진지함, 독자의 높은 수준이야말로 권위 있는 신문의 공통 요인이라는 점을 소개하였다. 아울러 양심적이고 중요한 구실을 하는 모든 신문들이 어떤 나라 어떤 정치적 이데올로기를 대표하든지간에 사회적 책임을 충분히 이행한다면 권위지가 될 수 있다는 신념을 제시하였다. 군사정부 시절인 1969년 당시 한국 언론이 정부의 간접적인 통제 하에 있다고 진단하면서 권위지는 정부통제와 관련 없이 존재할 수 있다는 견해를 피력하였다. 정부통제 하에서 권위지를 통한 언론의 역할을 역설한 것으로 보인다. 이처럼 신문용지난이 해소된다면 다양성 있는 신문기획과 진지한 논조를 취급하는 권위지가 한국에서 운영될 수 있다는 점을 제시하였다(한병구, 1969). 이 논문을 통해 언론자유와 통제가 혼란을 겪던 시기 청년 언론학자가 당시 언론에 대해 사회적 책임을 요구함은 물론 언론의 목적과 논조의 진지함을 갖춘 권위지 성격의 한국 언론이 뿌리내리는 풍토를 기대했음을 엿볼 수 있다.

### 소비에트 언론제도

한병구 교수는 이후 소비에트 공화국(러시아로 변화하기 전 소련), 중공(개방화 이전 중국), 북한의 언론제도 연구에 몰두하였다. 이는 강대국간 이념적 대립이 첨예했던 냉전 시기에 베일에 싸인 공산권 세계의 언론을 이해하기 위한 학문적 관심에서 출발한 연구 활동으로 보인다. 한편으론 북한을 고향으로 둔 언론학자였기 때문에 북한의 정치체계와 언론제도에 더 관심을 갖고 탐구했을 것이라는 추측이 가능하다.

1977년 '소련의 언론자유와 통제구조'라는 논문에서 공산권 국가의 헌법에 명시한 언론자유와 실제 사회에서 적용되는 언론자유의 괴리를 지적하였다. 노동자계급과 그 동맹자인 농민계급이 권력을 장악하고 있는 인민의 국가인 공산국가에서 국가나 당은 사회주의의 전진을 위해 전력을 다하고 있으며 그것을 방해하는 모든 요인은 배제되는 경향을 갖는다. 이러한 맥락에서 언론의 자유도 인민의 이익을 수호하는 유일의 방법인 사회주의 건설을 추진하기 위한 사회적 자유만 인정될 뿐이며 그것을 방해하는 자유는 인민의 이익을 방해하는 것이므로 당연히 허락되어서는 안된다는 것이 공산주의 언론 실천에서 하나의 철칙으로 되어 있다고 제시하였다.

한 교수의 연구에 따르면 공산권 국가도 헌법에 언론자유를 명시하고 있다. 1936년 12월에 제정된 소련헌법은 노동자의 이익에 적합하고 또한 사회주의 체제를 강화하는 것을 목적으로 한다는 전제 하에서 제125조는 "모든 시민은 언론의 자유, 출판의 자유, 집회의 자유 및 가두행진과 시위의 자유가 보장된다"고 명문화하고 있다. 이와 같은 언론자유의 원칙은 1954년에 제정되어 1975년에 개정 채택된 중공헌법 제28조에도 "공민은 언론, 서신, 출판, 집회, 결사의 자유를 가지며 종교를 신앙할 자유와 종교를 신앙하지 않으며 무신론을 선전할 자유를 가진다"라고 규정되어 있다. 1972년에 개정 채택된 북한헌법 제53조도 "공민은 언론, 출판, 집회, 결사 및 시위의 자유를 가진다"라고 명문화되어 있다. 하지만 이들 헌법 규정에도 불구하고 공산주의 국가는 모든 인민, 모든 언론에 언론자유를 보장하고 있지 않다는 점을 지적하였다.

> 그러나 이 모든 규정은 민주주의 체제의 의미를 가장한 것에 불과하며 실제적으로는 반당적인 자들에게 표현의 자유를 거부하고 있는 한편 언론은 제한된 범위 내에서만 자유로운 것이다. 그래서 우리들은 흔히 소련의 언론은 당과 정부에 예속되어 있는 하나의 기구로서 완전히 '포로가 된 언론의 좋은 표본'이라고 말하고 있다(한병구, 1977).

한 교수는 소련의 언론이 권위주의 언론에서 발전하여 매체 소유형태와 언론통제 방법에서 독특한 제도를 형성하였다고 분석하였다. 즉 권위주의 제도에서 언론은 사적, 개인적으로 발간되어 당국이 발행하는 관보와 병행하여 발간되면서 때로는 탁월한 경쟁적 봉사를 하기도 한다. 이에 비해 소련 언론제도는 매체의 사적 소유를 인정하지 않으며 언론은 공공의 이익을 위한 경쟁자로서보다는 국가나 당이 소유하고 관리하는 독점적인 도구로서 그 임무를 수행한다. 한 교수는 소련의 언론통제방법에 대해서도 자세히 제시하고 있다. 소련 언론통제의 최고 책임은 소련공산당 중앙위원회 산하 모스크바의 선전, 선동부와 교육성 산하에 있는 그래브리트 양기관에서 수평 내지 수직적으로 통제하고 있음을 밝혔다(한병구, 1977). 특히 소련의 언론기관은 다른 국가의 언론제도와는 달리 계급적 기관으로 간주되고 국가의 노선을 전폭적으로 지지해야 할 의무와 책임이 있기 때문에 국가권력으로부터 자유란 존재하지 않는다고 보았다. 결과적으로 소련의 언론은 대부분의 보도내용이 전국적으로 일치성, 획일성이 특징을 보이고 있음을 지적하였다.

### ▌중국의 언론제도

1978년 중공(냉전기 중국을 지칭함)의 언론사상을 연구하여 한국언론학보에 게재한 논문 '중공의 커뮤니케이션 전략과 대중운동'에서 중국의 군중노선, 대중운동, 그리고 대중운동과 커뮤니케이션 전략과의 관계를 설명하였다(한병구, 1978).

이 논문은 중국 정치체계와 언론제도의 근간이 되고 있는 모택동 사상 중에서 가장 중요한 특징 중의 하나라고 할 수 있는 연속 혁명적 특징으로 군중노선을 설명하였다. 모택동은 중국의 혁명을 정의함에 있어서 혁명은 한번만으로 끝나는 것이 아니다. 어떤 시대적 간격을 두고 계속적으로 수행하지 않으면 안된다고 믿었던 바 그의 이러한 사고를 뒷받침할 기본적 원천이 바로 군중노선이라는 것이다. 다시 말해서 군중노선은 공산당으로부터의 명령적이며 강압적인 혁명수행이란 연속성이 없으며 어디까지나 대중 속에서 우러나오는 자연발생적인 혁명이야말로 연속성이 있다고 보는 견해이다. 그래서 모택동은 연안시기 이래 줄곧 당의 내부 모순 내지는 당과 대중간의 모순을 해결하기 위해 군중노선을 당의 지도원리로 삼아왔다. 이 군중노선이 어느 면에서는 중공 언론활동의 뿌리를 이루는 중공에서 창안된 전통적이고도 독창적인 원리라고도 볼 수 있다.

당시 중공은 인민대중을 정치적, 경제적 계획에 적극 참여시키기 위한 정치교화와 대중동원의 방법으로 군중노선에 입각한 대중운동을 끊임없이 전개해 오고 있었다. 당시 중국에서 지도자와 인민대중 사이의 모든 언론, 즉 커뮤니케이션 수단 중에서 대중운동은 공산당의 국가발전전략 속에 가장 잘 반영되어 있다고 볼 수 있다.

> 일반적으로 말해서 공산주의 사회에 있어서 커뮤니케이션 미디어는 계급투쟁을 그 직접적인 목적으로 하고 수단으로 한다. 즉 무산자의 이익을 주장하는 투쟁수단으로서 세론에 작용하는 확대수단으로서 노동자의 계급의식의 첨예화 수단으로서 내지는 폭로 전술의 방법으로서 무산자 생활의 필수적인 의식을 반영하고 강화하는데 독특한 존재이유와 그 기능이 인정된다(한병구, 1978).

다시 말해 공산주의 사회인 중국에서 언론, 즉 커뮤니케이션 미디어의 중요성은 미디어를 통해서만이 실제에 체험되는 대립의식에 내재하고 있는 자기주장으로부터 상대방 주장의 영향, 압박 등의 분산적, 부분적 형태의 불안전성을 제거하고 의식적으로 완전한 집단주의적 주장으로 동화, 전형한다는데 그 의의가 있다. 여기서 말하는 집단주의적 주장이 언론을 통해 대중운동으로 발현되어 그 정당성이 표현된다. 그런데 대중운동은 처음에는 단순하고도 산발적인 운동에서 시작해서 대중운동으로 그 운동의 방향이 전화되고 이것이 확대되면 될수록 대중의 결사도 질적으로나 양적으로 결합의식이 강화되는 경향을 갖는다.

어디까지나 대중의 지지 없이는 혁명의 봉기나 승리를 기대할 수 없다고 믿고 있는 중공의 공산주의자들은 결합의식은 주로 커뮤니케이션 미디어의 원심적 내지는 구심적 작용에 의해 비로소 대중에게 보급되어 그 결합연대에 크게 영향을 미친다고 보며 또 그렇게 확신하고 있다. 결국 중국에서 대중운동과 미디어, 언론을 이용한 커뮤니케이션과는 쌍생아와 같은 관계가 있다고 볼 수 있다.

> 중공은 이들 대중운동을 통해 몇가지 성과를 기대하고 있는 것이 명백하다. 그 첫째는 대중으로부터 우러나와서 대중에게 귀의된다는 군중노선의 원리에 입각해서 모든 정책의 실천을 대중의 이름으로 정당화할 수 있다는 점이다. 둘째로 대중운동은 국가적 통합이라는 명분하에 당기구나 행정조직은 물론 커뮤니케이션 수단 또는 모든 대소집단을 막론하고 당지도자가 의도하는 방향으로 통합해서 전진할 수 있는 이점을 기대할 수 있다. 셋째는 대중운동의 전술은 정동적 긴장감을 조성하는 것을 매우 중요시한다. 즉 대중운동의 표적대상이 되는 소위 인민의 적을 심리적으로 고립시키고 현장감과 중압감을 갖게 함으로써 그들에게 강력한 행동력을 발휘하도록 할 수 있는 이점도 기대되는 것이다(한병구, 1978).

한 교수는 세계가 시공간적으로 부단이 축소되어 지구촌화되고 그에 따라서 서로의 의존도가 현저하게 증대되어 가고 앞으로 외부세계로부터의 많은 정보가 중공 내에 유입되리라는 것을 전망하였다. 이러한 세계정세의 변화로 인해 중공 내에도 어떠한 상황적 변화가 생기기 마련이며 이에 따라 언론, 커뮤니케이션 정책에도 많은 변화가 있으리라는 점을 전망하였다. 실제 이후 중화인민공화국은 덩샤오핑의 지도체제 아래에서 1978년 12월에 개최된 중국공산당 제11기 중앙위원회 제3회 전체회의에서 개혁개방을 제안하고 국내체제의 개혁과 대외개방정책으로 나아가게 된다. 마오쩌둥 시대의 대약진 운동, 문화대혁명으로 피폐해진 경제를 다시 살리기 위해 중국 경제시스템을 시장경제 체제로의 이행을 시도하게 되었다(https://ko.wikipedia.org/wiki).

### 북한의 언론제도

한병구 교수는 1979년 연구에서 김일성의 언론철학이 곧 북한언론의 철학이며 이론이기도 하다고 전제하였다. 북한은 마르크스 레닌주의의 창조적 발전이라는 주체사상을 사회 지도원리로 규정하고 있으나 주체사상으로 인하여 마르크스 레닌주의의 중요성을 상실된 것은 아니라고 언급하였다. 한 교수도 북한의 언론이 마르크스주의와 레닌주의에 바탕을 두고 김일성의 통치이념을 중심으로 북한의 실정에 맞게 변형된 특징을 보이는 점을 설명하였다.

> 1952년 12월 15일 조선노동당 중앙위원회 제5차 전원회의에서 행한 '당의 조직적 사상적 강화는 우리 승리의 기초'라는 제하의 보고에서 김일성은 "신문사, 잡지사, 기타 출판기관들은 우리나라에서의 마르크스-레닌주의 이론의 창조적 적용과 관련된 논문, 저서들과 여러 가지 교양자료들을 널리 게재하여 출판하여야 합니다"라고 피력한 바 있다(한병구, 1979).

한 교수는 김일성 정치권력이 장기간에 걸쳐 북한의 사회뿐만 아니라 북한주민의 의식구조까지도 개조해 가면서 그의 특성에 맞게끔 모든 것이 획일화로 일관해 오고 있으며 신문도 예외가 아니라고 지적하였다.

> 모든 신문들은 한결같이 스탈린주의를 고집하면서 오직 김일성의 우상화와 유일사상을 학습하는 하나의 학습물의 역할을 감당하고 있는 것이다(한병구, 1979).

이처럼 북한은 신문뿐만 아니라 모든 언론기관이 당의 통제 아래 운영되어 전주민의 태도와 행동이 통제되는 특징을 보이고 있음을 분석하였다. 특히 주민들의 선택 가능성이 말살되고 창조력이 감소되어 무력화되며 이에 덧붙여 사회적 마취형태가 지속되고 있다고 지적하였다. 한 교수는 이외에도 북한 언론사상과 제도에 관한 연구를 지속하고 그 결과를 종합하여 1989년 「북한의 언론」이라는 단행본을 발간하였다(한병구, 1989).

### 2) 언론 통제시기 언론법제 연구(1980~1987)

1980년대 상반기 5.18 민주화 운동이 있었던 시기는 극심한 언론통제가 이루어졌지만 1987년 민주화 운동의 결과로 언론의 자유가 확장되기 시작하였다. 유신정권이 무너지고 이른바 '서울의 봄'으로 불리던 자유의 봄바람이 불어오기도 하였으나 곧이어 군사정권의 강제적인 언론통폐합과 〈언론기본법〉 제정으로 언론의 구조를 크게 바꾸어 놓았다(정진석, 1994). 민주화 운동의 결과로 1987년 6·29선언이 이루어지고 언론자유의 봇물이 터질 때까지 전두환 정권은 언론통폐합, 사전검열인 '보도지침', 언론인 탄압 등의 방법으로 언론을 엄격히 통제하였다.

더욱이 전두환은 5.18을 계기로 군부의 힘을 등에 업고 헌법을 개정하고 국회를 해산하고 정당활동을 억압하는 등 폭정을 실시하면서 언론탄압은 물론 민주주의를 퇴행시키는 비민주적 통치를 자행하였다. 새 헌법이 시행된 첫날인 10월 27일의 〈경향신문〉 1면 머릿기사는 이렇게 보도했다.

> "이날 헌법이 발효·시행됨에 따라 공화·신민·통일·유정회 등 각 정당과 정파 그리고 국회가 해산됐으며, 통일주체국민회의는 전면 폐지됐다. 또한 입법 기능은 국회 해산과 동시에 국가보위입법회의에 넘어갔으며, 입법회의는 정치풍토특별조치법안을 비롯한 각종 법안과 예산안 등을 다룰 예정이다"(경향신문, 1980.10.17).

국회는 해산되었고 전두환에 의해 임의로 선정된 입법위원들이 국회를 대신하여 법을 제정하였다. 이 입법회의에서 언론통폐합 등 언론학살이 이루어진 〈언론기본법〉이 제정되었다. 이에 따라 한국 언론의 구조는 크게 바뀌었으며 1987년 6.29 선언 때까지 어두운 언론통제 시기를 경험하게 된다.

한 교수는 신군부가 계엄령 선포와 함께 언론에 대한 사전검열은 물론 언론인에 대한 구속, '기자협회' 활동 중단 등 온갖 탄압을 자행한 점을 지적하였다. 전두환이 대통령 취임 2개월 만에 '언론 대학살'이라고 불리는 언론통폐합을 단행하기 시작하였고 그해 12월 악법인 〈언론기본법〉이 제정 공포되었음을 언급하면서 이들 사건이 우리나라 언론사상 일찍이 유례가 없는 대사건이라고 기술하였다. 특히 5공화국의 '언론통폐합 조치'가 외형상 언론기관단체의 자율적 형식을 취하고 있지만 내적으로는 신군부의 강압에 의해 이루어진 폭거임을 명백히 기록하였다(한병구, 1996).

이 시기 한병구 교수는 언론자유와 시민의 기본권이 충돌하는 부분을 어떻게 제도적으로 구제하고 건전한 언론을 형성하는 풍토를 마련할 것인가에 대해 탐구하였다. '반론권 제도에 관한 연구'에서 민주사회를 발전시키는데 있어 언론기능의 중요성을 역설하면서 언론자유와 시민 기본권의 충돌을 소극적으로 오보나 오해의 정정 청구권의 의미로 보지 않고 적극적으로 해석하여 서로 다른 의견을 표명할 수 있는 권리로까지 확대 해석하였다(한병구, 1984). 이 견해는 언론자유가 언론종사자의 자유를 넘어 시민 표현의 자유, 즉 시민 기본권으로서의 중요성을 강조한 것으로 한국 언론과 학계에 지대한 영향을 미쳤다고 볼 수 있다.

특히 〈언론기본법〉 정정보도청구권을 다룬 조항이 가치 판단에 대한 반론권을 인정하지 않는 문제점을 지적하였다.

> 〈언론기본법〉 제49조 제1항은 정기간행물과 방송에 공표된 사실적 주장에 의하여 피해를 받은 자는 … 당해 미디어에 대해 정정보도의 게재 또는 방송을 청구할 수 있도록 규정하였다. 그러니까 사실적 보도에 국한해서 정정보도청구권을 인정할 뿐 기타 비판, 평론 등 의견이나 가치판단 사항에 관하여는 청구권이 인정되지 않는 것으로 해석된다(한병구, 1984).

언론자유와 더불어 오보를 바로 잡는 정정보도청구권뿐만 아니라 의견에 대한 반론을 제시할 수 있는 반론권을 보장하여야 건전한 여론이 형성될 수 있다는 것이 한 교수의 견해이다.

> 사실적 보도내용의 진실여부는 정정보도청구의 요건으로서 문제가 되지 않는 것이다. 그 까닭은 법이 규정하는 정정보도청구권의 성질이 잘못된 내용을 시정하겠다는데 있는 것이 아니라 관련된 자에게 반론 내지 정정의 기회를 주어서 일방적 보도로 인한 편견의 위험을 배제하고 정확한 여론을 형성하려는데 궁극적 목적이 있기 때문이다(한병구, 1984).

이 시기에 한병구 교수는 언론법제를 저술하는 작업을 시작하였다. 1987년에 발간된 「언론법제이론」은 '매스 미디어와 인격권', '언론자유의 보장과 제 법익의 보호', '매스 미디어와 명예훼손', '매스 미디어와 프라이버시권', '저작권', '반론권제도', '언론기본법의 특성', '외국 언론법'의 8장과 부록으로 구성되어 있다. 제7장 '언론기본법의 특성'에 대해서는 〈언론기본법〉이 이 책이 출간되기 직전 6·29선언으로 폐지되었지만 한 교수는 "비록 폐지된다 하더라도 학문하는 데는 매우 중요한 역사이자 자료라고 사료되어 그냥 포함시키기로 했다"고 밝히고 있다. 제8장 '외국 언론법'은 World Press Encyclopedia(1983) 중에서 세계 주요 14개국의 언론관계법을 발췌해서 번역한 것이다. 또한 한병구 교수가 편역한 「언론법제통론」(1990)은 언론법을 오랫동안 연구해 온 한 교수의 회갑을 기념하여 언론전공학자 17명이 집필한 언론법 관계 논문을 모은 것이다. '언론의 자유', '기본권', '책임', '통제'의 4부로 구성되어 있는데 변화하는 사회 환경 속에서 언론자유와 언론에 관련된 법과의 다원적 관계를 여러 학자들이 종합적으로 다룬 것이다(정진석, 1994).

### 3) 인권과 언론자유 언론법제 사상의 집대성(1987~2005)

1987년 언론의 자율화 조치로 새로운 신문과 잡지가 많이 늘어나면서 언론의 사생활 및 인권침해, 불공정보도 등의 책임문제가 제기되었다. 이에 따라 언론법제 연구도 활발하게 이루어진 시기라고 할 수 있다.

한병구 교수의 연구를 집대성한 저술은 1995년 발간된 「언론과 윤리법제」이다. 머리말에서 밝히고 있듯이 이 책은 개인의 인권, 언론자유, 언론윤리, 언론법제로 나누어 집필하였다. 언론법제를 논의하는데 인권을 다룬 것은 언론자유와 때로는 상충하는 인권의 문제를 언론의 사회적 책임이라는 측면에서 어떻게 다뤄야 할 것인지에 대한 고민이 담겨 있다고 볼 수 있다. 한 교수의 언론법제 사상에 접근하기 위한 목적에서 그의 저서를 중심으로 '인권과 언론자유 사상', '언론자유와 제 법익의 조화', '한국언론 법제의 변화와 한국언론'을 논의하였다.

#### ▮ 인권과 언론자유 사상

한병구 교수는 인권을 친부적 자연권적 인권과 헌법이 보장하는 기본권적 인권으로 구분하여 둘은 반드시 일치하지는 않는다는 입장에서 자연권적 인권에 더 무게를 둔 것으로 보인다. 제3공화국 헌법이 "모든 국민은 인간으로서의 존엄과 가치를 가지며 이를 위하여 국가는 국민의 기본권을 최대한 보장할 의무를 진다"고 규정하여 인권이 국민, 즉 국가가 부여한 자격에서 도출된다는 입장인데 비해 바이마르 공화국 헌법에 기초한 독일의 기본법 제1조 제1항은 “인간의 존엄은 훼손할 수 없다. 인간의 존엄성을 존중하고 보호하는 것은 모든 국가권력의 책무이다”라고 규정하고 있다. 이처럼 독일의 기본법은 국가를 전제로 한 국민이 기본권을 갖는 것이 아니라 인간이면 누구나 기본적으로 갖고 있는 인간의 존엄성을 국가가 존중하고 보호해야 하는 자연법적 인권 입장에서 절대적 인권에 근거한 인간관을 지니고 있다. 한 교수 또한 자연권적 인권에 근거한 인간관을 바탕으로 언론자유 사상을 이해한 것으로 보인다.

표현의 자유, 언론의 자유는 상징과 기호를 매개로 향유되는 자유이지만 인간의 상징 사용이 자연적이라는 점에서 자연권적 인간의 기본권, 예를 들면 명예나 프라이버시 보호, 서로 다른 의견이 사상의 표현 권리 등과 충돌하였을 때 그 무게를 형량하여 더 큰 법익을 보호할 수밖에 없는 속성을 지닌다고 파악하였다.

한 교수는 언론자유 개념과 생성발전을 논의한 장에서 유럽의 언론자유 사상가와 한국 언론자유 사상가들을 소개하고 현대적 언론자유 개념을 논의하였다. 서구 언론자유 사상의 선구자격인 John Milton(1608~1674)의 언론자유 사상을 그의 저서「Areopagitca」와 함께 소개하였다. Mliton은 첫째, 신으로 부여받은 이성을 가진 인간은 자유를 누릴 권리가 있다고 천명하였다. 자유를 신의 의지로 정당화하고 있다. 둘째, 고대로부터 전래되어 온 검열제도 등 출판물 단속에 대한 무용론을 심도 있게 전개하였다. 셋째, 무엇이 옳고 그릇된 것인가의 여부는 사상의 공개시장에서 공개적인 논쟁을 통해서 결정될 수 있으며 누구도 진리의 심판자로 자처할 자격이 없기 때문에 자유로운 의견 교환에 맡겨야 한다고 주장하였다. 한 교수는 Milton의 언론자유가 천부적인 권리이기보다 신이 인간에게 부여한 권리 또는 자유로 보는 관점으로 설명하였다. Milton의 언론자유는 청교도와 다른 종교 교도나 이성을 갖추지 못했다고 판단되는 불성실한 기자나 비교양인들에게는 허용되지 않는 제한된 자유라는 것이다(한병구, 1995).

한 교수는 John S. Mill(1806~1873)의 언론자유를 크게 두 가지 특징으로 설명하고 있다. 첫째, 공리주의자 Mill은 Thomas Jefferson(1743~1826)과 달리 언론자유를 천부적·자연적 권리로 보기보다는 사회적 효용성에 입각한 생각에서 언론자유를 정당화하였다. Mill은 인간의 행동이 최대 다수의 최대 행복을 목표로 할 때 의미를 갖는다고 보았고 이 행복이 자유롭게 사고하고 행동할 수 있을 때에 행복이 실현될 수 있고, 이를 실현하기 위해 바로 언론자유가 필요하다는 입장이었다. 언론자유는 인류의 행복을 위한 자유로써 언론자유를 천부적 자연적 권리로 보는 언론자유의 의미에 언론자유의 목적을 더하여 개념화하고 있음을 설명하였다.

> 공리주의의 핵심은 윤리관·도덕관에 입각해서 전 인류의 행동이 최대 다수의 최대 행복을 창조하고 유지하며 그리고 향상시키는데 목적이 있으므로 언론행위도 이 범주에 속한다고 볼 수 있다(한병구, 1995).

둘째, '언론 없는 정부보다 정부 없는 언론을 택하겠다'고 한 Jefferson이 정부의 검열뿐만 아니라 모든 형태의 정부의 간섭으로부터 자유로운 언론자유를 주장한데 비해 Mill은 한 걸음 더 나간 언론자유 사상을 갖고 있다. 그에게서 언론자유는 비단 정부뿐만 아니라 사회를 구성하고 있는 다수자에 의한 사회적 폭력으로부터도 자유로운 언론자유를 말하고 있는 것이다. 즉 전 인류가 단 한 사람을 제외하고 다 같이 하나의 동일한 의견을 주장하게 될 경우 이 한 사람의 의견을 침묵하게 할 아무런 타당한 이유를 갖지 않는다는 역설을 언론자유의 주요한 면으로 강조하고 있는 것이다. 이처럼 Mill의 언론자유가 절대적이고 소중한 자유의 측면을 지니지만 정당한 이유 없이 타인이나 사회에 해를 끼치는 행위는 어떠한 종류이든간에 적극적인 간섭에 의해 억제되어도 좋다는 견해를 담고 있음을 함께 소개하고 있다. 즉 한 교수는 언론자유 사상과 함께 책임 있는 언론의 필요성을 Mill의 언론사상에서 도출할 수 있음을 강조하고 있다. 결국 언론자유 사상이 타인에게 해를 끼쳐서는 안되는 상대적, 제한적, 합리적 자유로서 발전했다는 점에 주목하고 있다.

또한 한 교수는 Emerson의 사상에 근거하여 언론자유 중요성을 자기실현을 보장하는 수단, 지식을 발전시키고 진리를 발견하기 위한 필수수단, 사회 모든 구성원의 정책결정 참여, 그리고 보다 안정된 사회를 위한 균형유지 수단을 들어 강조하였다. 상징을 생산하는 소수의 언론인 또는 여타 상징생산자의 자유를 넘어 구성원 전체의 기본권 표현의 자유 차원에서 언론자유를 바라보았다고 할 수 있다. 한 교수의 이러한 견해는 유튜브를 포함한 SNS가 중요한 언론기능을 수행하는 환경에서 가짜뉴스에 대한 사회적 우려가 확대되고, 언론자유가 개인의 의견표현 자유보다는 언론사의 무조건적 절대적 언론자유와 구분이 어려운 혼돈상태에 있는 작금의 언론현실에서 자유롭고 책임있는 언론환경을 논의하는데 있어 혜안을 제시한다고 할 수 있다.

### ▌언론자유와 제 법익의 조화

성문 헌법상 언론자유의 보장은 1776년 6월 제정된 버지니아 권리장전에서 비롯되어 1789년 프랑스 인권선언으로 이어진다. 이에 영향을 받은 각 국가의 헌법은 표현상 정도의 차이는 있지만 예외 없이 언론출판의 자유를 보장하고 있다(한병구, 1995). 우리 헌법에서도 언론자유를 규정하고 있지만 언론 허가를 금지하고 하위 법에서는 이를 허용하는 모순을 보이고 있다.

6공화국 헌법 제21조 제1항은 "모든 국민은 언론·출판의 자유와 집회·결사의 자유를 가진다"고 명시하고 있다. 동시에 제2항은 "언론·출판에 대한 허가나 검열과 집회·결사에 대한 허가는 인정되지 아니한다"고 규정하여 언론·출판의 허가나 검열 같은 사전억제를 금지하였다. 또 동조 제3항은 "통신·방송의 시설기준과 신문의 기능을 보장하기 위하여 필요한 사항은 법률로 정한다"고 규정하여 개별 법률 유보조항의 성격을 갖는다. 이 조항에 근거하여 〈정기간행물등록에 관한 법〉에서 신문이 등록하도록 하고 있으며, 〈방송법〉에서는 방송사업자 허가를 명문화하고 있어 동조 제2항과 모순되는 해석이 가능하며 외국에서도 유사한 헌법례를 찾기 어려운 조항으로 이에 대한 삭제가 필요하다(한병구, 1995). 제4항 "언론·출판은 타인의 명예나 권리 또는 공중도덕이나 사회윤리를 침해하여서는 아니된다. 언론·출판이 타인의 명예나 권리를 침해한 때에는 피해자는 이에 대한 피해의 배상을 청구할 수 있다"는 조항은 언론자유가 개인의 기본권을 침해해서는 안되며 이 경우 피해보상의 근거를 명문화했다는 점에서 의미가 있다.

한 교수는 언론자유를 제한하는 법률의 제정시 언론자유와 공공복리를 조화시키고자 하는 사조를 제시하였다(한병구, 1996). 언론자유가 제 사회적 법익이 충돌할 때 양 법익의 조화를 위해 하위법 제정시 지켜져야 하는 이론을 미국 판례를 중심으로 소개하였다. 이 이론은 헌법이 명시한 언론자유를 하위법이 침해하고 있는지 여부를 판단할 수 있는 원칙이기도 하다.

첫째, 사전억제 금지(prior restraint) 이론이다. 이는 표현하는 행위가 발생하기 이전에 취해지는 정부의 기사내용에 대한 검열, 발행허가 및 발행금지 조치 등을 의미한다. 미국 수정헌법 제1조가 담고 있는 기본정신과 밀접한 관련을 맺고 있다.

즉 언론자유를 정부로부터, 정부 규제로부터의 자유를 강조하는 입장이다. 1907년 미국 'Patterson Vs. Colorado' 사건에서 대법원은 수정헌법 제1조의 목적이 "출판에 대한 사전의 모든 제한을 방지하는데 있는 것이지 공공복리에 어긋난다고 생각되는 것과 같은 출판물에 대한 결과적인 처벌을 막는 것은 아니다"라고 판시하면서 원고인 콜로라도 주의 승소를 판결했다.

둘째, 명백하고 현존하는 위험(clear and present danger) 이론이다. 1919년 미국에서 있은 'Schenck Vs. U.S. 사건'을 계기로 미 연방 대법원 판사 전원일치의 의견을 바탕으로 Oliver W. Holmes 판사에 의해 천명되었다. 이 이론은 "법률이 방지하려고 하는 해악이 발생할 명백하고도 현존하는 위험이 있을 경우에 그 언론은 제한되며, 그렇다고 그와 같은 우려가 단순히 장래에 있을 것이라고 하여 제한될 수는 없다"는 원칙이다. 여기서 말하는 '현존하는 위험'이란 절박하고도 급박한 위험이 초래될 수 있는 경우를 의미한다. 즉 이 이론은 지나치게 방임적인 언론의 자유보다는 공공의 복리를 위하여 경우에 따라서는 실정법 또는 특례법 등을 적용하여 언론의 자유를 제한할 수 있다는 법 사조에 근거하고 있다.

셋째, 이익 형량(ad hoc balancing test) 이론이다. 이 이론은 언론자유를 제한함에 있어서 언론의 자유를 보호하는 이익과 그것을 제약하는데서 얻어지는 이익, 즉 양자간의 이익을 형량하여 더욱 큰 이익을 가져오는 쪽에 우선해야 한다는 이론이다. 이것은 언론 자유의 절대성을 부정하고 언론의 자유도 다른 자유와 마찬가지로 상대적인 가치로만 인정하려는 것이 특징이다. 즉 헌법상 언론 자유의 입법금지 조항과 여러 법률적인 국가적 관심사들, 예를 들어 국가안보, 사회질서 유지 등과 같은 공공문제와 서로 대립하는 이익을 저울질하여 개개의 사건에 따라 어느 이익이 우선되어야 하는가를 결정하는 원칙이다. 이익형량 이론은 1950년대 들어서면서 'American Communication Association Vs. Douds 사건'을 계기로 점차 대두되기 시작하였다. 제2차 세계대전 후 미소 냉전으로 한창 긴장이 고조되고 있던 1950년 미국에서 비공산당원임을 선서하도록 규정한 Taft-Hartley 법의 위헌성 여부를 다룬 이 사건에 대한 판결에서 Frankfuter 판사는 '명백하고 현존하는 위험의 원칙'을 배제하고 그 대신 "재판 법정의 임무는 두 개의 서로 대립되는 이익 중에서 제기된 구체적인 상황에 따라 그 어느 한 편을 보다 더 소중히 보호하는 데 있다"고 하면서 처음으로 이 이론을 적용하였다. 한동안 '명백하고 현존하는 위험의 이론'과

'이익형량의 원칙'이 사건별로 상황에 따라 적용되는 탄력성을 보여왔다.

넷째, 명확성(void for vagueness) 이론이다. 명확성 이론은 헌법에 보장한 언론의 자유를 제한하는 법을 제정할 때는 언론의 자유를 제한하는 조항을 명확히 제시하여 법원이나 당사자, 일반시민들이 법을 지키는데 어려움이 없어야 한다는 이론이다. 이 이론은 언론자유뿐 아니라 형벌법규에서는 범죄의 구성요건과 그 법적 결과인 형벌을 명확하게 규정해야 한다는 형법의 법리이다. 법률에 범죄와 형벌을 가능한 한 명확하게 확정하여야 법관의 자의를 방지할 수 있고 국민으로서도 어떤 행위가 형법에서 금지되고 그 행위에 대하여 어떤 형벌이 과하여지는가를 예측하게 할 수 있게 하는데 그 의의가 있다. 국내에서 2009년 미네르바 사건에서 전기통신기본법이 언론의 자유를 제한한다는 위헌판결의 근거가 명확성의 원칙 위배였다. 미네르바 사건은 2008년 하반기 미네르바라는 필명으로 인터넷 포털사이트 다음 아고라에서 2008년 하반기 리먼 브라더스의 부실과 환율폭등 및 금융위기의 심각성 그리고 당시 대한민국 경제추이를 예견하는 글로 주목 받던 인터넷 논객 박대성 씨가 허위사실 유포혐의로 체포 및 구속되었다가 무죄로 석방된 사건이다. 이후 박대성 씨는 허위사실 유포죄에 해당하는 전기통신기본법 제47조 제1항에 대한 헌법소원심판을 청구하였고 위헌판결을 받았다.

> … 따라서 어떠한 표현행위가 공익을 해하는 것인지 아닌지에 관한 판단은 사람마다의 가치관, 윤리관에 따라 크게 달라질 수밖에 없으며 이는 판단주체가 법전문가라 하여도 마찬가지라고 보았다. 이와 같이 '공익'이라는 의미의 내용을 객관적으로 확정하기 어렵기 때문에 당해 사건 법률조항은 국민에 대하여 일반적으로 허용되는 '허위의 통신' 가운데 어떤 목적의 통신이 금지되는 것인지 고지하여 주지 못한다(https://ko.wikipedia.org/wiki/).

언론자유와 공공복리를 조화시키기 위한 목적에서 논의된 언론의 자유를 제한하는 법률 제정시 지켜져야 할 기본원칙들, 즉 사전억제 금지, 명백하고 현존하는 위험 원칙, 이익형량 원칙, 명확성의 원칙은 모바일 인터넷 미디어 환경에서 가짜뉴스, 기존 언론의 개인의 기본권 및 사회적 공공복리 침해 등의 폐해를 막는 법 제도적 장치를 마련하는데 고려해야 할 기본요소라고 볼 수 있다.

## ▮ 한국언론 법제의 변화와 한국언론

한병구 교수는 언론법제의 관점에서 한국언론의 근현대사 특징을 분석하였다. 어느 나라를 막론하고 언론의 역사는 언론의 탄압과 함께 시작되었다고 전제하고 한국 언론법제의 변화를 1895년 이전, 1895년~1909년, 1910년~해방, 해방 후~미군정시기, 대한민국 정부수립 이후로 구분하였다. 독립신문 창간부터 인터넷 도입 초기까지의 한국 언론의 특징을 그의 저서에 근거하여 개괄적으로 기술하였다.

우리나라 최초 근대신문은 1983년 창간된 〈한성순보〉이다. 조선시대 조정 또는 조정의 허가를 얻어 민간이 발행한 관보성격의 언론현상인 〈조보〉를 소개하였고 이때부터 언론통제가 동시에 시작되었음을 제시하고 있다.

1896년 4월 7일 독립신문이 창간되었다. 당시 조선 백성들은 한글로 인쇄되어 인권·민족자존·국제정세 및 개화사상을 이야기하는 독립신문을 읽으면서 아마도 앞으로 다가올 세상에 대한 희망을 기대했을 것이다. 자생적 근대의 추진력이 취약했던 당시에 유교적 사상과 생활에 젖어 있던 조선의 독자들은 서양의 기술과 사상뿐만 아니라 제도까지 받아들여야 하는 개화사상의 혼란 속에서 불안한 날들을 보내야 했을 것이다. 근대화를 먼저 시도한 열광들의 침탈에 대한 두려움에 떨고 있었을 것이다. 독립신문은 백성들에게 자유와 평등사상을 계몽하였고 제호대로 민족 독립과 국가 이익 수호를 표방하였다. 한글 전용 발행을 통해 민족 언어 발전에 공헌하였고 영문판 발행을 통해 당시 국가의 사정을 세계 각국에 알리는 역할을 수행하였다고 평가되고 있다. 독립신문은 분명한 논조와 지향점을 갖는 정론지 성격의 신문이었다. 언론계는 독립신문 창간 61주년이 되던 1957년 4월 7일을 신문의 날로 정하여 기념하고 있다.

독립신문은 그동안 발행되던 관보 형태의 신문들과는 달리 민간신문의 형태로 창간되었다. 창간 당시부터 시민사회와 국가를 연결하는 공론장으로서 여론을 형성하는 사회적 역할에 충실하였다. 일반 독자들이 쉽게 접근할 수 있는 문자인 순 한글을 사용하고 그 가격도 동전 1푼으로 정하고 있어 독자를 위한 대중신문의 성격도 동시에 지향하고 있음을 알 수 있다.

독립신문 이후에 창간된 여러 민간신문들은 오랫동안 일제에 의한 민족사적 고초를 신문지면에 기록하면서 민족 독립과 자존 그리고 민주화를 위한 언론의 역할에 힘을 기울이기도 하였지만 또 한편으로는 정도를 잃고 제국주의에서부터 다양하게 나타나는 권력에 곡필아세 하는 부끄러운 부침을 거듭하면서 오늘에 이르고 있다.

해방 이후 미군정은 한국 사회를 반공기지화하려는 자신들의 목적에 따라 우익 보수언론을 지원하고 비판적인 언론을 통제함으로써 근현대 한국 언론구조 형성에 직접적인 영향을 미친 것으로 평가되고 있다. 이승만 정권하에서 언론은 심각한 신문용 종이 부족을 경험하면서 외국의 원조 자금에 의존하여 재정난을 타개하게 된다. 이 과정에서 외국 원조를 관리하는 국가의 영향력에 언론이 종속됨으로써 정부를 비판하는 진보적 성향의 신문들은 설 자리를 잃게 된다.

제2공화국 들어 한국언론은 자유를 구가하는 시기를 맞게 된다. 신문이 허가제에서 등록제로 전환되면서 발행되는 일간지가 112개까지 이르게 되었다. 그러나 군사정부 시기를 맞으면서 한국언론은 국가의 정치적 개입의도와 함께 언론 스스로 권력화하고 기업적 이윤을 극대화하려는 모순으로 파행을 겪으면서 기형적 언론권력의 불행한 싹을 잉태하게 되었다. 정치적 정당성이 취약했던 군사정부는 국가 주도의 경제개발과 분단상황을 명분으로 언론에 적극 개입하여 언론 구조를 개편하였다.

5.16 쿠데타 이후 정부는 112개의 일간신문을 48개로 축소하였다. 살아남은 언론사는 독과점적 지위를 보장받음으로써 언론과 정치권력이 유착되는 토양이 형성되었다. 이러한 정부와 언론의 관계는 제5공화국까지 계속되었다. 정부는 제도적으로 신문 산업의 카르텔 형성을 묵시적으로 인정함과 동시에 신문사는 돈벌이를 위한 안정적인 기업으로 변모시키는 언론 길들이기 정책을 추진하게 되었다.

1980년대는 언론통폐합으로 수많은 언론인이 숙청을 당하게 되었다. 그러나 군사 정부는 살아남은 언론 소유주와 언론인들에 대해서는 엄청난 특혜를 제공하였다. 언론 기업은 각종 세금 감면, 중소기업 업종에 대한 다각적인 경영허용 등의 특혜를 누리게 되었다. 언론인들에게는 높은 임금을 지급하고 세금 감면과 다양한 복지기금 지원 형태의 당근이 주어졌다. 물론 이러한 회유 뒤에는 강제적이고 폭압적인 언론통제가 도사리고 있었다. 한병구 교수는 제5공화국 〈언론기본법〉에 의한 언론탄압을 언론대학살이라고 비판하였다. 당시 해직언론인이 206명에 달한 것으로 보고하고 있다(한병구, 1995). 당시 〈언론기본법〉이 1980년 국회해산 이후 신군부의 입법의회에서 비민주적 과정을 거쳐 제정된 법임을 지적하였다. 이 법으로 군사정부 7년간 언론탄압이 자행된 점을 비판한 것이다. 한 교수는 특히 〈언론기본법〉 제24조 제1항에 "문공부 장관이 규정을 위반한 정간물에 대하여 그 등록을 취소 또는 발행의 정지를 명할 수 있다"고 규정한 것은 독재국에서나 있을 수 있는 독소조항이라고 기술하였다. 언론기관에 대한 사형선고라고 할 수 있는 등록취소는 장관의 재량이 아니라 법원의 심판 절차를 거쳐 최종적으로 법원에서 판결하는 것이 합당하다는 의견을 제시하였다.

1987년 6.29선언 이후 언론은 새로운 자유의 시기를 맞이하여 수만 명의 소액주주에 의해 소유되는 신문, 기득권층보다는 일반인을 대변한다는 신문이 나타나기도 하였다. 하지만 대부분의 언론은 가시적인 권력인 정치권력과 경제권력을 비판하고 여론을 형성한다는 기능을 빌미로 시민들로부터 권력을 부여받고 그 권력을 이용하여 눈에 보이지 않는 상징 권력을 갖는 동시에 한편에서는 언론 스스로 지배계층의 위치를 차지하게 된 것으로 평가할 수 있다. 선출되지 않은 권력을 가진 언론이 겉으로는 정의나 공정보도 또는 언론자유를 표방하면서 보이지 않는 상징 권력을 통해 자신들의 이익과 지배계층의 이해에 봉사하는 이중적인 모습을 갖게 된 것은 그동안 언론이 정치권력과 유착된 채 성장하면서 체질화된 생존 방식에서 그 원인을 찾을 수 있을 것이다. 한때 군사정권 이후 민주화의 진전으로 정당성을 갖는 민간정부가 등장하면서 언론은 점차 특혜와 권력을 상실하게 되고 정체성에 혼란을 경험한 것으로 보인다.

인터넷, 모바일, 글로벌로 급격히 변화하는 미디어환경을 고려할 때 이윤을 추구하는 기업화된 신문산업의 미래는 그다지 밝다고만은 할 수 없다. 우리 사회의 민주화가 성숙되면서 언론이 정부로부터 혜택을 받아 기형적 권력을 계속 유지하는 것은 점차 어려워질 것이다. 젊은 세대들의 신문 구독률이 점차 낮아지고 유튜브와 SNS를 중심으로 다원적인 새로운 저널리즘 현상이 확장되고 있다. 광고 시장의 경쟁은 증대되는데 광고주들은 신문광고보다 영상광고, 모바일 광고를 선호하고 있다.

한국 언론은 기형적으로 비대한 권력을 소유하고 있다. 특정 언론사의 사주에 대한 밤의 대통령이라는 자괴적 묘사, 최근 발표된 모 언론사 사주의 소유 부동산 가격이 수조원에 달한다는 보도, 언론권력이 권력기관과 공모하여 정치와 선거에 영향을 미치려 했다는 의혹 등은 언론의 권력이 권언유착의 정도를 넘어 정치권력 이상의 권력을 소유하고 있음을 단적으로 보여주고 있다

최근 언론과 1인 미디어를 통해 생산, 확대되는 가짜뉴스와 언론의 정도를 벗어난 정치 개입은 민주주의를 위협하고 개인의 인권을 심각하게 침해하는 사회적 문

제로 대두되고 있다. 특정 정치 세력이 언론과 결탁하여 민주주의의 기본 요소라고 할 수 있는 선거에 영향을 미치려는 시도가 있었다는 보도는 모바일 인터넷 미디어 환경과 함께 언론이 사회적 공기로서 어떤 역할을 수행해야 하는지, 이 시대 언론의 자유는 어떤 의미를 갖는지 심도 깊은 학문적, 제도적 논의와 성찰을 요구하고 있다. 이러한 맥락에서 한국 언론 법제도와 한국 언론의 변화는 공동체와 그 미래를 위해 자유와 함께 공적 책무를 다하는 언론이 자리잡아야 함을 강조하고 있다.

## 4. 나가며

한병구 교수의 생애와 방송법제 연구 성과를 그의 인간관을 중심으로 살펴보았다. 북한에서 월남한 교육자, 연구자 한병구, 그는 생애 마지막 저술 첫 페이지에 "북한 땅의 아버님, 어머님의 영전에 이 책을 바칩니다. -불효자-"라고 적었다. 평생 분단의 아픔을 안고 살아간 그의 삶은 정치, 경제, 사회, 문화 전 분야에 아물지 않은 분단의 고통을 머금은 채 내일을 바라보는 우리 사회의 축소판적 특성을 보여준다. 그의 생애는 인간에 대한 신뢰와 존중을 바탕으로 제자와의 관계를 설정하고, 참되게 사는 사람들이 살아가는 사회에 기여하는 언론을 설정하고 언론법제 연구를 수행한 것으로 정리된다.

한 교수는 초기에 언론의 사회적 책임과 그 책임에 바탕한 권위지로서의 한국 언론, 법제와 달리 현실에서는 언론자유를 보장하지 못하는 소련, 중공, 북한 언론 제도의 문제점을 연구하였다. 한국에서 언론이 통제되던 시기에 반론권 연구를 통해 언론자유의 지평을 시민에게까지 확장하는 성과를 거두었다. 또한 신군부의 '언론통폐합', 〈언론기본법〉 제정 등을 폭압에 의한 폭거라고 비판하였다. 저술활동에 몰두한 1987년 이후 「언론과 윤리법제」에서 언론자유와 책임 있는 언론에 대해 기술하였다. 인간이 중심이 된 언론자유를 탐구한 것이다. 같은 맥락에서 언론자유와 제법익이 충돌시 어떻게 조화시킬 것인가를 미국의 주요 판례를 중심으로 소개하였다. 한국 언론 법제의 특징을 조선 말기부터 5공화국 시기까지 언론통제와 자유 관점에서 서술하였다.

그의 생애와 주요 연구를 살펴볼 때 그는 인간에 대한 깊은 이해를 바탕으로 교육자와 연구자의 삶을 산 것으로 보인다. 근대성에 근거한 인식의 주체, 권력의 주체, 자본주의 경제 시스템을 가능하게 하는 욕망의 주체, 더 나아가 역사변화의 주체로서 인간에 대한 깊은 이해, 그리고 기독교적 박애의 대상으로서 인간, 그리고 불교적 자성불에 근거한 인간관, 유교적 인에 근거한 인간관으로 부모처럼 제자를 대하고 존중하면서 사랑으로 교육하였다. 이러한 인간관에 기초하여 '아무리 어둡고 고통스러운 사회일지라고 자유롭고 건전한 언론이 제대로 기능하는 사회는 언제나 희망이 있다'는 언론관을 형성한 것으로 보인다.

한병구 교수의 생애와 사상을 거칠게나마 고찰해 볼 때 이러한 인간관과 언론 사상을 바탕으로 그는 '진지한 언론, 자유롭고 책임 있는 언론이 바람직한 언론'이라는 언론관을 형성하였다고 볼 수 있다. '정정보도 청구권'을 오보의 수정을 요구할 시민의 권리뿐만 아니라 서로 다른 의견표현을 요청할 권리까지 확장하여 해석한 점, 그리고 개인의 기본권 등 제 법익이 언론자유를 보장하는 법익과 충돌할 때 어떻게 이를 조화시킬 것인가에 대한 연구 성과 등 언론 제도와 사상 연구에서 그는 큰 업적을 남겼다. 특히 그의 언론제도에 대한 연구는 미디어를 중심으로 하는 언론 환경 변화에 따라 '가짜뉴스', '저널리즘 부재', '공론장의 파편화', '언론의 정치 권력화', 그리고 '언론개혁' 등으로 나타나는 한국사회 언론문제를 해결하고 공동체가 밝은 미래로 나가는 힘을 얻기 위해 과거를 돌아볼 때 우리의 방향을 안내하는 큰 족적이 될 것이다.

### | 제8장 _ **참고문헌** |


서정우·팽원순·한병구(1975), 「비교신문학」, 법문사.

오인환 외 공역(1975), 매스컴과 사회, 삼영사.

유재천·서정우·한병구·강현두·정진석·팽원순·이광재(1989a), 「북한의 언론」, 을유문화사.

이규종·한병구 공역(1968), 「매스컴 4이론」, 보문각.

일촌 한병구교수 화갑기념논문집 간행위원회(1989b), 「언론의 법적 통제」, 나남.

정진석(1994), 국내 언론법과 언론법제연구의 변천, 「언론중재」, 통권 50호, 21-33.

한병구(1998), 방송인의 윤리와 책임, 「방송과 시청자」, 통권 111호, 19-35.

_____(1996a), 「언론과 윤리법제: 개정판」, 서울대학교 출판부.

_____(1996b), 정기간행물법의 개정법률에서는 무엇이 어떻게 달라졌는가, 「저널리즘 비평」, 제18권 제1호, 20-26.

_____(1995), 「언론과 윤리법제」, 서울대학교 출판부.
_____(1993), 보도사진과 초상권, 「신문과 방송」, 통권 267호, 26-29.
_____(1992), 언론과 인권: 재조명, 「언론학보」, 제12호, 111-126.
_____(1991), 언론자유 한계와 윤리성 제고, 「언론중재」, 통권 41호, 50-54.
_____(1990a), 「언론법제통론」, 나남.
_____(1990b), 국내외 언론윤리강령의 비교와 제언, 「언론중재」, 통권 38호, 15-25.
_____(1987a), 「언론법제연구」, 나남.
_____(1987b), 대학생의 커뮤니케이션 패턴과 정치행위, 「경희대학교 논문집」, 제16권, 151-191.
_____(1985), 언론기본법의 특징과 문제점, 「한국외국어대학교 학도호국단 논문집」, 제20권 제1호, 229-239.
_____(1984), 반론권 제도에 관한 연구, 「사회과학연구」, 제10권, 127-147.
_____(1983a), 제3세계와 새 세계 커뮤니케이션 질서에 관한 연구: 한국의 통신, 신문을 중심으로, 「사회과학연구」, 제9권, 43-58.
_____(1983b), TV의 사건보도와 사회적 책임, 「방송연구」, 제6호, 111-119.
_____(1983c), 명예훼손의 침해유형과 구제방법, 「언론중재」, 통권 8호, 26-35.
_____(1982a), 기관지에 불과한 북한 언론, 「북한」, 제123호, 168-177.
_____(1982b), 세계 각국의 반론권 법제 현황, 「언론중재」, 통권 3호, 67-77.
_____(1981a), 언론중재제도의 역사적 배경과 의의, 「언론중재」, 창간호, 6-11.
_____(1981b), 언론의 공정성: 언론기본법을 중심으로, 「방송대학」, 제11호, 49-54.
_____(1981c), 언론과 명예훼손 및 프라이버시 침해, 「신문과 방송」, 통권 131호, 33-41.
_____(1980a), 북한의 신문, 공산권 언론의 이론과 그 현황, 「자유공론」, 통권 159호, 30-35.
_____(1980b), 북한신문의 보도성향, 노동신문분석을 중심으로, 「통일정책」, 제6권 제1호, 225-245.
_____(1980c), 언론의 사회적 책임, 「신문과 방송」, 통권 114호, 68-74.
_____(1979a), 중공의 대자보운동에 관한 고찰, 「경희대학교 논문집」, 제9권, 159-172.
_____(1979b), 북한신문의 이론적 배경과 현황, 「신문연구」, 제29호, 44-53.
_____(1979c), 대자보, 중공드라마, 「정경연구」, 제168호, 158-165.
_____(1979d), 해외홍보와 국가이익, 매스콤이론, 「국제문제」, 통권 108호, 28-35.
_____(1978a), 중공, 북한의 유엔 내 대한정책: 인민일보와 로동신문의 사설 1972-76 분석, 「북한」, 제79호, 121-131.
_____(1978b), 중공의 커뮤니케이션 전략과 대중운동, 「한국언론학보」, 제10권, 323-337.

_____(1978c),「중공의 커뮤니케이션과 대중운동에 관한 연구」, 경희대학교 박사학위논문.
_____(1978d), 중공의 대중운동과 커뮤니케이션,「정경연구」, 통권 155호, 348-356.
_____(1978e), 마르크스가 부인한 공산세계광고 실태와 현황,「신문과 방송」, 통권 88호, 67-71.
_____(1977a), 소련의 언론자유와 통제구조,「북한」, 제71호, 196-205.
_____(1977b), 미국언론의 추세,「커뮤니케이션 연구」, 제3권, 70-78.
_____(1977c), 중공 대자보의 정체,「북한」, 제62호, 148-157.
_____(1975), 소련의 신문현황과 언론,「신문평론」, 통권 55호, 54-59.
_____(1974a), 북한 신문의 특성,「신문연구」, 제20호, 135-143.
_____(1974b), 북한의 매스컴,「사회과학연구」, 제1권, 122-135.
_____(1974c), 매스컴의 개념과 실태는 어떠한가: 변화와 베일 속의 북한, 그 근본적 의문,「북한」, 제30호, 153-158.
_____(1973), 중공의 매스콤 현황: 형식적 사유신문 인정,「신문평론」, 통권 45호, 53-57.
_____(1971), 공산주의 신문의 특성,「정경논집」, 제8호, 194-205.
_____(1969), 권위지와 한국신문,「신문학보」, 제2권, 42-58.
커뮤니케이션 연구소(1979),「매스컴과 광고」, 대학문화사.
홍기선·김점곤·한병구·이경자(1980), 재미동포의 대한 안보관에 관한 연구,「한국언론학보」, 제13권, 83-106.
경향신문, 1980.10.17.
이은용(2019), https://blog.daum.net/siufather/337.
https://ko.wikipedia.org/wiki/%EB%AF%B8%EB%84%A4%EB%A5%B4%EB%B0%94_%EC%82%AC%EA%B1%B4

## [저자 약력]

### 이 승 선 (제1장)

충남대학교 언론정보학과 교수(현)
언론중재위원
헌법재판소 헌법재판연구원 방문연구교수
한국인터넷자율정책기구 정책위원
인터넷신문위원회 심의위원
언론학박사, 법학박사
한국언론법학회 철우언론법상, 한국언론정보학회 우수논문상, 한국방송학회 논문 우수심사상 수상

### 조 연 하 (제2장)

이화여자대학교 정책과학대학원 초빙교수(현)
한국언론법학회, 한국방송학회 부회장
한국언론학회 언론법제윤리연구회 회장
방송위원회 보도교양심의위원
방송통신심의위원회 통신특별위원

### 배 진 아 (제2장)

공주대학교 영상학과 교수(현)
사이버커뮤니이션학회 회장, 한국언론학회 부회장
사이버커뮤니케이션학보 편집위원장
미디어다양성위원회, 언론중재위원
문화방송 편성국 전문연구위원

### 문 재 완 (제3장)

한국외대 법학전문대학원 교수(현)
한국언론법학회 회장
한국헌법학회 회장
사이버커뮤니케이션학회 회장
한국외대 법학전문대학원 원장
국제방송교류재단 사장

### 허 진 성 (제4장)

서울대학교 법과대학 졸업
서울대학교 대학원 법학박사
미국 뉴욕대학교 로스쿨 LL.M.
대전대학교 법학과 교수
부산대학교 법학전문대학원 교수

### 박 아 란 (제5장)

한국언론진흥재단 미디어연구센터 책임연구위원(현)
미국 오리건대 저널리즘커뮤니케이션스쿨 박사
서울대 언론정보학과 석사
서울대 경영학과 학사
조선일보 사회부 기자(전)
한국언론학회 연구이사, 한국언론법학회 연구이사(현)
Communication Law and Policy, Editorial Board(현)
언론중재위원회 <언론중재> 편집위원(현)
국회입법조사처 <입법과 정책> 편집위원(현)

양 재 규 (제6장)
변호사
언론중재위원회 근무 (2004－현재)
한국언론법학회 연구이사

이 재 진 (제7장)
한양대 미디어커뮤니케이션학과 교수
인터넷선거보도심의위원회 위원
언론중재위원 역임
한국언론학회장 역임
한국언론법학회장 역임

이 만 제 (제8장)
원광대 행정언론학부 교수
한국방송학회 방송법제연구회장
호남언론학회 회장
한국콘텐츠진흥원 연구위원
미디어다양성위원회 위원
지역방송발전위원회 위원

**언론법학자의 생애와 사상**

초판발행 2021년 12월 31일

지은이 사단법인 한국언론법학회
펴낸이 김중용

총괄기획 박노일 · 최준규
편 집 심성보 · 김인숙

펴낸곳 도서출판 **정독**
경기도 고양시 일산서구 하이파크로 113, 102-204
등록 제406-2014-000093호
전 화 070)7550-3758 팩 스 02)718-8554
홈페이지 www.jeongdok.co.kr 이메일 pnc@pncmedia.co.kr
ISBN 979-11-6858-001-5 93360



정 가 23,000원

"이 책의 출판사업은 한국언론진흥재단의
정부광고 수수료를 지원받아 실시되었습니다."